마음살림

큰스님 27인이 전하는 마음을 살리는 지혜

* 이 책은 관훈클럽신영연구기금의 도움을 받아 저술 출판되었습니다.

마음 살림

초판 1쇄 발행 2013년 5월 3일 초판 15쇄 발행 2018년 3월 27일

지은이 김석종 펴낸이 연준혁

출판 2본부 이사 이진영
6분사 분사장 정낙정
책임편집 박지숙

펴낸곳 ㈜위즈덤하우스
출판등록 2000년 5월 23일 제 13-1071호
주소 경기도 고양시 일산동구 정발산로 43-20 센트럴프라자 6층
전화 031-936-4000 팩스 031-903-3895
홈페이지 www.wisdomhouse.co.kr 전자우편 wisdom6@wisdomhouse.co.kr

값 14,800원 ISBN 978-89-966287-8-1 03810

* 잘못된 책은 바꿔드립니다.
* 이 책의 전부 또는 일부 내용을 재사용하려면 사전에 저작권자와
  ㈜위즈덤하우스의 동의를 받아야 합니다.
* **위즈덤경향**은 위즈덤하우스와 경향신문사가 함께 만든 출판브랜드입니다.

국립중앙도서관 출판시도서목록(CIP)

마음 살림 : 큰스님 27인이 전하는 마음을 살리는 지혜 /
지은이: 김석종. — 고양 : 위즈덤하우스, 2013
  p. ; cm

ISBN 978-89-966287-8-1 03810 : ₩14800

불교[佛敎]

220.4-KDC5
294.302-DDC21   CIP2013003814

큰스님 27인이 전하는 마음을 살리는 지혜

마음살림

비우라 탁탁…… 놓아라 툭툭…… 웃어라 껄껄……

김석종 지음

위즈덤경향

| 들어가며 |

1.
 여기 소개하는 선승들은 오직 '마음' 하나 확실하게 닦겠다고 일찌감치 산중 깊숙이 들어앉은 사람들이다. 어찌 보면 가족을 버리고, 세상일도 나 몰라라 한 아웃사이더들이다.
 하지만 세상에서는 은둔했을지언정 스스로 단단히 묶은 정신만은 결코 풀지 않았다. 젊어서는 바로 앞 세대, 전설적인 고승들에게서 상상하기조차 어려운 혹독한 담금질을 거쳤다. 몸은 가난에 두고, 마음은 땅바닥까지 낮췄다. 길 없는 길에서 죽을 각오로 치열하게, 무소뿔처럼 고독하게 수행했다. 몇 년씩 외딴 토굴에 홀로 틀어박히는 일도 마다하지 않았다.
 대개는 그렇게 법랍 60년 세월을 넘기고 이제 불교의 한 종갓집 큰 어른이 되거나 새 문중(門中)을 세웠다. 불교 수행자들에게는 지엄한 선지식(善知識, 마음의 스승), 신자들에게는 갈 길을 일러주는 인생의 멘토로도 발걸음이 바쁘다. 우리 사회의 종교 지도자들이며 정신적 스승이기도 하다.

많은 이들이 우리나라에 달라이 라마, 틱낫한 같은 시대의 현자(賢者)가 없다고 한탄한다. 불교 안에서도 그것을 큰스님들의 허물로 탓하거나, 세상 물정 모른 채 실생활과 동떨어진 골동품 '선문답'만 하고 있다고 비판한다.

꼭 그렇지만은 않다는 게 내 생각이다. 전 시대 스승과 얽히고설킨 깨달음의 드라마, 시대가 변하든 말든 꿋꿋하게 지켜온 무욕 청빈의 삶, 인간 한계를 뛰어넘는 수행으로 다져진 정신의 깊이와 성찰의 지혜에서도 외국의 어느 스승 못지않게 귀하다고 본다. 다만 우리가, 이분들의 '살림살이'를 오늘의 생활 속에 살아 있는 선으로 가져다 쓰지 못했을 따름이다.

이분들이 걸어온 인생에서 보면 '소품'에 불과하겠지만 어쨌든, 이 책은 불교 큰스님들에게 듣고, 보고, 배운 그런 '생활 선'을 말하고자 했다. 큰스님들의 마음 살림살이, 일상 속 마음 살리기라는 두 가지 뜻을 담으려고 책 제목을 '마음 살림'이라고 했다.

2.

팍팍한 세상, 마음의 불길을 끄는 데 요긴할 만한 '찬물 한 바가지'를 탁발하러 산중 선승들을 찾아다닌 게 꽤 오래전이다. 2007년 경향신문에 '염화실의 향기'라는 문패를 달아 이분들을 소개했다. 염화실(방장, 조실 등 어른 스님의 거처)의 고요함을 마다하고 옅은 미소로 마음을 열어준 큰스님들은 하나같이 개성이 뚜렷했다.

어떤 이는 서릿발 같고, 어떤 이는 인자하고, 어떤 이는 무애하고, 어떤 이는 고요했다.

남다른 호기로 만행과 기행을 한 스님, 해박한 지식과 탁월한 안목을 보여주는 스님, 대장부의 늠름함과 칼 같은 예리함을 숨기지 않는 스님, 당신의 해탈보다는 어려운 이웃을 먼저 챙기는 스님, 평생 산문 밖으로 발길 두지 않고 몇 마디 말조차 삼가는 스님, 선가의 인사법대로 벼락같이 고함(할)부터 지르는 스님…. 그런 한 분 한 분이 폭염의 시원한 한줄기 소나기였고, 세한(歲寒)의 뜨끈한 구들장 아랫목이었다.

스님들을 만나서 물었다. 우리는 누구인가. 어떻게 살아야 하는가. 마음과 몸이 힘들고 어려울 때는 어떻게 해야 하나. 때로는 사회와 정치에 대한 촌철의 한마디를 청했다. 살아온 이야기와 일상을 통해 선승들의 '마음 살림살이'를 엿보기도 했다.

그동안 몇몇 출판사에서 책을 내자고 했지만 사양했다. 이미 같은 내용의 책이 꽤 나왔기 때문이다. 게다가 어떤 평계를 대도 내가 써낸 글이 영 남부끄러웠다.

한 삼십 년 기자로 살고 보니 얻은 것도 참 많고 잃은 것도 많다. 드디어는 지난겨울 몸에 탈이 나고 말았다. 날마다 막행(莫行, 절제 없는 행동)과 막식(莫食, 함부로 먹는 것. 내게는 폭음)으로 살아온 결과라는 걸 나를 아는 사람은 다 안다.

보성 스님이 그랬다. "내 몸 하나 제대로 간수하는 게 제일 큰 공부여." 수산 스님은 "지금 있는 자리가 딱 네 자리"라고 했고, 동춘 스님은 "건강하지 못해 다른 사람에게 의지하는 것도 업이 된다"고 했었다. 다만 그렇게 못 살았을 뿐! 뒤늦게 스님들 말씀이 서늘한 죽비로 어깻죽지에 팍팍 꽂혔다.

3.

돌이켜보니, 내가 만난 스님들이 하나같이 세상에 괴롭고, 어렵고, 슬프고, 외롭고, 아픈 우리들을 못내 걱정하고 있었다. 불교의 가르침, 가시밭길 수행에서 얻은 지혜의 손길로 환한 촛불 하나씩 켜주고, 마음의 고약(膏藥) 하나씩 붙여주고 있었다.

어쩌면 이분들이야말로 요즘 세상에서 많은 이들이 원하는 마음 공부, 힐링, 웰빙, 웰다잉의 최고 전문가들이다. 유행을 좇는 일회성이 아니라 상처의 본질, 그 뿌리까지 뽑아내는 방법을 아는 명의(名醫)들이다.

새삼스럽게 그것을 우리 모두의 일로 다시 새겨듣고 싶었다. 우리 몸의 일, 삶의 현실로서 마음 살리는 방법을 함께 나누고 싶었다. 그것이 때늦게 생각을 바꿔 책을 내기로 결심한 이유다.

기사 마감 시간에 대기 바빠서, 혹은 스님 말씀의 깊은 뜻을 바로 알아듣지 못해서 일어난 수많은 오기(誤記)부터 손질했다. 다행히 당시의 녹음기와 취재 수첩이 일부 남아 있었다. 이것들을 다 꺼내 놓고 새로 나온 책, 관련 기사 등 자료들을 참고해가며 곱씹고 다시 고쳤다. 그렇게 해서 '염화실의 향기' 연재와 나중에 따로 인터뷰한 세 분(지관, 고산, 원명 스님)을 합쳐 스물일곱 분에 대한 글을 묶었다.

대부분 불교계 최고 어른인 조계종 대종사(大宗師, 비구 최고 품계)와 명사(明師, 비구니 최고 품계)급이다. 기사 원칙을 따르지 않고 스님들 호칭에 최대한 경어를 썼다. 이 세상을 떠나가신 지관, 혜정, 수산, 묘엄, 천운, 성수, 정무 스님은 2부에 따로 모셨다. 이분들 다비식에 다녀오기도 했다.

의욕만 앞섰지 처음 글에서 크게 나아진 게 없는 것 같다. 깨달음 과정 같은 어려운 부분을 줄이다보니 불교를 깊이 공부한 이들에게는 상식 수준일 수도 있겠다. 불교보다는 인간사에 집중했다고 변명해둔다. 그게 바로 불교 핵심인데 무슨 소리냐는 핀잔이 따르겠지만.

어찌됐든, 여전히 큰스님들의 지혜로운 말씀, 그 울림과 감동을 제대로 전하지 못한 것은 오직 내 공부가 턱없이 짧은 탓이다. 고려 말 지공 선사는 "지혜 없는 사람 앞에서는 말하지 마라. 그대 몸을 패서 산산이 흩어지게 할 것이다"라고 했다. 큰스님들께 삼 천 배로 엎드려 용서를 비는 마음이다. 그저 드넓은 태평양 바다에 물 한 방울 던진 일로 받아들여주시기를 바랄 뿐이다.

그럼에도 불구하고 스님들의 행동과 말씀을 되새기는 일은 아픈 몸 잊을 만큼 큰 위안이 됐다. 그 알맹이와 죽비 소리가 생활 속의 경구가 되길 바라는 뜻에서 책의 기둥(장 제목)과 서까래(소제목)로 썼다는 것을 밝혀둔다. 이렇게 '마음 살림' 집 한 채 지었다. 아무나 들어와 맘대로 살아도 되는 집이다. 새삼 산중 큰스님들 다시 뵙고 싶고, 먼저 떠나신 분들 그립다.

그사이 겨울 가고 봄꽃 피고 지고, 잎새 싱싱하니 피고 있다. 창밖에 봄바람은 요란하게 불다가 고요하게 분다. 이제 몸과 마음의 짐을 다 내려놓아야겠다.

2013년 아픈 봄날에
김석종

차례

들어가며   4

제1부 가는 그 길이 곧 도(道)
아름답게만 가라

1. 보성 스님 _ 내 몸 제대로 간수하는 것이 큰 공부다   15
2. 동춘 스님 _ 너의 샘을 더 깊게 파라   27
3. 설정 스님 _ 그 화살, 자신을 향해 쏴라   39
4. 활안 스님 _ 세상에 너만 외로운 게 아니란다   51
5. 진제 스님 _ 어디 가든 그대가 주인공이다   63
6. 혜해 스님 _ 생각은 담백하게, 생활은 단순하게   75
7. 원명 스님 _ 걸어온 길 한 번쯤 되돌아가보라   87
8. 월주 스님 _ 밤새 물 차고 넘치니, 그냥 퍼 줘라   99
9. 밀운 스님 _ 뼈저리게 겪어서 알아야 실하다   111
10. 고산 스님 _ 칡꽃 핀 자리에서 또 칡꽃 핀다   123
11. 명정 스님 _ 한세상 훨훨 살다 가라   135
12. 고우 스님 _ 남과 경쟁하지 말고 자기 향상해라   149
13. 광우 스님 _ 부족할 땐 부딪쳐가면서 채워라   161

14. 도문 스님 _ 살펴라, 지금 어디 가는가　　　173
15. 도견 스님 _ 욕망의 잔가지가 무성하구나, 이놈!　　　185
16. 무여 스님 _ 놓아라, 비워라, 쉬어라　　　197
17. 이두 스님 _ 꽃이 좋으면 열매도 좋다　　　209
18. 현해 스님 _ 헤어지지 않고는 만날 수 없다　　　221
19. 법흥 스님 _ 비 오는 날에도 해는 중천(中天)　　　233
20. 월서 스님 _ 산 아무리 높아도 흰 구름 넘어간다　　　245

제2부 인생은 한 토막 봄꿈 죽음에서 배우다

1. 지관 스님 _ 보낼 때 초연히, 만날 때 기꺼이　　　259
2. 혜정 스님 _ 미륵부처 올 때 내 다시 올 터이니　　　273
3. 수산 스님 _ 귀 막고, 눈 가리고, 입 닥치고　　　285
4. 묘엄 스님 _ 첫걸음이 바로 목적지　　　297
5. 천운 스님 _ 일거수일투족 양명(陽明)하게　　　309
6. 성수 스님 _ 오도독 오도독 재미나게 사는 법　　　321
7. 정무 스님 _ 이 마음 인연 따라 유유자적!　　　333

지대방 1, 2, 3　　　344
감사의 글　　　358

1부

가는 그 길이 곧 도道
아름답게만 가라

1

내 몸
제대로 간수하는 것이
큰 공부다

보성 스님

보성(菩成) 스님_송광사 방장

1928년 경북 성주 출생. 1945년 해인사에서 출가. 1973~94년 송광사 주지. 1991년 대만 불광산사 계단 교육 증명 법사. 2002년 조계종 전계대화상. 현재 : 조계종 대종사. 순천 조계산 조계총림 송광사 방장.

한결같이 제 갈 길 제가 가라

"큰스님은 무슨…. 불알이 크냐, 대갈빡(머리)이 크냐? 때 되면 밥이나 얻어먹는 늙은이에게 들을 말이 뭐 있어?"

"큰스님~" 하고 인사하자마자 곧장 핀잔이 날아왔다. 순천 송광사 방장 보성 '큰스님'이다. 말씀은 그렇게 해도 맞아주는 미소가 따뜻했다.

송광사는 고려시대 보조 국사 지눌 스님 등 16명의 국사(임금의 스승)를 줄줄이 배출했다. 그래서 산보다 절이 더 높다고 생각한 모양이다. 원래는 송광산 조계사였는데, 조계산 송광사로 서로 이름을 맞바꿨다고 한다.

보성 스님은 이런 승보(僧寶) 사찰 송광사 조계총림의 최고 어른이다. 1997년 방장에 올라 국내 방장 중에서도 '최고참'이다. 이 시대의 '승보', 당대 최고의 율사(律師, 계율을 연구하고 가르치는 스승)라는 말도 듣고 있다.

정작 그 보성 스님을 만난 건 송광사가 아니라 송광사 분원인 부산 사하구 승학산 관음사 '승학산방(주지실)'이다. 도심 사찰이지만 산과 절에 5월의 초록이 싱싱했다. 노스님은 매달 음력 초하룻날 관음사에서 일반 불교 신자들에게 법문을 한다고 했다. 하루 전 송광사 그믐 법회 때는 비가 오락가락하면서 날씨가 후덥지근했다.

"스님네들 공부가 밋밋하니까 비도 찔끔찔끔 오는 거여. 가르치는 사람도 배우는 사람도 모두 게을러서 마지못해 할 뿐이잖어? 수행은 주고받는 게 분명한 거라구. 터럭만큼도 거짓이 없어."

이렇게 송광사 스님들을 한바탕 혼내놓고 부산 관음사에 왔다.

"요즘 종교는 밥장사여. 불교든 기독교든 시주 받아 불사하고 헌금 받아 교회나 짓고 있잖어. 종교인들이 세상 잘못된 걸 일깨워야 하는데 거꾸로 됐어. 고려시대 때 불교가 타락해 지눌 스님이 정혜결사(定慧結社)를 한 거 아녀? 오히려 조선조 유생들에게 핍박받을 때가 수행하기는 더 좋았을 거여."

정혜결사는 고려시대 지눌 스님이 세속화, 미신화된 불교를 선정(禪定)과 지혜(智慧)를 함께 닦는 '수행 불교'로 바꾼 개혁 운동을 말한다.

보성 스님이 머무는 송광사 미소실(微笑室)에는 '牧牛家風(목우가풍)' 글씨가 걸려 있다. 목우가풍은 목우자(牧牛子, 지눌 스님 호)의 정신과 가르침을 잇는 송광사의 상징이다. 불교 깨달음의 과정을 소에 비유해 그린 '십우도(十牛圖)'에서 목우는 '스스로 마음을 닦는 단계'를 말한다. 보성 스님은 "목우 가풍은 한마디로 스스로 제 코를 꿰어 '나'를 길들이는 것"이라고 말했다.

"남 따라 찾을 거 없어. 한결같이 지 갈 길 지가 가는 거여. 어른 스님들은 말과 실천이 가지런해야 한다고 했어. 그걸 등행등지(等行等止), 행지(行止)라고 그래. 말이 앞서도, 행동이 앞서도 안 된다 이 말이라. 그런데 그게 목숨 걸 만큼 어렵거든. 요즘은 승속이 모두 욕심 덩어리 거라. 안 그래? 맛있는 거 먹을 때도 조절할 줄 알아야지. 먹는 것을 절제해야 건강하게 몸을 잘 다룰 수 있고, 마음도 비울 수 있는 거여. 알았어? 내 몸 하나 제대로 간수하는 것이 젤루 큰 공부여."

옛날 말투에 심한 경상도 사투리로 연신 "안 그래?", "알았어?"를 후렴처럼 넣으며 말을 잇는다. 한마디, 한마디가 시퍼렇게 날 선 칼이다.

스님은 "공작새는 꾀꼬리의 목소리를 부러워하지 않고, 뿔을 지닌 무소는 호랑이의 발톱을 탐하지 않는다"며 "자신을 살필 줄 아는 사람은 허둥대지 않지만 바깥을 살피느라 바쁘면 허수아비처럼 알맹이 없는 삶을 살게 돼 있다"고 했다.

"보조 스님은 '땅에서 넘어진 자 땅을 짚고 일어나라, 땅을 떠나서는 일어날 수 없다'고 가르쳤잖어. 그런데 모두들 땅도 안 짚고 일어날 궁리만 하는 게 요새 세상 꼬라지여. 남이 나를 속이는 줄 알지만 그게 아녀. 내가 나를 속이는 거여. 알았어?"

송광사에는 모든 스님들이 예불, 울력, 공양을 함께하는 정혜결사 때의 전통이 지금도 지켜지고 있다. 보성 노스님도 직접 채소밭에 나가 대중들과 함께 일하고, 날마다 마당을 쓴다.

"마당을 쓸어도 잘 쓸어야지. 그래야 청소가 아니라 '빗자루 정진'인 거여. 마당을 가지런히 잘 쓰는 것만 한 수행이 어딨어? 신발 하나도 똑바로 벗어 놓는 게 마음공부지. 발밑을 잘 살피라는, 조고각하(照顧脚下)라는 말이 괜히 있는 게 아녀. 자세가 달라져야 마음도 바뀌는 거여. 그래야 똥 만드는 기계, 제분기(製糞器)는 면하는 거라구. 안 그래?"

스님은 "신발 벗어 놓는 걸 보면 그 사람이 매 순간 어떻게 살고 있는지를 알 수 있다"고 했다. 그래서 법당의 신발 한 켤레라도 흐트러져 있으면 불같이 야단을 친다. 그렇게 수행 가풍이 엄격하기 때문에 송광사를 '스님 사관 학교'라 하고, '송광사 스님' 하면 제대로 공부한 걸로 쳐주는 걸 거다.

세상사 그저 편편하게만

보성 스님은 효봉 스님의 맏상좌인 구산 스님을 은사로 출가했다. 스님이 행자 생활을 막 끝내고 해인사 공양간에서 쌀을 들여오고 내주는 미감(米監) 소임을 맡고 있을 때였다. 절 살림이 가난한 시절이어서 늘 쌀이 부족했다. 그렇지만 배고픈 스님들을 생각해 됫박에 조금씩 더 담아줬단다. 그러다가 절집의 할아버지 격인 효봉 스님에게 딱 들켰다.

"이 녀석아! 쌀 다시 되라. 네 인정을 좇지 말고, 언제나 됫박을 편편하게 되어야 한다."

'편편하게.'

이 말씀은 평생 스님의 가슴에 불도장처럼 찍혔다.

얼마 뒤 노스님이 조용히 손상좌를 불렀다.

"네가 내 손발 노릇을 해줘야겠다. 대신에 공부를 하다가 묻고 싶은 것이 있으면 언제든지 물어도 좋다."

그렇게 해서 노스님 시봉(侍奉, 큰스님 시중드는 일)을 시작해 1966년 입적할 때까지 꼬박 20년 동안 효봉 스님의 그림자로 살았다. 시봉을 시작하고 얼마 뒤의 일이다. 댓돌 위에 효봉 스님 신발짝이 잘못 놓여 있었다. 이 어른이 왼쪽 오른쪽 분간도 못하나, 생각하며 바로 놓았는데 어느새 또 바뀌어 있었다.

그런 일이 반복되던 어느 날 노스님이 말했다.

"그대로 둬라. 바로 신으면 신발 바깥쪽만 닳잖아…."

보성 스님이 얼마 전 펴낸 〈나에게로 가는 길, 청소(淸素)〉에 나오는 얘기다. 청소, '맑고 소박하게'는 스님의 일생 철학이다.

책에서 스님은 "효봉 스님도 젊은 시절에 앉은 채로 너무나 열심히 정진하면서 몸을 혹사한 탓에 오줌을 누지 못해 극심한 고통에 시달렸고, 나중에는 대소변도 해결하지 못했다. 사람들은 큰스님 신비화하기를 좋아하지만 진짜 도인은 한 인간으로서 어쩔 수 없는 육체적 노쇠 현상과 고통을 겪으면서도 본분사(마땅히 해야 할 일)를 지키는 이"라고 썼다.

효봉 스님은 깨어 있다가 생을 마치기를 원했다. 말년에는 웬만해서는 눕지도 않았다고 한다. 마지막 밀양 표충사 서래각에서 모실 때는 항상 "내가 잠들면 깨워라" 하고 일렀다. 스님은 노스님이 곤히 잠들었다 싶으면 10분 정도 있다가 깨워드렸다.

어느 날 잠깐 쉬려고 일어서는데 노스님이 불러 세웠다.

"너 어디 가느냐? 나도 갈 준비를 해야겠다."

효봉 스님은 두세 시간 뒤에 '잿불 삭듯이' 완전한 고요 속으로 들어갔다.

스님은 "피고름을 쏟으면서도 마지막까지 정신을 놓지 않으려고 화두를 들 정도로 삶에 진실했던 모습이 더 감동적이고 생생한 가르침"이라고 했다.

송광사는 1969년 조계총림을 열었고, 1973년 국내 사찰 중 처음으로 국제 포교를 위한 '불일국제선원'을 세웠다. 스님은 조계총림 초대 율원장, 조계종 전계대화상(傳戒大和尙, 종단 모든 스님들의 수계식과 계율 교육을 관장하는 큰스님)을 맡아 율사로 활동했다. 조계종단의 계율을 세우는 데도 큰 역할을 했다.

"계율은 출가자가 본디 착한 마음 그대로를 지키면서 살겠다는 약속이거든. 행동을 맑게 하면 그게 계를 지키는 거여. 출가자는 곧 종교 지도자가 되는 것이니 응당한 도덕성과 지도력을 갖춰야지."

수경 스님 등의 환경 운동으로 세상에 널리 알려진 '삼보일배'는 보성 스님이 1992년 해인사 행자 교육원의 교육 과정에 처음 도입했다.

"자장 스님(신라시대 대표적인 율사, 통도사 창건주)이 중국 당나라에 가실 때 한 걸음에 한 번씩 절하면서 갔어. 그런 간절함이 있어야 도를 이루는 거여. 하심(下心)하는 데 땅바닥에 절하는 것만 한 방법이 없어. 송광사에는 지금도 테레비가 없어요. 명리를 버리고 산중에 은둔해서 수행하는데 꾀꼬리 노래 소리면 충분하잖어?"

물건도 사람도 풍족하면 썩는다

보성 스님은 임제 선사의 어록 중에서 '바로 지금 이 순간이지, 달리 다음 시간은 없다(卽時現今 更無時節)'는 말을 자주한다.

"나는 더워서, 땀이 나서, 배가 고파서 공부 못하겠다는 사람은 송광사를 떠나라, 그래. 더울 때는 더워야 하는 것이 계절의 진실인 거여. 여름에 더워야 알곡이 영글고, 여름에 땀을 흘리는 만큼 결실이

알찬 거지. 오로지 목마르고 배고픈 사람만 얻을 수 있는 거여. 쇠는 용광로에서 팍팍 달궈야 돼.”

스님은 불일국제선원을 통해 티베트의 달라이 라마, 베트남의 틱낫한 스님, 대만 불광산사의 성운 스님, 중국 대각선사 불원 스님 등과 오랫동안 깊은 친분을 맺고 있는 ‘국제통’이기도 하다. 1991년부터 인도 다람살라를 방문해 달라이 라마를 여러 차례 만났고, 틱낫한 스님을 국내에 처음 초청했다.

“틱낫한 스님이 송광사를 방문했을 때 대중교통을 이용하고 승용차 안 타겠다고 하더라고. 그렇게 진실하니 서양에서도 수많은 지성인들이 따르는 거지. 달라이 라마는 조국에서 쫓겨난 상황에서도 자신을 탄압한 사람들을 용서하고 세상의 평화를 위해 헌신했잖어. 그분들이 대단한 큰스님이여.”

스님은 “불교는 학문이나 논설이 아니고 실천이 앞서야 하는 수행”이라며 “모든 것을 참아내는 ‘인욕(忍辱)’과 반쯤은 그 사람이 될 정도로 상대에게 나를 낮추는 하심을 실천해야 한다”고 말했다.

보성 스님의 제자 지현 스님(관음사 주지)은 “가난과 하심은 그 자체로 훌륭한 수행이라는 것이 큰스님의 가르침”이라며 “스님이 소유한 것이라고는 낡은 옷 보따리뿐”이라고 전했다.

신발 한쪽 닳는 것까지 아까워했던 효봉 스님의 ‘무소유’ 가르침은 그 제자들인 구산 스님, 법정 스님, 그리고 보성 스님에 의해 모든 송광사 스님들에게 대물림되고 있다.

"요새는 고급 병신이 너무 많아. 수족이 멀쩡한 놈들이 지가 벌어서 당당하게 쓸 일이지 입이 얼얼하니 침을 질질 흘려가면서 남의 돈에 줄을 서? 나는 돈 좀 번 신도들에게 자식들에게는 원수같이 돈 주지 마라 그래. 그러면 자식들이 멀쩡한 병신 된다고. 물건이든 사람이든 너무 풍족하면 다 썩는 거여."

오전 11시. 스님은 자리를 털고 일어나 관음사 신도들에게 법문하기 위해 법당으로 향했다. 평일인데도 신도들이 법당을 채우고 마당까지 꽉 들어찼다. 의식에 따라 모두들 합장을 하고 서 있었다. 아주머니 신도 두 명이 마당에 다리 펴고 앉아 있다가 스님에게 딱 걸렸다. 곧장 불호령이 날아갔다.

"일어나! 일어나!"

한바탕 야단을 치고는 딱! 딱! 딱! 죽비에 맞춰 법상에 올랐다.

"편하고 싶은 유혹 때문에 저러는 거여. 유혹에 파묻히면 그때는 부처님이 달려들어도 안 되는 기야. 그러다가 엄마 노릇 못 하고, 아버지 노릇 못 하고, 끝내 제 노릇 못 하면 그게 바로 지옥이라. 알겠어? 꽃들은 모진 비바람도 탓하지 않고 피어나니 저렇게 아름답잖어. 모두들 저 꽃들처럼 활짝 활짝 피어나세요."

2

너의 샘을
더 깊게 파라

동춘스님

동춘(東春) 스님_경주 서장암 토굴

1932년 제주 출생. 1955년 부산 선암사에서 출가. 1971~79년 선암사 주지. 1983~88년 봉암사 주지. 1991~95년 각화사 주지. 1995년 봉암사 주지. 현재 : 조계종 대종사. 경주 함월산 기림사 서장암 토굴 수행.

세상사가 두루 법문이다

동춘 스님이 또 '토굴'을 옮겼다. 평생 그렇게 집 짓고 떠나기를 반복했으니 놀랄 일도 아니다. 전국 각처에 스님이 수행했던 '독살이' 토굴만도 수십 군데다. 토굴이 외부에 알려졌다 싶으면 바로 짐을 꾸려 아무도 모르는 곳으로 떠나버린다. 말 그대로 구름처럼 떠돌고 물처럼 흘러서 가는, 이 시대 마지막 '운수납자(雲水衲子)'다.

경주에서 감포 바다 가는 길 왼쪽에 함월산 기림사가 있다. 기림사에서 논밭 사이로 난 길을 따라 10분쯤 걸어가니 산 밑에 바짝 등을 댄 스님 토굴이 있었다. 붉은 황토 흙벽에 검은색 합성수지 기와를 얹은 작고 아담한 단독 가옥이다(요즘은 사찰 아닌 장소에 있는 스님들의 개인적인 수행 공간을 모두 토굴이라고 부른다).

스님은 깨끗하게 비질된 마당을 거닐고 있었다. 팔순의 나이가 믿어지지 않게 몸이 가볍고 걸음걸이가 활기찼다. 집은 일주문, 법당, 현판 같은 불교적 치장 하나 없어서 여느 농가와 다를 게 없었다. 따로 드나드는 문도 없다. 비좁은 부엌을 거쳐야만 방으로 들어갈 수 있다.

텔레비전에서 미국 버지니아 공대 한국인 유학생 총기 난사 사건 뉴스가 나오고 있었다. 스님은 "화를 다스리지 못해서 생긴 일"이라며 "현대인들에게 마음수양이 얼마나 절실하게 필요한지 보여준 사건"이라고 말했다.

"사회에 대한 불만 때문이라고 하네요. 남을 원망하는 마음, 욕심대로 안 되니까 남을 미워하는 생각이 화를 만든 거죠. 욕심과 미움 때문에 화가 생기고, 화가 뭉쳐서 악을 저지르게 됩니다. 화를 내면 건강을 해치고, 가정을 해치고, 사회를 해칩니다. 이게 다 자기를 몰라서 그런 겁니다. 과거의 업도 풀어야 하는데, 새로운 업을 지어서야 되겠습니까. 좋은 생각을 많이 하고 좋은 인연을 많이 맺으면 업장이 풀리고 운명이 좋게 바뀝니다."

동춘 스님은 부처님 당시 희대의 살인마였던 앙굴리마라 얘길 했다.

1,000명을 죽여야 해탈한다는 잘못된 믿음 때문에 살인마가 된 앙굴리마라가 부처님을 죽이기 위해 달려오며 외쳤다.

"멈춰라."

그때 부처님이 말했다.

"나는 이미 멈춰 서 있다. 그대가 멈춰라."

앙굴리마라는 잘못을 깨닫고 깊이 감동해서 부처님 제자가 됐다.

스님은 부처님이 앙굴리마라에게 했던 '멈춰라'라는 말을 자신을 향해 할 수 있어야 한다고 말했다. 미움, 욕심, 원망, 그리고 분노를 멈춰라!

"선악이 모두 불법(佛法)이요, 스승입니다. 선악을 따지기보다 나를 똑바로 바라보는 계기로 삼아야 합니다. 청년에겐 악업이지만 내게도, 우리에게도 똑같은 허물이 있는 것입니다. 별업(개인의 업)이 곧 공업(세상의 업)입니다."

유마 거사는 "세상이 아프니 나도 아프다"고 했다. 스님은 그 말씀을 하고 있다.

동춘 스님 방은 촌로가 사는 안방처럼 꾸밈없이 소박했다. 바닥에는 보료가 깔려 있고, 텔레비전과 서랍장, 작은 탁자, 박스 몇 개, 크고 작은 붓들, 승복을 걸어두는 옷걸이가 전부였다. 탁자에는 몇 권의 책과 잡동사니, 염주 등이 놓여 있었다.

벽에는 대붓으로 '佛(불)'이라고 쓴 서예 글씨를 종이 그대로 압정에 꽂아 붙여놨다. 이 방이 노스님의 숙소 겸 수행처다. 이곳에서 홀로 밥 해먹고 빨래하고 청소하고 기도하며 지낸다.

근검절약이 몸에 뱄다. 가까운 곳은 늘 걸어 다니고 먼 길을 갈 때는 대중교통을 이용한다. 시장에서 산 만 원짜리 털바지 하나로 겨울을 났다고 했다. 밥상 차림도 간소하다. 밥, 찌개, 반찬 두어 가지면 끝이다. 한꺼번에 삼 일 치를 해서 냉장고에 넣어 뒀다가 때마다 데워 먹는다.

"8부(80%)만 먹으면 유언이 필요 없다는 일본 속담이 있어요. 위에 부담되지 않게, 가리지 않고 먹으니까 건강합니다. 나이 들어서 건강해야 사는 일이 즐겁죠. 건강하지 못하면 다른 사람에게 의지하게 됩니다. 그것도 업이 돼요. 운동선수가 건강한 게 아니고, 의사가 오래 사는 것도 아니잖아요. 알맞게 먹고 알맞게 행동하면 몸도 마음도 건강합니다."

1년에 두세 번씩 금식을 한다. 김해에서 오막살이 토굴을 짓고 살 때 일주일을 아무것도 먹지 않고 지내면서 금식 효과를 처음 경험했다고 한다.

"선천적으로 병약했는데 이제는 약도 잘 안 먹어요. 무엇보다도 화를 내지 말아야 건강합니다. 화를 내면 피가 탁해지고 혈압이 올라가 건강을 해치게 돼 있습니다. 지혜가 있는 사람은 화를 내지 않죠. 화나는 일이 생겼을 때 한 번씩 참으면 그게 습관이 됩니다. 좋은 생각을 많이 해야 건강해집니다."

하루 일과도 "대중없다". 일어나고 싶을 때 일어나고, 잠자고 싶을 때 잠자고, 정진하고 싶을 때 언제든 참선을 한다.

이런 스님이 텔레비전을 본다. 뉴스를 세상살이의 법문으로 여긴다. 재미에만 빠지지 않으면 드라마까지도 참 좋은 법문이라고 말한다. 적게 갖고 맑게 사는 동춘 스님에게는 천지가 내 집이고 세상사가 두루 법문인 모양이다.

그저 공부하는 세월을 살 뿐

동춘 스님은 일본에서 자랐다. 해방 후 귀국했으나 아버지가 다시 일본으로 돌아가는 바람에 가족이 일본과 한국으로 갈라져서 살았다. 고등학교는 기독교 계통의 학교를 다녔다. 교회도 열심히 나갔다.

6·25 전쟁 때 군에 입대해 분대장으로 전장을 누비면서 죽을 고비를 숱하게 넘겼다. 휴전이 되고 천성산 일대의 공비토벌 작전에 참가했다. 천성산에 있는 내원사를 지나갈 때마다 살생에 대한 죄책감을 느꼈단다.

그러다가 우연히 양산 통도사에서 법문을 듣게 됐다. "불교는 신을 믿는 종교가 아니라 자신이 부처가 되는 종교"라는 말을 듣고 그곳 스님들과 대화를 하면서 비로소 마음의 평화를 느꼈다. 기독교를 떠나 절에 다니게 됐다.

출가를 결심하고 혼자 토굴에서 지내며 마음을 정리했다. 그게 첫 토굴살이였다. 1955년 부산 백양산 선암사에서 석암 스님을 은사로 늦깎이 출가했다. 선암사는 근대 고승 혜월 스님과 인연이 깊은 절이다. 석암 스님은 혜월 스님의 법맥을 잇는 석호 스님의 제자다.

'개간선사'라고 불렸던 혜월 스님은 선암사에 살 때도 절 앞의 논을 개간했다. 욕심이라곤 없는 '천진불' 혜월은 한 농부의 간청에 헐값에 논을 팔았다. 제자들은 "사기를 당했다"고 분개했다. 그러자 혜월이 말했다.

"논은 저기 그대로 있고 논 판 돈까지 생겼는데 무슨 사기를 당했다는 게냐."

혜월 스님은 늘 선암사 뒷산에 올라가 솔방울을 주웠다. 어느 날 변함없이 솔방울을 줍다가 자루를 짊어지고 선 채로 입적했다고 한다.

동춘 스님은 몇 번의 주지 소임을 맡은 걸 빼고는 평생의 대부분을 토굴에 은둔하며 수행했다. 자연 동굴이나 나뭇가지만 얽고 비닐로 비바람만 가린 움막에서도 살았다. 전깃불도 없고 난방도 되지 않는 토굴에서 생식을 하며 한겨울을 나기도 했다.

동춘 스님의 토굴 생활 기본 원칙은 무소유다. 지금처럼 집을 짓는 경우에도 생활에 필요한 최소한의 것들만 갖추면 그만이다. 떠날 때를 대비해 집도 대충 짓는다. 경주 내남면 토굴에서 9개월을 지낸 뒤 이곳으로 왔다. 조계종단의 원로인 노스님이 이런 토굴에서 사는 이유가 궁금했다.

"인연 따라 사는 거지 뭐. 좋아하고 싫어하는 일을 분간하고 선택하는 게 늘 마땅찮게 여겨져요. 혼자 뚝 떨어져서 조용히 공부하는 게 좋습니다. 한곳에 오래 머물면 집착하게 되고, 집착하면 업을 짓게 되잖아요. 소유하지 않으면 자유롭지요. 부처님도 깨달은 후 평생을 옮겨 다녔습니다. 수행자에게 누더기 옷과 발우 하나만 있으면 다

가진 거지, 따로 필요한 게 뭐 있어."

스님은 사람들이 찾아오는 것을 반기지 않는다. 어지간한 일로는 인터뷰도 극구 사양한다. 마음의 평화가 깨지기 때문이다. 평생 한 명의 제자도 들이지 않았다. 최근에도 한 젊은 스님이 노스님을 모시겠다고 찾아왔지만 "큰 절에서 대중생활을 하면서 공부해야 한다. 절에서 선(禪), 교(敎), 율(律)을 제대로 배우고 토굴 생활은 그 다음에 해도 늦지 않다"면서 보내버렸다고 한다.

"그저 공부하는 세월을 살 뿐이지요. 몇 안 되는 신도들이 찾아와 물어보면 그때그때 생각을 말해줄 뿐입니다. 따지고 보면 법문이 따로 있는 것도 아닙니다. 부처님도 마지막에 '평생 한마디도 이야기한 바 없다'고 했잖아요. 사는 모습 그대로가 법문이고, 이 세계 그대로가 불법이지요. 욕심 부리지 않고 조용히 살다 가고 싶어요."

달그림자처럼 맑고 고요하게

동춘 스님은 청소년들에게 '효(孝)'를 가르치기 위해 〈부처님이 들려주는 효 이야기〉, 〈밤톨이와 얼짱이의 효도 뚝딱〉, 〈엄마 아빠 고마워요〉 같은 어린이 책 수십만 권을 전국의 사찰과 초등학교에 보내고 있다. 스님이 효도를 말하는 데는 사연이 있다. 일본에 사는 누님이 동생의 출가 소식을 듣고 사람을 보내 당장 일본으로 오라고 했다. 환속을 고민하던 때에 어떤 스님이 〈부모은중경〉을 건네줬다.

〈부모은중경〉은 모든 '선행공덕'의 근본과 시작이 효도라고 가르친다. 수행자의 효도는 제대로 불도를 닦아서 부모님까지 중생에서 구제하는 일이다. 또 세상 생명 가진 모든 것들의 부모 은혜까지 갚는 한 차원 높은 효도를 강조한다. 스님은 〈부모은중경〉을 읽으면서 "더 큰 효도를 하기 위해" 마음을 고쳐먹고 가족과 인연을 끊었다.

그랬는데 나중에 그 누님이 돌아가시면서 스님 앞으로 1억 원이 넘는 돈을 유산으로 남겨줬다. 스님은 그 돈을 어린이들에게 효도를 가르치는 데 쓰기로 했다.

"세상 만물의 은혜를 갚기 위해 자기 본분을 지키고 책임을 다하는 게 중요합니다. 자신이 올바르게 살아야 효도가 된다는 말입니다. 그런 점에서 〈부모은중경〉은 세상이 아무리 바뀌어도 여전히 생명력이 있어요."

스님은 다시 버지니아 공대 총기 사건 이야기를 했다.

"부모님을 생각하면 어찌 큰 벌을 받게 되는 일을 하겠어요. 교도소에 간 사람들 하나같이 부모님 얼굴 못 들게 한 걸 후회하잖아요. 책을 읽고 다만 몇 명이라도 효도를 실천한다면 좋은 일이겠지요."

동춘 스님이 평생 참선 수행과 토굴살이만 한 건 아니다. 부산 선암사와 문경 봉암사, 봉화 각화사의 주지를 지냈다. 성철 스님 등의 '봉암사 결사'로 유명한 봉암사 주지 시절 일이다. 정부에서 봉암사가 포함된 희양산을 국립공원으로 지정하려고 했다. 그때 봉암사 선방에는 조계종 종정을 지낸 서암 스님, 조계종 원로인 해인사 도견 스님과 금봉암 고우 스님, 그리고 환경운동으로 유명한 수경 스님 등이 살고 있었다. 스님들은 수행 환경을 해친다며 국립공원 계획에 반대했다. 동춘 스님은 "한국 불교를 위해 순교하겠다"며 단식을 했다. 결국 정부는 국립공원 지정 계획을 철회했다. 현재 봉암사는 조계종 특별 선원으로 외부인이 들어오지 못하도록 산문을 폐쇄했다.

스님은 "원치 않는 머슴살이를 한 것뿐, '내가 했다'고 할 것이 없다"고 말했다. 주지 소임이 끝나면 자유롭게 훌훌 떠나버렸다고 한다. 인연 맺었던 신도들과도 연락을 딱 끊는다.

"샘이 있습니다. 물을 퍼내면 일시 줄어들고, 물을 부으면 일시 늘어나지만 결국은 그대로지요. 이런 샘에 물을 많이 고이게 하려면 어떻게 해야 합니까."

우물쭈물 대답을 제대로 못 하니까 스님이 말했다.

"샘을 지피(깊이) 파면 돼요. 그릇을 키우는 거지요. 사람도 마찬가집니다. 능력이 부족하면 능력을 키워야 합니다. 사람은 각자 인물, 머리, 언변, 문장, 재물 등 타고난 그릇이 있어요. 부족하면 더 노력을 하면 됩니다. 수행은 마음 그릇, 생각의 그릇을 키우는 일입니다. 마음의 힘은 놀랍습니다."

그러면서 스님은 혜월 스님의 사형이자 경허의 맏상좌인 수월 스님 얘기를 들려줬다.

'나무꾼 선사' 수월은 일찌감치 도인으로 소문이 나서 사람들이 만나려고 줄을 섰다. 그때마다 아무도 몰래 숨어버리곤 했다. 북녘을 유랑하던 수월은 말년에 북간도로 갔다. 당시 간도에는 살인과 약탈을 하는 비적들이 많아서 집집마다 사나운 개를 키웠다. 수월이 지나가면 온동네 개들이 줄지어 따라왔다. 수월은 개들을 앉혀놓고 법문을 하곤 했다.

"그런데 내가 가면 동네 개들이 다 짖어요. 마음의 힘이 부족하기 때문이지요. 허허. 그래도 열심히 할 만큼 했어요. 이제 모든 인연도 놓아버리고 조용히 살다 가야지요. 부족한 공부는 다음 생에서 또 하면 되지요."

동춘 스님 토굴을 나서니 달(月)을 품는(含) 산, 함월산이 큼지막한 보름달을 안았다. 달빛으로 대숲 그림자가 환하게 마당을 쓸어내는 맑고 눈부신 밤이었다.

3

그 화살 자신을 향해 쏴라

설정 스님

설정(雪靖) 스님_수덕사 방장

1942년 충남 예산 출생. 1955년 수덕사에서 출가. 1976년 서울대 원예학과 졸업. 1978년 수덕사 주지. 1994년 조계종 개혁회의 법제위원장. 1996년 조계종 중앙종회 의장. 현재 : 조계종 대종사. 화계사 조실. 예산 덕숭산 수덕사 덕숭총림 방장.

자연과 마음이 하나다

예산 덕숭산 수덕사는 한국 불교의 위대한 선승 경허, 만공의 맥을 잇는 '선의 종갓집'이다. 그 수덕사를 이끄는 이가 덕숭총림 방장 설정 스님이다.

불교의 형식이나 격식보다 참선 위주의 조사선(祖師禪), 선농일치(禪農一致), 무소유(無所有)를 지키는 덕숭 문중(불교계에서 해인사, 범어사를 중심으로 한 범어 문중과 쌍벽을 이룬다)의 중심이다.

하얗게 눈발 흩날리는 밤길을 달려 새벽녘에 덕숭산(495.2미터) 정상 부근에 높다라니 자리한 수덕사 산내 암자 정혜사 능인선원에 도착했다.

"자연(自然)이 불법(佛法)의 근본이고 부처입니다."

첫마디가 상큼하다. '있는 그대로', '본래 그대로'가 불법이라니 더 보태고 뺄 것도 없다.

설정 스님은 2007년 태안 기름 유출 사고 때 동안거 중인 선방의 모든 스님들과 함께 사고 현장을 찾아 기름띠를 걷어내는 봉사 활동을 했다.

결제(結制, 안거, 스스로 묶는다는 뜻도 있다) 중에는 부모상을 당해도 문밖으로 나가지 않는다는 선방의 철칙을 처음으로 깼다. 환경을 복구하는 일이 수행과 무관하지 않다는 생각에서다.

"지리, 지질의 환경뿐만 아니라 사람과 사물의 본성(本性, 본디부터 있는 고유한 특성)도 자연입니다. 그렇게 본래적인 자연을 사람의 욕심 때문에 바꾸면 안 됩니다. 친자연, 친환경을 따로 말할 것도 없어요. 마음과 자연이 둘이 아닙니다(不二). 자연에게 상처를 주는 것이 바로 인간에게 상처를 주는 일입니다."

스님은 "생명 있는 모든 것들의 은혜로 우리가 사는 것"이라고 했다. 말씀 한마디 한마디가 간곡하다.

하얗게 센 눈썹과 얼굴 가득 번지는 미소가 저 서산마애불이 머금은 '백제의 미소'를 살짝 닮은 것도 같다. 그만큼 따스하고 편안하다. 하지만 수행에 관해서는 한 점 빈틈도 허용하지 않는 완벽주의자라고 한다.

그날, 펄펄 내리는 눈발 속에서 동쪽으로부터 번연히 밝아오던 덕숭산 아침 풍경은 스님의 법명 설정(雪靖)과 법호 송원(松原) 그대로 평화로운(靖) 눈밭(雪)에 노송들이 눈꽃을 피워내고 있는 멋진 설경이었다. 스님이 머무는 방장실 이름도 '푸른 소나무의 집', 취송당(翠松堂)이다.

"본래적인 것, 자연의 본성이 바로 생명의 가치이고 인간 성격(性格)의 근본입니다. 생명의 가치만 지키면 따로 수행할 필요도 없어요. 모든 생명은 본래 지혜롭고, 너그럽고, 자비스럽고, 원만하게 돼 있어요. 그런데 이런 보물 창고, 보물 덩어리를 탐욕과 분노라는 '쓰레기'가 덮고 있는 겁니다. 우리는 이 쓰레기를 전생으로부터 DNA로 가지고 나왔어요. 선이 다른 게 아니라 이 쓰레기를 털어내 본래 생명 가치를 드러내는 일이지요."

그런데 이 쓰레기가 아주 고약하다. 조금만 방심하면 거기서 독버섯이 '우후(雨後)의 죽순처럼' 돋아나 더 깊은 어둠 속에 보물을 파묻어버린다.

"팔만대장경의 핵심이 결국 마음 심(心) 자라고 하죠. 이 순간부터 욕심내고 원망하고 미워하고 질투하고 시비하는 따위의 마음속 오물을 다 치워버리세요. 나 자신에게 어떻게 하면 기쁨과 편안함과 아름다움을 줄까, 그것만 생각하세요. 그렇게 생각하고 행동하고 살면 쓰레기가 점점 줄어들어 '아, 내가 엄청난 보물을 갖고 있구나' 알게 됩니다."

마음을 청정하고 바르고 떳떳하고 당당하게 쓰라는 말씀이다.

"이 보물은 실컷 낭비해도 뭐랄 사람 없어요. 죽은 이후의 극락과 천국은 다 소용없습니다. 자기가 가진 보물을 실컷 쓰고 다니는 지금 이 순간이 극락과 천국이니까요. 내가 행복하고 즐거운 극락에 살고 있다니 참 통쾌하고 멋있고 아름답잖아요?"

자연은 훌륭한 선방, 농사는 큰 수행

설정 스님이 방장에 추대되던 2009년 봄날에도 수덕사에 갔었다. 스님은 "방장 행자로 살겠다"고 했다.

"쉽고 편하게 사는 게 정말 쉽고 편한 길이 아닙니다. 행자 시절 올곧은 수행자로 살겠다는 나 자신과의 약속을 평생 지키고 살겠다는 뜻입니다. 지금도 공부하고 있으니 행자 맞아요."

산내 암자만 해도 수십 개가 넘는 수덕사의 큰 어른이지만 초심을 잃지 않고 갓 입산한 행자처럼 생활하겠다는 선언이다.

"수행자는 자기를 내세우지 않기로 맹세한 사람들입니다. 사사로움 없이 공평한 공심(公心)으로 살아야죠. 그게 수행만큼이나 중요해요. 정치인 같은 사회 지도층 사람들에게도 공심이 필요합니다. 모든 일을 공심으로 하면 모두가 즐겁고 행복한 사회를 만들 수 있습니다."

설정 스님은 열세 살 때 아버지를 따라 수덕사에 갔다. 원담 스님이 "너란 놈이 누구냐" 하면서 주먹을 눈앞에 내밀었다. 그 말을 듣는 순간 절에서 살고 싶어졌다고 한다. 만공 스님에게 계를 받은 독실한 불교 신자였던 부친은 흐뭇한 표정으로 돌아갔다. 어머니가 아들을 데려가려고 여러 번 찾으러 왔지만 그때마다 숨었다.

출가한 지 2년째 되던 추운 겨울날, 일을 하다가 도반과 심하게 다퉜다. 그 모습을 본 스승 원담 스님은 한마디도 하지 않고 제자들 앞에서 옷을 훌훌 벗었다. 알몸에 장삼, 가사만 걸친 스승은 법당의 차가운 마룻바닥에서 절을 하기 시작했다. 설정 스님은 스승의 그 모습을 지금도 잊지 못한다.

군 제대 후 삼십 대에 독학으로 검정고시를 거쳐 서울대 농대에 입학했다. 스님들은 대부분 불교학과가 있는 동국대에 가던 시절이지만 스님은 서울대를 택했다. 수덕사에 딸린 넓은 논밭을 잘 활용해보고 싶어서 원예학을 전공했다.

스님은 어릴 때부터 농사일을 원 없이 해봤다. 출가 초기에는 수덕사 산내의 넓은 논과 밭을 모두 스님들 손으로 일구고 농사를 지었다. 그게 수덕사의 선농일치, 주경야선(晝耕夜禪) 전통이다.

능인선원에서 수행하는 스님들은 요즘도 '일하지 않으면 밥을 먹지 않는다(一日不作 一日不食)'는 원칙대로 날마다 울력을 한다. 평소에도 방장 스님이 젊은 스님들보다 더 일찍 일어나 마당을 쓸고 앞장서서 밭일을 한다고 한다.

"자연은 훌륭한 선방이고 농사는 큰 수행입니다. 여름 감자 하나가 병에 걸리면 주변 전체가 썩습니다. 번뇌도 이와 같아요. 밭을 고르게 갈고 좋은 씨를 뿌리고 부지런히 가꿔야 결실이 실하지요. 마음 속에 있는 잡초와 못된 벌레들을 걷어내는 뜻이 다 거기 들어 있어요. 모든 일을 때맞게 해라, 그걸 배웁니다."

설정 스님 제자들은 새벽마다 자박자박 걸어오는 스승의 발소리를 듣는다고 한다. 제자들이 깨어 있으면 멀리서 발길을 돌리고, 혹 산만하거나 잠들어 있으면 가까이 다가와 발소리로 제자들을 일깨운다. 제자 주경 스님(조계종 기획실장)은 "큰스님은 덕숭 문중의 정통 법맥을 잇는 분답게 농사일을 잘하고 조용한 가운데 뛰어난 리더십을 보여 수행과 생활에서 모두 존경받는 스승"이라고 전했다.

설정 스님을 따라 방을 나섰다. 덕숭산에 눈발이 점점 굵어지고 있었다. 정혜사 앞뜰에는 공처럼 둥근 만공탑이 있다. 거기에 만공 스님이 무궁화 꽃봉오리에 먹물을 찍어 썼다는 '世界一花(세계는 한 송이 꽃)'란 글귀가 새겨져 있었다.

그 한쪽에 발우형 석조 수조로 약수를 받는 불유각(佛乳閣)이 있다. 만공 스님이 약수터에 지은 정자 이름이다. 이 '부처님 젖(佛乳)'에 얽힌 일화가 있다.

어느 날 만공 스님이 법당의 불상을 쳐다보며 '수덕사 여승' 일엽 스님(신여성으로 살다 출가한 김일엽)에게 말했다.

"부처님 젖통이 저렇게도 크시니 올겨울 수좌들 양식 걱정은 없겠구나."

"무슨 복으로 부처님 젖을 얻어먹을 수 있겠습니까."

"네가 부처님을 건드리기만 하면서 젖은 얻어먹지도 못하는구나."

무슨 음담처럼 들리지만 그게 아니다. 비구니 제자에게 '불법의 젖'을 얻어먹지 못한다고 꾸짖는 내용이다.

뒷산을 오르는 스님은 젊은이보다도 발걸음이 날렸다. 덕숭산은 야트막하지만 거친 바위산이다. 만공 스님이 주석했던 금선대에는 '염궁문(念弓門)'이라는 편액이 걸려 있다. '생각의 화살을 쏘는 곳'이란 뜻이다.

어느 날 한 포수가 산중에서 호랑이를 만났다. 온힘을 다해 활시위를 당긴 뒤 도망쳤다. 다음 날 그 자리에 가보니 호랑이 형상의 바위에 화살이 깊이 박혀 있었다. 설정 스님은 "그것이 마음의 힘"이라고 말했다. 스님은 또 다른 화살 이야기를 해줬다.

당나라 때의 마조 선사가 길을 가다가 사슴을 쫓는 석공이라는 사냥꾼을 만났다.

"자네는 사냥은 잘하지만 자기 자신을 향해선 활을 쏘지 못하는 걸 보니 솜씨가 별로군."

사냥꾼은 이 한마디에 깊은 충격을 받아 그 자리에서 활을 부러뜨리고 마조의 제자가 됐다. 그가 뒷날 크게 이름을 떨친 혜장 선사다.

설정 스님은 "자기 마음을 과녁의 정중앙으로 삼으라는 뜻"이라고 설명했다.

경허, 만공, 원담 스님 등 덕숭 문중의 스님들은 모두 서예에도 뛰어났다. 특히 원담 스님은 국내 최고의 선필(禪筆)로 유명했다. 설정 스님 역시 서예에서도 한 경지를 이뤘다. 스님은 "도와 예는 순수무구(純粹無垢)라는 점에서 일맥상통하는 것"이라며 "글이란 마음을 적는 것이므로 마음공부를 하면 글은 저절로 따라온다"고 말했다.

목마를 때 샘 파면 힘만 든다

설정 스님은 절에서 흔히 말하는 '이(理, 수행)'와 '사(事, 행정)'를 겸했다. 1998년 조계종 중앙종회 의장을 마친 직후 췌장암에 걸렸다. 스님은 주변의 만류를 뿌리치고 곧바로 걸망을 메고 봉암사 선방으로 갔다.

그때 "죽지 않고 살아난다면 결코 쉽고 편한 삶을 살지 않겠다"고 결심했다. 선방에서 꼬박 3년 동안 하루 아홉 시간씩 기도하고 참선 수행했다. 그러다보니 지병이 나았다.

"세상 살다보면 어려움이 닥치는 건 당연한 일입니다. 어려움을 통해 자기를 돌아보고, 새로운 전기를 만드는 것도 수행입니다. 어려움은 나의 오만과 나태를 막아주는 면역(예방) 주사 같은 겁니다."

설정 스님은 "바깥의 행복도 불행도 다 지나가게 돼 있다"며 "어려움에서 배우고 어려움으로 마음을 닦아야 한다"고 했다.

"그런데 진짜 어려움, 죽음이 닥치면 어떻게 합니까. 죽은 이, 병든 이, 늙은이가 바로 나라고 생각해보세요. 목마를 때 닥쳐서 샘 파면 힘만 들고 목은 축이지 못해요. 죽음도 지금 사는 인생으로 만드는 거죠."

스님은 사람의 목숨이 무상해서 내일을 보장하기 어려운 게 인생이라고 했다. 제행이 무상하니 제멋대로 사는 것이 아니라 무상하므로 지금 사는 인생이 소중하다는 것이다.

"살면서 아무리 고통스러워도 '착한 의지'를 지켜야 합니다. 물질이 아무리 많아도 마음이 바르지 못하면 향락의 도구일 뿐이지요. 설사 지식과 능력이 있다손 치더라도 착한 의지가 없으면 졸작 인생입니다. 착한 의지로 이루어야 걸작 인생이 되는 겁니다."

그러나 세상살이에 불가피한 경쟁은 또 어찌하란 말인가. 세상 물정 모르는 산중 스님의 말씀 아니냐고 한 번 찔러봤다.

"아닙니다. 욕심내고(貪), 화내고(瞋), 어리석고(癡), 오만하고(慢), 의심하는(疑) 마음이 중생을 그대로 중생에 가두는 근본 번뇌입니다. 사람 사는 데는 욕심으로 사는 욕생(欲生)이 있고 선한 의지로 살아가는 원생(原生)이 있어요. 욕생은 반드시 자신도 남도 불행하게 만듭니다. 이타적이고 긍정적인 생각으로 그걸 넘어서는 원생은 모두를 기쁘게 해서 결국 자기 행복으로 돌려받습니다."

선과 명상의 수행이나 세상살이나 바른 삶과 태도를 갖는다는 점에서 한 마차의 두 바퀴란다. 그게 생활 속에 흘러 다니는 마음의 오물을 치우는 일이다. 흔히 '마음을 밝힌다'라고 하는 게 탐욕의 흐름에서 자신을 딱 멈추는 일이다. 스님은 그걸 강조했다.

"자연 그대로, 생명 가치 그대로 항상 여여(如如)하면 힘들고 어려운 일까지 다 보물이니까요. 그렇게 마음을 쓰면 아! 인생 살만하구나, 이런 기쁨을 맛보게 될 겁니다."

참 고요하고 평화롭다. 돌이켜보니 내 어릴 때 수덕사 가는 길은 노송이 무성하고, 그 위에 새하얀 학(鶴)이 무리 지어 살았다. 그날처럼, 수덕사 취송정 푸른 노송에서 학 한 마리 고고하게 구름 위로 날아오르는 환영을 본다.

4

세상에 너만
외로운 게 아니란다

활안 스님

활안(活眼) 스님_천자암 조실

1926년 전남 담양 출생. 1945년 순창 순평사에서 출가. 상원사 청량선원, 지리산 칠불암, 범어사, 용화사 등에서 참선 정진. 1975년부터 순천 조계산 천자암 주석. 현재 : 조계종 대종사. 천자암 조실.

견딜 수 없도록 활활 태워라

"왜 왔어? 여기가 어딘지는 알고 온겨?"

노스님이 다짜고짜 호통을 쳤다. 안경 너머로 바라보는 눈빛이 쏠 듯이 강했다.

"여봐, 여봐, 나를 똑바로 봐! 그동안 글줄 써서 얻은 걸 여그 다 내 놔 봐!"

스님은 진한 남도 사투리로 소리를 질러 댔다. 금방 멱살이라도 잡을 기세였다. 음성은 쩌렁쩌렁 우렁차고 기세가 성난 호랑이여서 도무지 정신을 차릴 수가 없다. 순천 조계산 천자암 조실 활안 스님이다.

이런 걸 선가에서 탐간영초(探竿影草)라고 한다. 탐간영초는 원래 풀숲을 헤쳐 물고기를 모으는 어부의 막대기다. 선승들에겐 처음 보는 수행자의 경지를 알아보기 위해 미끼로 던지는 질문법이다. 말하자면 분별심을 박살내기 위한 충격 요법이다. 일종의 탐색전이라고 할 수 있다.

산죽밭 사이로 난 가파른 외길 끝, 조계산 정상 바로 아래 천자암이 있다. 송광사와 선암사의 딱 한가운데. 천자암 마당에는 용틀임으로 배배 꼬인 채 곧게 자란 아름드리 향나무 두 그루가 마치 사이좋은 도반처럼 나란히 서 있다.

천연기념물 제88호 '천자암 곱향나무 쌍향수(雙香樹)'다. 송광사 보조 국사와 제자 담당 국사가 중국 구법(求法) 여행을 다녀왔다. 그때 짚고 다니던 향나무 지팡이를 암자 마당에 나란히 꽂아두었는데 그것이 살아나서 자랐다고 한다. 믿기 어렵지만 〈송광사지〉에 나오는 이야기다. 금나라 왕자였던 담당 국사가 공부하는 암자여서 천자암(天子庵)이라고 했다.

800년 세월에도 여전히 푸르고 위풍당당한 향나무 아래 활안 스님이 반갑게 맞아줬다. 때 이른 봄의 훈풍이 그득한 날이었다. 스님은 구순 가까운 고령에도 체구가 당당하고, 얼굴에는 천진난만하면서도 '짓궂은' 미소가 가득했다.

그런 노스님이 염화실에 자리 잡자마자 미소를 싹 거두고 호랑이로 돌변한 것이다.

"그래가지고는 대동태허(大動太虛, 크게 움직이니 크게 비워진다)에 지구가 공전 자전해도 관리자가 아냐. 마음이 단박에 밝아야 돼. 마음에 중심이 딱 서 있으면 천지 생명은 단독 결정이고 일망타진이야. 다른 방법은 필요 없어. 네가 그걸 알어?"

이게 도대체 무슨 말인가. 나중에 곰곰 새겨보니 아무리 큰 일이 나도 마음만 닦으면 단번에 다 해결된다는 뜻이었다.

'괴짜 도인'이라는 소문대로 노스님은 괴팍하고 특이한 개성을 아무 거리낌 없이 보여준다. '조계산 호랑이'라는 별명이 괜히 생긴 게 아니었다. 법명대로 '눈 뜬 장님'을 '활안(活眼)'시키려는 의도일까. 활안은 사전에서 '사리를 밝게 관찰하는 눈'이라고 풀이돼 있다.

"마음이 몸뚱이의 주인이고 씨앗이여. 한 호흡도 들이쉬고 내쉴 때마다 새것이 아녀. 마음만이 주인이고 우주 천지자연을 창작하는 근본인겨. 마음 자원, 지혜 자원은 써도 써도 결코 줄어들질 않어. 생명을 스스로 선택하고 끝까지 뒤처리해야 진짜 주인이지."

활안 스님은 '마음 자원', '지혜 자원'이라는 말을 썼다. 광물, 산림, 수산물에 붙이는 말을 마음, 지혜에 갖다 쓰니 퍽 신선하다. 마음 자원, 지혜 자원이 사우디아라비아 유전에서 기름 쏟아지듯 펑펑 쏟아진다면 그것도 신나는 일이겠다.

그러나 일반적인 대화 방식이 아니라 원형질의 말씀을 '돌직구'처럼 던져 대니 도대체 말을 따라가기도, 그 뜻을 새기기도 쉽지 않았다. 그런데도 스님이 내뿜는 격렬한 야성과 '마초' 기질에서 어떤 긴장감과 통쾌감이 느껴졌다.

그사이 찻물이 끓었다. 스님도 서릿발 같은 표정을 풀고 어느새 다정한 시골 할아버지의 모습으로 돌아왔다.

"글 쓰는 기자나 정치인이나 학자나 똑같애. 얄팍한 계산으로 아는 데는 '귀신'인데 뒤처리하는 데는 '등신'인겨. 몸뚱이만 있고 눈이 없어서 마음을 밝게 이끌 줄을 모른단 말이지. 마음이 일정하지 않아서 그려. 오직 마음만 바로 정해지면 뜨거워서 견딜 수 없도록 노력을 해야 활활 태울 수 있고, 차가워서 견딜 수 없도록 해야 꽝꽝 얼어 버리는 겨."

이제 남은 일은 마음 불사뿐

전남 담양에서 난 활안 스님은 부모가 일찍 돌아가시고 외가인 순창에서 힘든 어린 시절을 보냈다. 함경도 성진의 한 군수 공장에서 공원으로 일하기도 했다. 몸이 퉁퉁 붓는 원인 모를 병으로 3년여 동안 병치레를 했다. 그러다가 "왜 나에게만 이런 어려운 일이 생기는지 고민에 빠졌다"고 한다.

스무 살 때 그 까닭을 알아보려고 순창 순평사에 갔다. 당시는 출가 제도가 제대로 돼 있지 않아서 석두 스님 밑에서 5년 동안이나 행자 생활을 했다. 석두 스님은 금강산 신계사에 있을 때 판사 출신인 효봉 스님을 출가시킨 일화로 널리 알려져 있다.

활안 스님은 남원 실상사를 거쳐 뒤늦게 예산 수덕사에서 월산 스님(금오 스님 맏상좌)의 제자로 정식으로 계를 받았다. 금오 스님, 월산 스님을 따라 수덕사, 법주사, 불국사에서 지냈다.

선방과 토굴을 오가며 본격적인 참선 수행을 시작한 것은 서른세 살 때부터다. '나고 죽는 그 이전의 나는 무엇인가(生滅未生前 是甚麼)'라는 화두를 들고 상원사 청량선원과 지리산 칠불암, 범어사, 용화사 등의 선원을 오갔다.

활안 스님은 무인(武人) 풍의 선승이다. 젊었을 때 스님의 수행은 전국 선방에서 유명했다고 한다. 성격이 괄괄하고 직선적인 데다 한 번 좌복(방석)에 앉으면 방선(참선 중 쉬는 시간)은 물론 공양도 잊고 온종일 꼼짝도 하지 않았다.

부처님 진신사리를 모신 오대산 중대의 적멸보궁과 북대의 암자에서 오랫동안 수행했다. 호랑이띠인 스님은 기운이 장사이고, 도대체 겁내는 일이 없어서 그때 이미 '오대산 호랑이'라는 별명을 얻었다.

다 쓰러져가는 오대산 북대 미륵암을 오늘의 암자로 일궈낸 이가 바로 활안 스님이다. 6·25 때 월정사의 탄허 스님이 인민군에게 붙들려 가자 활안 스님이 홀로 찾아가 인민군 부대장과 담판을 지어 구출해낸 일화는 스님들 사이에 널리 알려져 있다.

오대산을 떠나서는 오랜 세월 홀로 토굴에서 수행했다. 배짱과 담력에서 따를 이가 없는 활안 스님이었지만 토굴 생활은 몹시 외롭고 고달팠다. 그럴 때마다 부처님을 만나는 기연(奇緣)을 얻었다고 했다. 태백산 동암 뒷산 토굴에서는 참선 중 비몽사몽간에 땅이 갈라지면서 부처님의 오색 전신사리를 받아내는 일을 겪었다.

전남 광양의 백운산 토굴에서 4년 동안 홀로 살 때였다. 날마다 산나물에 된장국만 끓여 먹었다. 하루는 나무하러 갔다가 낫에 손등을 깊게 벴다. 헝겊으로 묶었는데도 방 안에 피가 흥건할 정도였다. 신세 한탄이 절로 나오더란다.

"나이 오십이 되도록 왜 이리 힘겹고 가난하더냐. 이래가지고 무슨 마음을 깨치겠느냐…."

그러다가 잠이 들었다. 꿈을 꾸었다. 비로자나 부처님이 팔베개를 해주며 말했다.

"너만 외로운 게 아니란다. 과거, 현재, 미래의 부처님들이 다 너처럼 외로웠단다."

그 목소리가 너무도 달콤했다고 한다. 그 팔베개가 너무나 포근하고 아늑했다고 한다. 감격에 겨워서 부처님께 절을 올리며 기쁨의 눈물을 펑펑 쏟았다고 했다.

그 뒤에는 수행에도 뚜렷한 결실을 맺게 됐다. 그러다가 어느 날 깨달음의 노래(悟道頌)를 지었다. 활안 스님의 오도송은 천자암 기둥에 주련으로 걸려 있다. "진리 통달한 한 번의 할에 온갖 번뇌 망상 굴복하니(通玄一喝萬機伏), 말 이전의 한 소식이 법륜(法輪)을 전하네(言前大機傳法輪), 불법 세계를 비추는 달 한 손바닥에 밝았으니(法界長月一掌明), 만고의 광명은 다함이 없네(萬古光明長不滅)."

활안 스님이 처음 천자암에 들어온 것은 1974년이다. 그때 천자암은 조계종단의 맥을 세운 보조 국사의 자취가 남아 있는 암자라고 하기에는 너무도 초라했다. 스러져가는 전각 한 채만 달랑 남아 있었다. 법당에는 쥐가 들끓었다.

"여러 스님네들이 들어왔다가도 모두들 얼마 못 가 줄행랑을 치던 암자였어. 천자암을 일으켜 보조 스님의 은혜를 갚고 성현들께 밥값을 해야겠다고 뜻을 세웠지."

스님은 팔을 걷어붙이고 전각 복원에 나섰다. 그야말로 불사(佛事)와 주경야선의 세월이었다. 워낙 험한 오지여서 신도들의 시주도 기대할 수 없었다.

힘이 장사였던 스님은 가파른 산길을 오르내리며 직접 양식을 나르고, 나무를 하면서 천자암을 정비했다. 산 아래 마을에서 모래, 자갈, 시멘트를 지게로 져 올릴 때 젊은이들이 한나절씩 걸리는 것을 스님은 두 배의 짐을 지고 두 차례를 오르내려도 끄떡없었다고 한다.

날마다 돌산을 개간해 밭을 일구고 나무를 하고 농사를 지었다. 전기도 없이 촛불 아래서 예불을 올렸다. 일이 너무 고되고 스님의 기세가 불 같아서 행자(제자)들이 닷새를 버티지 못하고 도망쳐버리곤 했다. 스님은 일이 힘들어 떠나는 제자들을 보고도 눈 하나 깜짝하지 않았다고 한다.

1980년대 초반 활안 스님을 모시고 2년 남짓 행자 생활을 한 제자 심우 스님(전 조계종 호법부장)은 "젊어서 몸이 고된 것만큼 큰 공부가 없다고 하도 혼내셔서 하루 세 시간도 못 자고 생활했다"며 "새벽 예불 때는 조는 제자를 귀신같이 알아내고 발로 차 깨우면서 꼿꼿이 서서 목탁을 치셨다"고 전했다.

천자암은 활안 스님이 법당을 올리고 법왕루, 종각, 나한전, 산신각과 요사채를 세워 이제 번듯한 규모를 갖췄다. 그러면서도 열세 차례나 문을 걸어 잠그고 백일 정진을 해냈다.

"불사는 얼추 끝냈어. 이제 남은 일은 마음 불사뿐이여."

네 설거지나 잘해!

천자암에 스님은 활안 스님이 유일했다. 살림을 맡은 처사와 보살까지 합쳐봐야 모두 네 명이다. 제자들은 선방에 공부하러 가거나 불교계의 직책을 맡아 모두 떠났다.

지금도 천자암에 있으려면 누구나 수행과 농사일을 병행해야 한다. 이것은 활안 스님의 변치 않는 원칙이다. 암자 주변에 채마밭과 차밭, 감자밭이 있다. 일을 할 때도 스님은 용맹정진(勇猛精進, 10일 동안 눕거나 잠자지 않고 하는 참선 수행)하듯 밀어붙여 보통 사람의 두세 배를 한단다.

매일 2시면 어김없이 일어나 도량석을 한다. 여전히 새벽 예불 목탁도 직접 잡는다. 스님은 날마다 일제 징용, 한국 전쟁, 5·18 광주 항쟁, 이라크 전쟁, 미국 9·11 테러, 천안함 사태 등 재앙으로 목숨을 잃은 희생자의 원혼들을 위로하기 위한 천도 기도를 드린다.

천자암은 '마장', '마구니'에 시달리는 스님이나 일반인들이 많이 찾는다고 한다. 때로는 구병시식(救病施食, 귀신을 쫓아내는 의식)을 해서 치유해주기도 한다.

"세상살이가 아무리 힘들더라도 속마음이 돌처럼 움직이지 않고 단단하면 나머지는 시간이, 시절 인연이 다 해결해주는 거여. 사람들이 나와 상대로 만나는 것 같지만 한 생명은 모든 생명의 근원이고 모든 생명이 곧 한 생명으로 연결돼 있지."

자기 성찰이 바로 대우주 자연 생명의 이치를 보는 일이라고 했다. 내가 곧 우주, 우주가 곧 나라는 것이다. 그것이 활안 스님이 말하는 선의 요체다.

"요즘 생명을 복제한다고들 하는데 과학이 아무리 발달해도 마음과 업은 복제를 못 해. 몸뚱이가 움직이는 것은 우선 마음이 먼저 정했기 때문이야. 그래서 마음으로 설계를 잘해야 해. 내가 한 생각 설계를 잘하고 못하는 데 따라서 결과가 어둡기도 하고 밝기도 하지. 희망도, 고통도, 행복도 원인은 거기에 있는 거여."

마음의 설계가 다른 게 아니다. 무슨 일을 할 때는 먼저 할 일과 나중에 할 일, 해야 할 일과 하지 말아야 할 일을 정해야 한다. 그리고 마지막 뒤처리까지 깔끔하게 마쳐야 한다. 스님은 앞서 말한 "기자나 정치인이나 학자나 신(神)은 신인데 얄팍한 계산속으로 아는 데만 귀신, 뒤처리하는 데는 등신"이라는 말을 여러 번 했다.

높은 자리 근처까지 갔다가 뒤처리를 잘못해서 망신당하는 정치인들의 청문회를 보면 충분히 수긍이 가는 말이다. 스님은 "뒤처리를 책임져야 하기 때문에 인간은 외로운 것"이라고 말했다.

활안 스님의 법문집 제목이 〈여보게, 설거지는 했는가〉다. "깨달음이 무엇입니까", "어떻게 수행해야 합니까"라고 물으면 "네 설거지나 잘해!"라고 대답한다. 그만큼 '뒤처리', '설거지'는 스님을 대표하는 주제어이자 법어다. 뒤처리를 잘하려면 마음 자원, 지혜 자원이 필요하다.

"모든 생명이 천지 등불이야. 뭇 생명에 함부로 대하거나 내 생명만을 위한 월권 또한 해서는 안 된단 말이여. 생명은 크든 작든 그 존재가 끝없이 빛나는 거거든. 내가 밝으면 상대가 밝고, 모든 생명이 밝은 거야. 이게 인과의 도리여. 내 마음을 밝게 쓰면 세상에서 얽히고설킨 인연끼리 다 같이 선업을 짓게 돼 있어."

내가 좋은 마음을 쓰고 생명을 귀하게 여기면, 똑같이 그런 마음을 가진 좋은 사람(인연)을 만난다는 뜻이다.

어느새 천자암에 산음(山陰)이 내리고 있다. '눈 밝은' 노스님이 올려다보는 곱향나무 상록 잎새가 가벼운 바람에 살짝 흔들린다. 향나무 아래 수곽(水廓)에서 떠 마시는 물맛에도 청향(淸香)이 감돈다.

5

어디 가든
그대가 주인공이다

진제 스님

진제(眞際) 스님_조계종 종정

1934년 경남 남해 출생. 1954년 해인사에서 출가. 1971년 해운정사 창건. 1991년 선학원 이사장, 중앙선원 조실. 1999년 금천사 창건. 현재 : 부산 해운정사 금모선원 조실. 대구 팔공산 동화사 금당선원 조실. 조계종 대종사. 대한불교 조계종 종정.

너의 '참나'는 누구냐

한국전쟁 직후인 1954년 초, 한학과 농사일을 하던 스무 살 청년이 친척을 따라 동네에서 가까운 남해 바닷가 해관암이란 암자에 갔다. 훗날 조계종 종정을 지낸 석우 스님이 청년을 뚫어져라 쳐다보더니 물었다.

"세상사보다 훨씬 값진 인생이 있으니, 중 놀이를 한번 해보는 게 어떻겠나."

"중이 되면 뭐가 좋은가요?"

"위대한 부처가 되는 길을 알게 되지."

청년은 그 길로 속가를 떠나 산문에 들었다.

2012년 3월 조계종 종정에 오른 진제 스님이다. 종정은 조계종단을 상징하는 정신적 최고 지도자다. 공식적으로 '예하'라는 존칭을 쓴다. 스님은 대구 팔공산 동화사 '금당선원'과 부산 해운대 해운정사 '금모선원' 조실을 겸하고 있다.

진제 스님은 한국 불교 정통 선맥(禪脈)을 고스란히 잇고 있는 선승의 모범이라 할 만하다. 현재 살아 있는 선승들 가운데서도 간화선(화두를 들고 하는 참선)의 대가라는 말을 듣는다.

"너의 '참나'는 누구냐."

스님이 즐겨 던지는 화두다. 수행자는 물론이고 일반인에게도 똑같은 질문을 한다. 얼핏 소크라테스가 널리 유행시킨 "너 자신을 알라"는 말과 비슷하게 들린다. 이 말은 '인간의 지혜는 하찮다'는 격언쯤으로 쓰일 때가 많다.

하지만 진제 스님이 말하는 참나는 훨씬 더 본질적이고 근원적이다.

'부모에게 몸뚱이를 받아 태어나기 전, 본래의 나는 누구냐(父母未生前 本來面目)'를 밝히라는 질문이다. 선가의 오래된 화두를 진제 스님이 우리말로 새롭게 바꿨다.

이른 봄날, 동화사 염화실에서 만난 진제 스님은 찾아오는 사람을 내치는 법이 없다는 소문대로 염화실 문을 활짝 열고 두 팔 벌려 반갑게 맞아줬다.

스님은 참나의 의미를 이렇게 설명했다.

"이 몸뚱이는 진정한 '나'의 참모습이 아닙니다. 흙(뼈와 살)과 물

(피)과 불(체온)과 바람(호흡)에 불과한 거요. 천하 만물이 모두 이 네 가지(四大)로 이루어져 있거든. 죽으면 그대로 사대로 돌아간단 말이지. 그렇다면 이 몸뚱이를 끌고 다니는 주인공이 누구냐? 번뇌 망상이 없는 본래의 마음, '참나'만이 우주가 생기기 훨씬 전부터 있었고, 천만 번 죽고 죽어도 변하지도 사라지지도 않는 진금(眞金)이요. 그걸 찾으란 겁니다."

"스님은 그걸 깨달았습니까."

"암, 깨달았지요. 세세생생 자유자재한 참된 진리를 다 깨쳤지. 핫하하하."

스님의 호탕한 웃음소리가 팔공산 산자락을 쩡쩡 울리는 듯했다. 하루 전 팔공산 포행(布行, 천천히 걸으면서 하는 참선) 길에 불어닥친 찬바람으로 몸살 기운이 있다고 하면서도 평소의 활발한 기세는 조금도 꺾이지 않았다. 당당한 풍채로 반듯하게 갖춰 입은 장삼 차림에 허리를 꼿꼿이 세워 정좌한 모습이 화감암처럼 단단해 보였다.

"천하 부자라도 숨 한 번 내쉬었다 들이쉬지 못하면 곧바로 다음 생이거든. 이 몸뚱이의 본래 주인공, 그 참나를 꿰뚫어 봐야만 견성(見性, 성품을 봄)인 거지. 자기 심성 바탕을 바로 보고 쓰지 못하는 고로 범부라 하고 중생이라 하는 거요. 참나를 알고 쓸 줄 알면 나고 죽는 일에 일절 걸림이 없어서 도인이고 부처라 이름 하는 겁니다."

노스님의 어투는 늘상 이렇게 묵직하고 고풍스럽다. 그게 '종정 예하'의 위엄이고 선승의 자긍심이다.

온 세계가 한 집이고, 한 몸이다

진제 스님은 출가 후 해관암에서 2년, 해인사와 동화사에서 3년 동안 혹독하게 '중물'을 들였다. 그 후 참선에 맛을 들여 태백산 각화사 동암, 경남 선산 도리사 등 토굴과 선방에서 수행했다. 석우 스님이 돌아가시고 두 번째 스승인 향곡 스님을 만난 7년 동안 "생사를 다 걸고" 참선에 '올인'했다.

 서른세 살 때 깨달음을 인정받아 경허, 혜월, 운봉, 향곡으로 전해져 내려온 임제 선맥(禪脈)의 '정통 제자'가 됐다. 그 후에는 영남 지역의 선승들을 찾아다니며 법거량(선문답)을 했다. 누가 무엇을 물어도 "보고 듣는 찰나에 번갯불같이 척척 답을 내놓았다"고 한다.

 '남 진제 북 송담'이라는 명성을 얻은 게 이 무렵이다. 중국 당나라 때 선의 바람을 크게 일으켰던 '남 설봉 북 조주'에 빗댄 말이다. 영남 지방에서는 진제 스님이, 중부 지방에서는 송담 스님(현재 인천 용화선원)이 걸출한 '스타'였다는 얘기다.

 진제 스님은 지금도 수행자들에게는 역대 조사(祖師)들이 했던 화두를 주고 깨달음 여부를 법거량으로 시험한다. 법문을 할 때도 전통적인 공안(화두)과 선시를 그대로 쓴다. 벼락같이 할(고함)을 치면서 대답하라고 다그치는 모습이 옛날 〈전등록〉의 한 장면을 보는 듯한 진풍경이다.

 스님은 그동안 했던 고준한 내공의 법어와 선문답, 선시들을 가려 뽑아 〈고담녹월(옛 못에서 달을 건진다)〉과 〈석인(石人)은 물을 긷고 목녀(木女)는 꽃을 따네〉라는 법어집을 냈다. 옛 못에서 달을 건져내고, 돌사람 나무여자가 오가는 선의 경지를 일반의 논리로는 설명하기 어렵다. 돌사람, 나무여자, 돌사자, 진흙소, 무쇠소, 금닭, 목마 등은 선시(禪詩)에서 즐겨 쓰는 메타포들이다. 때로는 바다 밑 제비 둥지에 사슴이 알을 낳기도 하니까.

이런 선문답은 고차원의 상징과 은유, 수수께끼의 세계다. 그것도 숨 돌릴 새 없이 바로 대답하는 게 원칙이다. 그 함정과 초논리, 전광석화 같은 즉문즉답의 타이밍에 간화선의 드라마틱한 묘미와 비밀 코드가 숨어 있다.

"절대 동문서답이 아닙니다. 히말라야 상봉에 올라야 전체를 다 한눈으로 볼 수 있듯이 향상(向上)의 일구(一句)를 투과하면 백발백중 정곡을 찌르게 돼 있어요. 동쪽을 물으면 찰나에 동을 가리키고, 서쪽을 물으면 한 치 어김없이 딱 서를 가리켜야 하는 거요. 사방이 환해진 마음자리라야만 전광의 석화처럼 바른 답이 튀어나오는 거지."

"그렇게 깨닫고 나면 무엇이 달라집니까."

"먹고, 자고, 똥 누는 일상 그대로 평상심이고 대안락(大安樂) 속에 있게 되지. 연꽃은 진흙 속에 피지만 흙을 묻히지 않는 법. 무엇에도 걸림이 없는 자유자재한 용심(用心, 마음 씀)이 나와서, 온 세계가 한 집이고, 한 몸인 거라. 그걸 말로 하면 벌써 구만리 밖이고, 체험이라야만 알 수 있어요. 중심은 그런데 이 귀한 길을 여기저기 가르쳐주

려니 몸은 천지사방으로 더 바쁩니다. 하하하."

노스님은 또 가가대소(呵呵大笑)했다.

1971년 부산 해운대 근처에 해운정사를 창건하고 금모선원을 열었다. 1994년에는 역대 선승들의 중요한 수행처였음에도 20년 넘게 방치됐던 동화사 금당선원을 다시 열고 조실을 맡아 참선을 지도하고 있다.

종정에 오른 뒤에도 변함없이 동화사와 해운정사를 오간다고 한다. 새벽 2시 40분이면 어김없이 일어나 새벽 예불을 드린다. 오후에는 하루도 빼놓지 않고 포행을 한다. 동화사에 머물 때는 팔공산 정상까지 올라간다.

금모선원과 금당선원 스님들은 여름, 겨울에만 안거를 지내는 다른 선원과 달리 사계절 가부좌를 틀고 수행하는 것으로 유명하다. 스님은 매일 오전, 오후 한 차례씩 선원을 찾는다. 게으름 피우는 이가 있으면 장군죽비로 어깨를 사정없이 내리친다.

스님이 요즘 더 각별히 관심을 기울이는 일은 '참선의 대중화'다. 금모선원에서는 일반인들도 스님과 똑같이 참선을 한다.

"선은 한마디로 다생에 걸쳐 습(習)으로 어지럽게 녹음된 테이프를 싹 지워내서 원래 상태인 공테이프를 만드는 일입니다. 수행자가 아니더라도 마음의 갈등을 씻은 듯이 내던지면 자기의 참 모습을 볼 수 있어요. 이것이야말로 처처작주(處處作主), 어디에서든 자기가 주인이 되는 공부이면서 세세생생 행복을 누리는 공부인 겁니다."

"참선을 하면 누구나 깨달을 수 있습니까."

"그게 목적지입니다. 참나에는 허상이 없어요. 반드시 그런 마음으로 해야 해요. 최상승의 진리까지 다 깨닫지 못해도 전생부터 가져온 습기(習氣)와 허점이 점점 소멸되는 효과가 있어요. 이번 생에 한 공부는 다음 생까지 그대로 가져가는 거요. 지혜와 복덕과 업장(業障), 이 세 가지는 고스란히 갖고 가는 거지. 지혜와 복덕이 쌓이고 쌓이면 나고 날 적마다 출세와 복락을 누립니다."

선 수행을 하면 마음이 어질고, 의롭고, 예의 바르고, 지혜롭고 깨끗해져서 일거일동이 선행(善行)이니 그게 복이 된다. 항시 본성의 깨끗한 성품을 따라서 평등하고 포용하는 마음을 쓰니까 덕이 된다고 했다.

마음은 바다, 생각은 거품

"생활에 쫓기는 일반인들은 어떻게 해야 합니까."

"앉아서만 할 필요도 없어요. 가고, 오고, 밥 먹고, 산책하고, 일하는 일체처(一切處) 일체시(一切時)에 절대 부동(不動)의 마음 자세만 놓치지 않으면 되는 거지. 내가 할 일은 오로지 마음의 광명을 찾는 일 뿐이다, 그 마음만 간절하면 세상 모든 근심 걱정과 시비 분별이 떠납니다. 마음이 항상 평온해져서 세상살이에 차원이 달라지는 거요."

선은 누구나 할 수 있는 정신 수행법이라는 게 스님의 지론이다. 선 수행이 사람마다 가지고 있는 공포, 불안, 갈등을 말끔히 씻어 없애 큰 그릇으로 만들어주기 때문이다. 정신이 맑아져서 치매가 예방되고 건강에도 좋단다.

"사는 동안 행복하고 죽음이 닥쳐도 맑은 정신, 밝은 마음이 사라지지 않기 때문에 마치 옷 갈아입듯이 자연스럽게 몸을 바꾸는 저력이 생긴단 말입니다."

선이 요즘 유행하는 웰빙, 웰다잉의 지름길이라는 설명이다. 하긴, 합리성과 과학을 따지는 서양 사람들이 부쩍 선 불교 명상에 주목하는 이유가 바로 거기에 있다.

진제 스님은 요즘 한국 불교를 대표하는 선승으로 해외에까지 이름을 알리고 있다. 루이스 랭카스터 미국 UC버클리대 명예 교수, 폴 니터 미국 유니언신학대 교수 같은 세계적인 종교 석학들이 여러 차례 동화사를 찾아 스님을 만나고 갔다. 또 이들의 초청으로 미국에도 세 번 다녀왔다.

2011년 9월에는 뉴욕 리버사이드교회에서 간화선세계평화대법회를 열어 미국인들에게 한국 불교의 간화선을 가르쳤다. 스님은 미국에서도 "참나를 깨달아 아는 것이 선"이라며 "진리의 세계를 수행하면 개인과 사회적 삶은 둘이 아니다"라고 강조했다.

"서양인들이 이제야 자기의 참모습을 찾기 시작했어요. 물질이 승하면 정신은 쇠하기 마련입니다. 사회적인 범죄도 정신의 황폐화에서 기인하거든. 참나를 찾는 선 사상은 세계 정신문명의 근원적인 대안이 될 수 있어요. 동양의 간화선이 어떤 종교나 사상보다도 위대합니다. 개개인이 마음의 갈등을 해소하고 지혜를 키우다보면 남을 욕할 일도 없고, 싸울 일도 없어요. 세계가 일가친척같이 화목하고 평화가 옵니다. 세계 평화를 이루는 바탕이 다 선에 있어요."

한국 선 불교 법통(法統)을 대표하는 조계종 종정 진제 스님이 이제 간화선을 통한 평화주의자의 길로 나섰다. 노스님은 인터뷰 내내 한 번도 흐트러진 모습을 보이지 않았다. 그 앞에서 발목에 쥐가 나는 책상다리로 꼬박 두 시간을 앉아 있었다.

"천하 벽력이 닥쳐도 허공과 같이 담담한 마음을 내야 해요. 마음은 바다와 같고 생각은 그 위의 거품에 불과한 건데, 참나를 모르고 거품을 진짜로 여기고 살면 되겠소?"

봄 맞는 팔공산에 꽃샘바람 획획 불었다. 계곡엔 얼음장 녹는 물소리 싸늘한데, 동화사 경내는 벌써 벚꽃이 환했다.

6

생각은 담백하게
생활은 단순하게

혜해 스님

혜해(慧海) 스님_흥륜사 조실

1921년 평북 정주 출생. 1944년 금강산 법기암에서 출가. 해인사 국일암, 동화사 내원암 부도암, 묘관음사, 통도사 극락선원 등에서 수행. 1970년대 경주 흥륜사 천경림선원 개원. 2006~2008년 금강산 신계사 복원 현장 기도 정진. 현재 : 경주 흥륜사 조실.

금강산, 그 찬란한 햇빛 같은

금강산에 축축축 내리던 비 뚝 그쳤다. 일순, 금강의 연봉마다 햇살이 환하게 부서져 내린다. 빛의 폭포를 맞아들이는 금강산 일만 이천 봉우리가 그대로 다 부처님이다. 그렇게 눈 시리게 밝고 환장하게 찬란했다.

 2007년의 여름, 남쪽 조계종에서 복원한 외금강 신계사를 거쳐 내금강 마하연터, 장안사, 표훈사, 유점사 등 불교 문화 유적지를 찾아갔다. 북한 측에서 분단 후 공식적으로는 처음으로 조계종 총무원장과 원로 스님들에게 내금강 길을 열어줬다.

 거기서 경주 흥륜사 조실인 노비구니 혜해 스님을 만났다. 당시 여든여섯 살이던 스님은 이미 3년 전부터 한 해의 대부분을 신계사에서 기도하며 살고 있었다.

혜해 스님은 현재 생존한 스님들 가운데 유일하게 금강산에서 출가했다. 스물셋 꽃다운 나이로 신계사 산내 암자인 법기암에서 머리를 깎았다. 그 아가씨가 미수(米壽, 88세)를 바라보는 노승이 되어 '출가 본사(本寺)'를 찾아온 거였다.

혜해 스님이 남북 분단 후 다시 금강산에 첫 발걸음을 한 건 2004년 신계사 대웅전 낙성식 때다. 그때부터 조계종 총무원과 '회사(현대아산)'를 쫓아다니며 신계사에서 지내게 해달라고 떼를 썼다. 북쪽 관계자들에게도 "노인네 마지막 소원"이라며 사정사정했다. 결국 그런 정성이 받아들여져 '비공식적'으로 신계사에 머물고 있었다.

현대그룹이 지은 온정리 금강산호텔에서 쭉쭉 뻗은 미인송 솔숲 사이로 극락고개를 지나면 신계사다. 오른쪽에 문필봉, 왼쪽에 세존봉과 집선연봉, 뒤편에 하관음봉 등 외금강의 절경을 사방에 거느렸다. 조계종은 신계사 대웅보전에 이어 이미 전각 여러 채를 옛 모습대로 복원하고 마무리 작업을 하고 있었다.

혜해 스님은 이른 아침부터 그 신계사 대웅보전에서 가사를 단정하게 수(垂)하고 예불을 올리는 중이었다. 대웅보전 앞 삼 층 석탑 양쪽에 보리수나무 두 그루가 하얗게 꽃을 피우고 있었다. 경내에 보리수 꽃향기가 진동했다. 스님은 오 척 단구, 키 150센티미터도 되지 않는 자그마한 체구다. 댓돌에 벗어놓은 스님의 검정 고무신이 아기 신발처럼 앙증맞다.

"아제아제바라아제 바라승아제 모지 사바하…."
'가니 가니 건너가니 건너편에 닿으니 깨달음이 있네. 아아! 기쁘구나….'

〈반야심경〉 외는 소리가 목탁 소리와 어우러져 외금강 산자락으로 맑게 퍼져나갔다. 예불을 마치자마자 곧바로 108배가 이어졌다. 한 번 절하고 〈예불대참회문〉 한 장씩 넘기면서 지극 정성으로 절을 올렸다.

"대자비로 중생들을 어여삐 보셔 대희대사 베푸시어 제도하시고…."

대자(大慈)는 아끼는 마음, 대비(大悲)는 가엾게 여기는 마음. 대희(大喜)는 사랑하는 마음, 대사(大捨)는 아낌없이 나누어주는 마음이다. 이 네 가지를 사무량심(四無量心)이라고 한다. 평생 그걸 닦아서 한 점 티끌까지 없애버린 노스님이 간절하게 숙이고 또 숙이고 있었다.

얼굴에 세월의 검버섯이 피었어도 정정하고 청아한 모습이다. 작은 몸을 오체투지로 더 깊이깊이 오므리니 좌복 하나가 그렇게 클 수가 없다. 바람 한 점 없는데도 신계사 처마 끝 풍경은 뎅그렁 뎅그렁 맑은 소리를 냈다.

혜해 스님은 평북 정주 안흥면의 농촌 마을에서 났다. 1남 3녀 가운데 맏이였다. 다섯 살 때 어머니, 열아홉 살 때 아버지가 세상을 떠났다. 가난한 살림을 홀로 책임져야 하는 소녀 가장이 됐다. 전쟁 막바지의 일제는 허리 휘게 일을 해 거둬들인 농작물을 모두 공출로

빼앗아갔다. 서러운 세월, 어렵게 어렵게 남동생을 결혼시키자마자 홀연히 금강산으로 떠났다.

"어렸을 때부터 금강산에서 사명 대사처럼 도통해 일본 놈들을 쫓아내겠다고 입버릇처럼 말했어요. 그래야 동생도 징용 안 가구. 그 시(때)에는 부처님이나 스님 노릇에 대해서는 아는 게 아무것도 없었어요."

스님이 들려주는 출가 사연이다. 이 나라 독립시키겠다는 마음을 품고 입산했다니 그 포부가 참 원대하다. 젊어서 그런 여장부였다는데도 스님 말씀은 나직나직하고, 미소는 어린아이처럼 해맑다. 혜해라는 법명 그대로 '헤헤' 웃는 듯한 표정이 곱다.

아흔 가까운 연세나 법랍 칠십 년의 권위 의식 같은 건 찾아볼 수 없었다. 손자뻘, 증손자뻘 되는 젊은이에게도 꼬박꼬박 존댓말을 쓴다. 평생 자기를 낮춰서 닦은 스님의 마음 씀이다.

어쨌든, 독립투사 마음으로 기차를 타고 새벽에 외금강 역에 내렸다. 하염없이 걷고 또 걸어서 수구넘어재를 지나 깊은 밤중에야 극락고개를 넘었다. 참 힘들고 험한 길이었다.

"빽빽한 송목(소나무) 틈새로 청천 하늘에 별들이 자욱이 떨어져…."

스님이 회고하는 그날 밤 금강산 풍경이다. 1944년 음력 7월 초하루. 먼 길 달려와 미련 없이 삭발하고 염의(승복을 입음)한 곳이 바로 세존봉 아래 신계사에 딸린 법기암이다.

〈화엄경〉에서는 금강산을 일만 이천 보살이 상주하는 곳이라고 한다. 법기보살은 보살 가운데 우두머리다. 법기암은 그 법기보살이 일만 이천 보살에게 설법한다는 전설이 있는 곳이다. 신계사에서 5리(2킬로)쯤 되는 거리에 있다.

스님은 6, 70년 전의 일을 오늘 일인 듯 세세히 기억하고 있었다.

"그때 신계사에는 대처승(결혼한 스님)들이 살았지요. 법기암은 비구니 20여 명이 수행하고 있었구요. 법기암 뒤편에 효봉 스님이 한 평짜리 토굴을 짓고 문을 틀어막은 채 정진 중이셨습니다."

효봉 스님이 토굴에서 '무문(無門) 수행'할 때 하루 한 끼씩 공양을 날라다주던 대원 스님이 혜해 스님의 스승이다. 효봉 스님은 여기서 2년 4개월 만에 깨달음을 얻어 토굴 벽을 박차고 나왔다.

그때 사미니(어린 여승)였던 스님은 낮에는 부엌일, 밭일, 빨래를 하고 밤에는 〈천수경〉을 외우면서 1년 동안 살았다. 그해 겨울에는 한 번 눈이 내렸다 하면 3, 4일씩 펑펑 쏟아져 금강산 모든 길을 막았다.

스님은 60여 년 만에 금강산에 다시 와서 법기암터를 세 차례 다녀왔다. 숲으로 변해 있기는 했지만 연못터와 우물터 등이 그대로 남아 있었다. 효봉 스님의 토굴터도 찾아갔다. 갈 때마다 땅에다 대고 삼배의 절을 올렸다.

"아유, 얼마나 눈물이 쏟아지던지…."

간절히 원하면 다 이루어진다

출가 초기에 스님은 하루 빨리 도통하고 싶었단다. 그래서 법기암을 떠나 선방이 있는 내금강 유점사로 옮겨갔다. 당시 유점사 선원에는 덕암 스님, 경산 스님, 보봉 스님이 수행하고 있었다. 그때 경산 스님에게 '무(無)'자 화두를 받았다.

옛날 중국의 젊은 스님이 조주 선사에게 물었다.

"개에게도 불성이 있습니까?"

"없다."

부처님은 일체중생이 모두 불성(佛性)을 가지고 있다고 했는데 조주 스님은 왜 "없다"고 했을까. 그 까닭을 깨우치는 것이 선가에서 가장 유명한 '조주 무자' 화두다.

그런데 혜해 스님이 그 뜻을 찾아서 도통을 하기 전에 세상이 바뀌었다. 일제가 망하고 소원대로 해방이 된 거였다. 금방 삼팔선이 그어졌다. 더 이상 금강산에서 살기 어려웠다. 1946년 가을밤, 삼팔선을 넘었다. 그렇게 떠난 길이 금강산과 긴긴 이별이 될 줄은 꿈에도 몰랐다. 평생 금강산을 그리워했지만 갈 수 없는 땅이었다.

남양주 수락산 흥국사를 거쳐 남쪽 땅 절집에서 절집으로 물처럼 구름처럼 떠돌았다. 그런 운수행(雲水行)으로 합천 해인사 국일암, 문경 윤필암, 대구 동화사 양진암 같은 비구니 선방에서 공부했다. 효봉, 성철, 청담, 향곡, 구산, 자운 스님의 법문을 듣고 지도를 받았다.

보통은 본사(本寺)라고 해서 절을 정해 두고 사는데 스님은 그러지 않았다. 언제 어디에 살던지 스님의 본사는 오직 금강산 신계사였다.

그렇게 수행의 길만 걷던 스님의 발걸음을 멈춘 곳이 신라 때 불교 성지 천경림 흥륜사다. 흥륜사는 신라에 불교를 전한 아도 화상이 초막을 짓고 살던 곳이라고 한다. 이차돈이 이곳에 절을 짓다가 천경림에서 순교하면서 신라 불교가 크게 융성했다.

혜해 스님은 1971년부터 경주 사정동 흥륜사터 폐허에 법당을 짓고 천경림선원을 열었다. 이곳을 비구니 스님들의 참선 수행터로 가꿨고, 선원장을 맡아 많은 비구니 선객들을 키워냈다. 스님은 비구니 스님 중에서 최고령이자 '최고 선승'으로 꼽힌다.

얼마 전까지는 시중을 받지 않고 모든 일을 혼자 해냈다. 겨울에도 방에 불 넣는 것을 싫어한다. 새벽 3시에 일어나 밤 11시 잠자리에 들 때까지 공양 때를 빼고는 늘 참선만 했다. 오랫동안 누더기 한 벌을 다 떨어질 때까지 기워서 입었다.

제자들은 노스님을 "생각은 담백하게, 생활은 단순하게 사시는 분"이라며, "중봉 선사의 수행 지침을 하나도 어기지 않았다"고 말한다. 중국 원나라 때 중봉 선사는 도를 닦는 사람들의 몸가짐, 마음가짐에 대한 지침을 남겼다. 그걸 줄여서 소개하면 늘 화두를 생철 씹듯이 하고, 경전을 잘 읽어서 항상 스스로 부끄러워하며, 행동은 조용하게, 음성은 낮고 말은 적게, 밥은 조금만 먹고, 빗자루로 집 안 먼지를 깨끗이 쓸어낼 것 등이다.

노스님이 머무는 경주 흥륜사 조실당 이름도 자신이 출가했던 암자 이름인 '법기암'이라고 붙였다. 그렇게 그리워하면서도 영영 못 볼 줄 알았던 금강산이 거짓말처럼 길을 열어준 거였다.

"좋은 건 말도 못 하지요. 얼마나 좋누. 그럼, 내가 금강산에 올라구 얼마나 기도했는데. 그저 감사합니다. 원(願)을 모으면 다 돼요. 모두 한마음으로 원을 모으면 세상도 달라지고 남북통일도 돼요."

스님은 날마다 신계사에서 기도하고, 예불하고, 산책하며 자유롭게 지냈다. 법당 청소며, 부처님 예공(禮供)까지 모두 홀로 했으니 중책을 맡았던 셈이다.

법당 안은 먼지 한 점 없이 깔끔했다. 좌복 하나, 기물 하나 흐트러진 것이 없었다. 법당도 불상도 하도 쓸고 닦아서 반짝반짝 빛났다. 모두 노스님의 손길 덕이다. 저녁에는 건설회사 직원들이 묵고 있는 온정각이나 장전항의 컨테이너 숙소에서 지냈다.

"아유, 저 이쁜 꽃들."

사시(오후 11시경, 점심)가 되자 스님은 한 손으로 마지(부처님께 올리는 밥) 그릇을 받쳐 들고 능숙하게 계단을 올라 대웅전으로 향했다. 부처님 전에 정성스럽게 마지와 정수(淨水)를 올린 다음 향불 사르고 법당 한쪽에 놓인 종 앞에 쪼그리고 앉아 타종을 했다.

"땡 땡 땡~ 땡 땡 땡~."

그리고는 어느새 짝짝짝 죽비를 치면서 절을 한다. 반짝반짝 빛나는 마지 그릇과 정수 그릇을 한 번 더 꼼꼼하게 닦은 다음 벽을 향해 앉아 눈을 감고 고요히 입정(명상)에 든다. 그대로 10분 정도 여여부동이다. 그 모습이 다이아몬드(금강)만큼이나 고결해 보였다. 신계사 뒤로 금강 연봉마다 걸린 흰 구름이 그림 같았다.

다음 날 새벽 내금강 순례에 나서는 원로 스님들을 맞을 때의 뿌듯한 표정은 마치 금강산의 안주인 같았다. 내금강은 스님에게도 61년 만의 첫 걸음이었다.

"세월이 지났어도 바위, 폭포, 물빛, 나무 등은 하나도 변한 게 없네. 이곳에 다시 오다니 정말 꿈만 같소. 아유 저 이쁜 꽃들 좀 봐. 저 잘생긴 바위 좀 봐."

평소 조용하기만 한 노스님이 소녀마냥 신바람 났다. 왕복 4시간이 넘게 걸리는 등산로를 젊은이 못지않게 날랜 걸음으로 앞장서 걸었다. 만폭동 옥빛 계곡을 따라 표훈사와 금강문, 보덕암, 묘길상을 지날 때마다 산봉우리와 나무와 풀꽃을 향해 웃으며 손을 흔들었다. 일행은 폐허가 된 마하연터에 멈췄다. 한때는 선방만 50칸이 넘었다는 마하연터에는 잡초만 우거져 있었다.

"내가 출가했을 때 성철 스님, 향곡 스님, 석주 스님, 효봉 스님이 여기서 참선 정진했지요. 이제 주춧돌과 잡초가 대신 화두 참구를 하는 모양이지…."

산천은 의구하건만 그 스승들은 다 떠나고 없다.

내금강 일정의 마지막 장소인 드넓은 장안사터 하얗게 핀 개망초 꽃밭에서 혜해 스님이 순례단 한가운데로 나섰다.

"황성 옛터에 밤이 되니 월색만 고요해~ 폐허에 서린 회포를 말하여 주노라~ 아아 가엾다 이 내 몸은 그 무얼 찾으려고~ 끝없는 꿈의 거리를 헤매어 있노라…."

땡볕을 가리기 위해 머리에 수건 하나 올려놓은 노스님이 부르는 '황성옛터'가 폐허 분위기에 딱 맞게 처연했다. 스님은 애달픈 그 가사를 한마디도 틀리지 않고 끝까지 불렀다. 꼬옥 감은 눈가는 발갛게 물들었다.

그렇게 잠깐 열렸던 금강산 길은 정치적인 이유로 다시 꽉꽉 막혔다. 스님도 다시 경주 흥륜사로 돌아왔다. 생애 마지막을 신계사에서 지내겠다던 혜해 스님 꿈은 일단 그렇게 꺾였다. 살아서 또 금강산에 갈 수나 있을지. 스님이 신계사 대웅전에서 했던 말이 떠오른다.

"이 법당에서 철야정진하고 새벽 도량석도 할 수 있는 날이 어서 와야 할 텐데…."

평생을 오로지 금강산을 마음에 새겨서 금강산 부처가 다 된 혜해 스님. 그날, 금강산은 세존봉 부처님과 관음연봉 관세음보살님이 방광(放光)하는 듯 저녁노을 붉디붉었다.

7

걸어온 길 한 번쯤 되돌아가보라

원명 스님

원명(圓明) 스님_통도사 방장

1937년 경남 양산 출생. 1951년 통도사에서 출가. 1985~88년 통도사 주지. 1998년 중앙종회의원. 현재 : 경봉장학회 이사장. 조계종 원로의원, 대종사, 양산 영축산 영축총림 통도사 방장.

허튼 욕심에는 '섣달 부채'가 약

오래전, 통도사 삼소굴 '도인' 경봉 스님이 이런 말을 했다. "신심(信心) 세 냥쭝, 무언무설(無言無設) 한 냥쭝, 만사무집착(萬事無執着) 한 냥쭝, 안한무사(安閑無事) 한 냥쭝, 담연부동(湛然不動) 한 냥쭝, 감인(堪忍) 다섯 냥쭝을 밑구멍 쑥 빠진 약탕관에다, 젖지 않는 물을 붓고, 뜨겁지 않은 불로 끓여서, 밑구멍 없는 그릇에 담아 마시는 게 도인의 육미탕(六味湯)이다"라고.

그런 약탕관, 물, 불, 그릇이야 도인 아니니 어림없겠지만, 그 '약재'만큼은 누구나 살면서 챙길 만한 '레시피'다.

믿음을 갖고, 쓸데없는 말 하지 말고, 집착하지 말고, 항상 편안하게, 욕심에 흔들리지 말고, 참기 어려운 일도 꾹 참는 것! 도인이 끓이는 '천하 명약'에도 믿음(신심)과 인내심(감인)이 제일 많이 들어간 다는 건 한 번쯤 되새겨볼 만하다.

통도사 방장 원명 스님은 경봉 스님의 맏상좌답게 그 '육미탕'을 늘 드시는 모양이다. 신심은 두텁고, 말씀은 단단히 절제한다. 언제나 미소를 잃지 않는 편안한 모습이다. 경봉 스님을 모셨던 30년 세월 동안 "단 한 번도 야단맞은 적이 없다"고 하니 '인내심 다섯 냥쭝'은 너끈할 거 같다.

영축총림 통도사 방장으로 취임한 직후인 2007년 4월, 통도사 방장실 '정변전'에서 원명 스님을 만났다. 스님은 '무언무설'을 내세워 극도로 말을 아꼈다.

"자유인으로 살고자 했는데 모든 스님네들의 뜻에 따라 방장을 맡게 됐습니다. 섣달 부채와 같이 하겠습니다. 겨울에는 부채가 아무 소용이 없잖아요."

스님은 방장이 된 소감으로 딱 '섣달 부채'만 말할 뿐이었다. 방장 추대식에서도 "오늘 산승이 이 자리에 머무는 것은 오로지 섣달 부채의 역할을 하기 위함이니 사부대중들은 산승의 간곡한 마음을 헤아리기 바란다"는 말씀만 했다고 한다.

겨울 부채(冬扇, 동선)는 여름 화로(夏爐, 하로)와 함께 '쓸모없는 물건'의 대명사다.

양산 통도사는 절 중에서도 종갓집 절(佛之宗刹)이며 이 나라에서 제일 큰 절(國之大刹)이다. 신라 자장 율사가 당나라에서 부처님 사리를 모셔다 금강계단 적멸보궁과 함께 세운, '불보(佛寶)'의 사찰이다.

이런 대단한 영축총림을 대표하고, '통도사 법맥'을 상징하는 큰 어른이 쓸모없는 섣달 부채를 자처한다. 드러나지 않게 조용히 통도사를 이끌겠다는 뜻이겠지만 대단한 겸손이고 지극한 하심이 아닐 수 없다. 하긴 겨울 부채가 지금 당장은 불필요해 보이지만 여름은 또 오고야 만다.

말씀을 더 해달라고 거듭 청했지만 원명 스님은 그냥 미리 준비한 글을 읽을 뿐이었다.

"…화합해야 합니다. 초심을 잃지 않는 것이 화합의 모습입니다. … 어른들의 뜻을 받들어 명안종사(눈 밝은 스님)를 키워내고, 불교의 대중화에 힘쓰겠습니다."

통도사는 근, 현대의 걸출한 선승인 구하, 경봉 스님의 맥을 잇고 있다. 같은 산중에 구하-월하 스님으로 이어지는 구하 문중과 경봉 스님의 맥을 이은 경봉 문중이 섞여 있다. 그러다보니 의견이 엇갈려 월하 스님 입적 후 3년 넘게 후임 방장을 빈자리로 남겨놓고 있었다. 결국 통도사 산중총회에서 만장일치로 원명 스님을 방장에 모셨다. 화목하고 원만하게 통도사를 이끌 유일한 어른이었기 때문이다. 그런 사정이 있어서 스님이 유독 '화합'부터 강조한 것이다.

말 잘하는 앵무새 되지 마라

"옛날 방한암 스님이 오대산으로 들어가며 그랬어요. '천고에 자취를 감춘 학이 될지언정, 삼춘(三春, 춘삼월)의 말 잘하는 앵무새 재주는 배우지 않겠다'고. 그 말씀을 늘 생각하며 살았습니다. 그 이상 더 할 말이 뭐가 있겠습니까."

'말 잘하는 재주는 배우지 않은' 스님은 오불관언(吾不關焉), 짙은 눈썹에 선한 웃음만 내보이며 말문을 닫는다. 한암 스님은 한 번 오대산에 들어간 뒤 입적할 때까지 27년 동안 한 발짝도 밖으로 나오지 않고 살다가 열반했다.

'은둔'으로 치면 원명 스님도 오대산 한암 스님이나 '가야산 호랑이' 성철 스님 못지않다. 출가 60년 동안 군 생활 31개월, 영월 법흥사 적멸보궁 백일기도를 빼고는 영축산을 거의 나간 적이 없다.

"젊어서는 스승을 모시느라 딴 데로 가지 못했고, 나이 들어서는 오갈 데 없어서 그냥 살았어요."

온화하고 자상한 모습이지만 말씀은 여전히 군더더기 없이 짤막짤막하다.

원명 스님은 전쟁 중인 1951년, 열다섯 살 나이로 경봉 스님을 만나 출가했다. 행자시절부터 줄곧 경봉 스님을 시봉했다. 불교계에서는 평생 경봉 스님을 지극 정성으로 모셨던 벽안 스님(1987년 입적), 원명 스님, 명정 스님(극락암 극락선원장)을 '경봉의 세 효상좌'라고 부른다.

원명 스님과 명정 스님은 같은 산중에, 같은 스승을 모신 사형 사제 간이면서도 성품에서는 천양지차다. 원명 스님은 고요하고, 명정 스님은 무애하다.

경봉 스님은 늘 훈훈한 인간미와 유머가 넘쳤지만 절 살림에는 철두철미했다. 원명 스님에게 날마다 가계부를 쓰게 하고 꼼꼼하게 점검했다. 전쟁으로 절 살림이 넉넉하지 않을 때여서 무조건 아껴야 했다. 찾아오는 사람이 많다보니 심부름할 일도 많아서 내내 눈코 뜰 새 없이 바빴다.

그런데도 부지런하고 성실한 데다 실수가 거의 없이 일을 척척 해내니 "단 한 번도 야단맞을 일이 없었던" 거다.

"큰스님은 누가 찾아오면 '극락이라는 데는 길이 없는데 어떻게 왔나'라고 묻곤 했어요. 그런데 거기에 제대로 대답하는 사람을 못 봤어요."

경봉 스님의 '극락 오는 길' 물음에는 일화가 많다. 한번은 〈슬픈 열대〉를 쓴 프랑스 철학자 레비 스트로스 박사가 "비행기 타고, 승용차 타고 왔는데, 극락암 오는 길이 있더라"고 대답했다가 "그것 말고!"라는 호통을 들었다.

경봉 스님이 레비 스트로스의 손바닥을 짝! 소리나게 치면서 "이 소리가 당신 손바닥에서 나온 소린가, 내 손바닥에서 나온 소린가?"라고 물었다. 레비 스트로스는 큰 충격을 받았다고 한다.

〈25시〉를 쓴 루마니아 출신 망명 작가 게오르규 신부(그리스 정교회)도 경봉 스님을 만난 뒤 한국 불교에 깊은 존경심을 나타냈다.

경봉 스님 어록 중에 "길을 걷다가 한 번쯤 걸어온 길을 되돌아 걸어본 적이 있는가. …그대 정말 그렇다면 온 곳으로 되돌아가보라. 다시는 후회하지 않을, 옛길이 생기지 않을 것이니"라는 말도 있다.

원명 스님은 안거 철이면 참선 수행에 누구보다 열심이었다. 당시 극락선원에서 함께 수행한 혜암, 원담, 일타, 월산, 성수 스님 등 전국의 이름난 선승들이 원명 스님의 고요하고 청정하면서도 치열한 집중력에 감탄할 정도였다고 한다.

그 시절 극락암 뒤편에 다 허물어져 가던 암자 비로암을 다시 세웠다. 원명 스님은 스승이 떠나간 뒤부터 방장에 오르기 전까지 30년 가까운 세월을 이곳에서 살았다.

노스님을 만나기 전 비로암을 먼저 찾았었다. 비로암은 통도사 많은 암자 중에서도 영축산중 깊이깊이 들어앉은 선원이다. 아담하고 정갈한 암자 뒤로 대나무 숲이 빽빽하고, 대밭 너머 울울창창한 노송 숲이 멋지다. '이 약수는 령축산의 산정기로 된 약수이다'로 시작되는 경봉 스님의 긴 '물 법문' 표지석이 있는 '산정약수'가 시원했다. '통도 8경' 가운데 하나인 비로폭포가 아주 가깝다.

경봉 스님 글씨 '觀山聽水(산을 보고 물소리를 듣는다)'를 편액으로 건 누각 형태의 다실에서 점심 공양을 했다. 창을 위로 들어서 거는 전통 한옥 양식의 다실은 세속의 잡념을 싹 걷어갈 만큼 전망이 황홀

했다.

소나무 숲 너머 마치 큰 붓을 눕혀 놓은 듯한 문필봉을 필두로 크고 작은 영축산 봉우리들이 흰 구름을 머리에 이고 꿈틀꿈틀 달려드는 것 같았다. 두릅 순이며 가죽나물, 느타리버섯 같은 정갈한 산나물 맛은 아직도 잊을 수가 없다.

비로암 소림굴이 원명 스님이 머물던 방이다. 시골집 뒷방마냥 두 평 남짓 되는 조그만 방에 간소한 찻상 하나와 책 몇 권 얹어 놓은 서안이 살림살이의 전부였다. 스님이 소림굴에 살 때는 잠자리에 들기 전에 항상 직접 걸레를 빨아 방을 닦았다고 한다.

"방장이 됐다고 이젠 걸레도 못 빨게 하네요. 그게 제일 섭섭합니다. 하하하."

스님은 새벽 예불을 알리기 위해 종을 치는 종송(鍾頌) 의식까지 직접 챙겼다고 한다. 제자들이 말려도 "내 시봉할 생각 말고 니 공부나 잘해라"라며 밀쳐내곤 했다. 소림굴 벽에는 월하 스님이 '백일기도를 마친 원명 수좌에게' 써준 글이 걸려 있었다.

山影入門押不出
(문 안까지 들어온 산 그림자는 아무리 밀쳐내도 나가지 않고)
月光鋪地掃不塵
(땅 덮은 달빛이 아무리 먼지를 쓸어내도 지워지지 않네)

그 풍경과 심상(心像)이 눈부시다. 평생 영축산문을 벗어나지 않는 원명 스님을 표현한 걸까. 선의 자연 풍경은 맑은 달빛을 정신에 스며들게 한다.

월하 스님은 원명 스님에게 또 한 분의 스승 격이다. 월하 스님이 통도사 방장일 때 스님은 주지를 맡아 극진히 모셨다. 월하 스님도 원명 스님을 믿고 의지했다고 한다.

원명 스님은 주지 시절에도 늘 빗자루를 들고 마당을 쓸면서 솔선수범했다. 방장이 돼서도 변함없이 때맞춰 새벽 예불에 참석하고 매일 오전 적멸보궁에서 108배를 한다. 다른 스님들이 저녁 예불만은 제발 나오시지 말라고 말렸다고 한다.

"씰데없이 인사 다니지 말고!"

스님은 방장이 되기 전까지 인터뷰를 한 번도 하지 않았다. 경봉 스님이 늘 "씰데없이 인사 다니지 말고!" 했던 가르침을 충실히 지키며 살았다. 신문이나 텔레비전을 보지 않고 휴대전화, 승용차도 없이 지냈다.

"그렇게 산중에만 살았는데 뭘 알겠습니까만, 세상 사람들이 싸우고 갈등하는 것은 모두 욕심 때문에 그렇습니다. 한 생각을 놓으면 평화가 옵니다. 마음속에 한 짐 가득 들어 있는 욕심만 버리면 만사가 해결돼요. 모두가 편안하게 살 수 있습니다."

어쩔 수 없다는 듯 세상일에 딱 한마디 하셨다. 욕심을 내려놓아라! 산중이나 세간이나 욕심 뜨거운 데는 선승의 섣달 부채 찬바람 한바탕 휘몰아쳐야 할 거다.

나중에 원명 스님이 방장으로서 하신 법문을 챙겨 봤다.

2010년 하안거를 시작(결제)하는 수좌들에게 "애초에 묶어 놓은 게 없는데, 오늘 무엇을 풀려고 하는가"라고 물었다. 석 달 동안 푹푹 찌는 무더위와 싸운 선방 스님들이 다시 만행에 나서는 길(해제)에는 "곧바로 바닷속에 들어가 힘껏 물질을 해봐야 한다. 억새꽃이 얕은 물에 급히 흘러가는 것에 속지 말라"고 했다. 해제와 결제가 둘이 아니니 얕은 공부에 만족하지 말라는 말씀이다.

2012년 동안거에 들어갈 때는 "스스로 짊어지고 있으면서도 애타게 찾고 있으니 참으로 안타까울 따름"이라고 했고, 그 해제 때는 "눈 속에 티가 없으니 부비지 말고, 거울에 먼지 없으니 닦으려 말라"고 당부하며 산문 밖으로 내보냈다.

비로암 여시문 앞에는 고목이 된 커다란 호두나무 한 그루 서 있다. 영축총림 스님들의 공부는 이 한철 비로암 호두알처럼 단단히 여물고 있을까.

원명 스님은 찾아오는 이들에게 긴 말씀 대신 '世界一花(세계는 한 송이 꽃)', '瑞氣滿堂(상서로운 기운이 가득한 집)' 같은 글씨를 써서 선물하곤 한다.

그날은 스님이 '寒山拾得 呵呵笑 誰能識(한산습득 가가소 수능식)'을 쓴 찻상보(다포)를 나눠줬다.

"한산, 습득 스님이 껄껄껄 웃는 그 뜻을 누가 능히 알겠는가. 그 뜻을 화두로 삼아 열심히 공부해 보세요."

한산과 습득은 중국 당나라 때의 선승이다. 자유분방한 기행과 풍자시, 그리고 늘 '하하하(呵呵呵)' 호탕하게 웃는 것으로 유명하다.

그러고 보니 삼소굴도 웃음의 집이다. '삼소(三笑)'는 평생 절 밖 '호계' 시냇물을 넘지 않겠다고 맹세한 선승이 친구와 셋이서 정담을 나누다가 무심코 호계를 건넌 뒤 같이 껄껄껄 웃었다는 '호계삼소'에서 따왔다고 한다. 염주를 이리저리 찾았는데 그게 목에 걸려 있는 걸 보고 어이가 없어서 껄껄 웃었다는 얘기에서 나왔다고도 한다.

그런데 한산 습득은 왜 껄껄껄 웃었을까. 봄 햇살 쨍쨍한 날이었다. 이런 봄날에 영축산 큰어른 원명 스님이 따스한 미소로 겨울 부채를 부치니 영축산이 하하하, 껄껄껄 웃는다. 온갖 꽃과 연둣빛 잎새 피는 봄소식에 세속 오욕이 저만치 나가떨어진다.

8

밤새 물 차고 넘치니
그냥 퍼 줘라!

월주 스님

월주(月珠) 스님_금산사 조실

1935년 전북 정읍 출생. 1954년 법주사에서 출가. 금산사, 개운사, 영화사 주지. 1980년 조계종 제17대 총무원장. 1994년 조계종 제28대 총무원장. 현재 : 지구촌공생회 대표이사. 김제 모악산 금산사 조실.

나눔이 곧 수행

서울 수유동 삼각산 화계사에서 특별한 행사가 열렸다. 이 땅에 돈 벌러 왔다가 작업장 기계에 크게 다치거나, 두들겨 맞거나, 또는 제 목숨 스스로 끊어서 죽은 이주노동자의 넋을 위로하는 천도재였다. 그 숫자가 3,000명이 넘는다고 했다.

날씨는 잔뜩 흐렸다. 추풍에 노랗게 낙엽 날리는 고목 느티나무 아래 네팔, 필리핀, 스리랑카, 버마, 방글라데시, 몽골, 인도네시아 등 가난한 나라 젊은이가 500명 이상 모였다.

불법체류자로 단속반에 쫓겨 다니고 있는 사람들, 차별받고 멸시 당해 가면서 숨죽이고 살고 있는 젊은이들이 슬픔 가득한 얼굴로 맨 땅바닥에 무릎 꿇었다. 먼저 간 친구들이 그저 극락 왕생하라고 빌고 또 빌었다.

억울하게 죽은 영혼들이 참다 참다 한꺼번에 울음을 터뜨렸는지, 기어코 엄청난 폭우가 쏟아졌다. 참 축축하고 서글픈 자리였다.

"우리는 오늘의 이 지중한 인연으로, 당신의 죽음이 절대 헛되지 않게 하겠습니다. 이 땅에서 살아가는 모든 이주노동자들을 이웃으로 맞이할 것입니다."

월주 스님 말씀이 참 간절했다. 스님은 '동체대비(同體大悲)'하라고, '동사섭(同事攝)'해야 한다고 거듭 호소했다. 그날 저녁 스님 머무는 서울 구의동 아차산 영화사에서 스님과 마주 앉았다.

"동체대비와 동사섭이 뭔가요?"

"천지 중생이 나와 한 몸이라는 것을 알고 자비심을 일으키는 것이 동체대비입니다. 동사섭은 불교 연기법의 세계관에 따라 모든 중생과 희로애락을 함께하는 것입니다. 과학과 문명, 통신과 교통의 발달로 지구촌은 이미 한 마을이 됐습니다. 말과 피부가 다르다고 이주노동자를 괴롭히고 부당한 대우를 해서는 안 됩니다. 그들의 상처와 아픔은 지난 세기 우리 동포들이 일본과 러시아, 미국에서 겪은 일 아닙니까."

논리가 정연하고 말씀이 똑 부러진다. 월주 스님이 누군가. 사회복지활동과 시민사회운동에 몸 던져 뛰어다니는 우리시대 대표적인 'NGO 스님'이다. 동남아와 아프리카 빈곤 국가에 우물을 파주는 생명의 물 사업을 쭉 해오는 분이다.

그게 전부가 아니다. 이른바 '10·27 법난'에서 몸과 마음을 제일 많이 다쳤다. 1980년 전두환 정권 출범을 앞둔 신군부는 불교계를 심하게 탄압했다. 조계종 총무원과 사찰의 법당까지 군홧발로 들이닥쳐서 153명이나 되는 스님과 신자들을 잡아갔다.

월주 스님은 그때 총무원장이었다. 10월 27일 새벽에 어두컴컴한 보안사 서빙고 분실로 끌려가서는 23일 동안이나 조사를 받았다. 평생 몸 붙였던 승복을 벗고 죄수복으로 갈아입었다. 잠은 하루 대여섯 시간만 자게 했다. 참 무섭고 어두운 시절이 그렇게 지나갔다.

2007년이 돼서야 국방부 과거사진상규명위원회의가 새로 조사한 결과, '국가가 권력을 남용해서 생긴 일'이라고 발표했다. 뒤늦게나마 명예를 되찾을 길이 열렸으니 스님의 감회가 남다를 터.

"분하고 억울한 마음보다는 그들에게 연민을 느낍니다. 하지만 사건의 진상은 낱낱이 밝혀서 역사의 본보기로 삼아야 합니다. 종교와 정치는 똑같이 정통성과 도덕성이 바탕이 돼야 합니다."

당시 신군부는 조계종에 '전두환 대통령 후보를 지지한다'는 광고를 내라고 여러 번 요구했다고 한다. 총무원장 스님은 단호하게 거절했다. 정교분리 원칙이 깨지면 안 되는 거라고 했다. 그러자 문화공보부에서 '국보위'가 만들었다는 종교단체자율정화지침서를 보냈다. 스님은 "소신껏 해나갈 테니 관은 개입하지 말라"고 했다.

그래서 신군부 측에 미운 털이 단단히 박혔다. 결국은 사회정화운동을 펼치는 참에 조계종을 '정화 대상'에 넣는 빌미가 됐다.

"한마디로 총칼로 정권을 잡은 사람들이 불교계를 부패한 집단으로 몰아서 탄압하고 '훼불'한 사건입니다."

이 사건은 불교 역사에 중요한 분기점이 된다. 그동안 산중에서 참선만 하던 스님들을 세상일에 눈뜨게 했다. 진관, 지선, 효림 스님을 비롯한 많은 수행자들이 민주화운동에 나서는 시발점이 됐다.

중생 속으로 재출가하다

월주 스님에게는 '중생 속으로' 또 한 번 '출가'하는 일대 전환의 계기가 됐다. 스님은 총무원장에서 쫓겨난 뒤 아예 한국을 떠나 외국에서 3년 살았다. 미국과 캐나다, 남미, 유럽의 한국 절에서 설법하고 독서하고 참선하며 지냈다.

그러면서 찬찬히 살펴보니 선진국의 기독교는 오래전부터 소비자운동, 청소년 선도 활동, 빈곤 구제 활동, 공해 추방 운동 같은 사회복지운동을 활발하게 벌여 신자들에게 큰 호응을 얻고 있었다.

"혼자 성불하겠다고 선방에 앉아 있는 것보다 중생을 위하는 일을 해야겠다는 결심이 섰습니다. 불교에 대승보살도와 보현사상이 있습니다. 중생을 먼저 위하라는 가르침이지요. 원효 스님도 '본래의 청정한 마음으로 돌아가 중생에게 풍요로운 이익을 줘라(歸一心源 饒益衆生)'는 말씀을 했어요."

그런 다짐으로 현실 참여, 시민사회운동, 또는 종교 간 대화에서 불교계를 대표하게 된 게 1980년대 말부터다. 그때부터 'NGO 스님'으로 그야말로 '제방에 호가 났다'. 그 이후 종교와 사회 원로로서 지역감정해소국민운동본부, 경제정의실천시민연합, 공명선거실천시민운동협의회, 불교인권위원회 등의 단체에서 맡은 직책만도 수십 개다.

1990년대 후반 들어서는 우리민족서로돕기운동 상임대표, 실업극복국민운동본부 위원장, 위안부 할머니를 위한 '나눔의 집' 이사장, 지구촌공생회 대표이사로 한 발짝 더 나갔다. 산중 선승만 '진짜'로 쳐주던 절집에서 하도 많은 단체와 운동에 이름을 빌려주다 보니 공명심에 맛들인 거 아니냐고 오해하는 사람들도 없진 않았다. 스님의 대답은 이랬다.

"한국 불교는 개인 수행에 치중하느라 불교 사상의 중요한 한 기둥인 중생제도, 즉 사회 활동을 제대로 한 적이 없어요. 시대는 바뀌었고, 산중 사찰은 세속의 삶과 훨씬 더 가까워졌습니다. 나는 누군가 나서서 해야 할 일을 피하지 않았고, 불교계가 취약한 사회 참여 부분을 내가 나서서 메꿨을 뿐입니다. 숱한 직책을 갖게 됐지만 따지고 보면 '깨달음의 사회화'라는 한 가지 일을 하는 겁니다."

대승불교 보살 사상의 핵심인 '상구보리 하화중생(上求菩提 下化衆生, 위로는 지혜를 구하고, 아래로는 중생을 제도한다)', '자미도 선도타(自未度 先度他, 자신을 건지지 못하더라도 다른 사람을 먼저 제도한다)'가 스님의

'서원(마음속에 맹세하여 소원을 세움)'이자 '회향(사회화)'이라고 했다.

"이제 불교는 소외된 사람들이 겪는 질병, 빈곤, 무지, 인권 탄압 등의 사회고(社會苦), 남북 분단과 환경 파괴 등 시대고(時代苦)를 덜어주는 일에 더 앞장서야 합니다. 모든 진리는 항상 현실에 직면하고 현실 가운데서 실현돼야 합니다. 진흙탕 속에서 연꽃이 피어나는 이치입니다."

월주 스님은 2003년 국제 구호 단체인 '지구촌공생회'를 만들었다. 한국에서 벗어나 전 인류를 향한 동체대비의 길로 나아간 거다. 캄보디아, 라오스, 베트남, 몽골, 인도네시아, 스리랑카, 케냐 같은 지구촌의 음지에서 목숨이 경각에 달린 사람들을 구하고, 유치원과 학교를 세워 배움의 기회를 줬다. 중국의 조선족, 러시아 연해주와 볼고그라드의 고려인 같은 어려운 우리 겨레도 물심양면으로 도와주고 있다.

"가장 열악한 곳에서 가장 절실한 일을 해주는 것이 지구촌공생회의 목표입니다. 진정한 봉사는 함께 살아가는 방식을 알게 해주는 일입니다."

가난한 나라 사람들이 각종 병에 걸리는 큰 이유가 '오염된 물' 때문이다. 스님은 그곳 사람들이 웅덩이에 고인 물을 마시고 병을 얻어 죽어가는 모습을 보고 충격을 받았다고 한다.

지구촌공생회는 2009년까지 캄보디아에 우물 1,000개를 팠다. 스리랑카, 네팔, 라오스, 미얀마에도 우물과 물탱크 2,000곳을 만들어줬다.

"목 타는 이에게 샘물을 마시게 해줄 뿐입니다. 감로수가 따로 있는 게 아녜요. 그들에겐 마실 물이 생명수고 감로숩니다. 샘물은 퍼내도 퍼내도 또 고이잖아요? 마음을 그렇게 써야 합니다. 우리 마음속에도 아무리 퍼내도 항상 고이는 샘물이 있습니다."

이놈아, 더 숙여라

전북 정읍 출신인 월주 스님은 얼마 전 입적한 법주사 조실 혜정 스님과 동향의 친구이자 도반이었다. 서울에서 중학교에 다니다가 6·25전쟁이 터져 낙향한 스님은 법주사로 먼저 출가한 혜정 스님과 편지를 주고받으며 전쟁 직후의 사회와 삶에 대한 회의를 달랬다.

고등학교 2학년 때 친구 혜정 스님의 권유로 금오 스님 제자가 돼 머리를 깎고 입산했다. 스승은 늦가을 찬 서리와 같았다. 제자들의 참선, 계율, 보살행의 세 가지를 날마다 체크하면서 방심하지 못하도록 가르쳤다.

어느 날 지나가는 스승에게 합장 반배로 인사를 드렸다. 스승은 인사를 받지 않고 호통을 쳤다. "이놈아, 더 숙여라." 머리가 땅에 닿도록 숙였는데도 계속 "더 숙여라" 하고 소리를 질러댔다. 제자의 아만심(교만한 마음)을 없애주려는 스승의 배려였다.

월주 스님은 선학원, 조계사, 동화사, 금산사 등의 사찰에서 공부했다. 사찰 주지와 총무원 집행부 행정을 맡아 이(理, 수행하는 스님)와 사(事, 행정을 보는 스님)를 겸했다. 금오 스님의 제자들인 이른바 '월자 문중'의 구심점으로 두 차례 총무원장을 지내는 등 막강한 종단 권력이 되기도 했다.

카랑카랑한 목소리의 스님은 팔십 대라고 믿기지 않을 정도로 열정적이었다. 자그마한 체구에 미남형 얼굴, 핏대가 살짝 올라 있어서 강단과 차가운 지성미를 풍겼다. 어찌 보면 인도의 성자 마하트마 간디를 닮은 듯한 모습이다.

실제로 스님은 간디를 존경한다. 오래전 미국에서 귀국하는 길에도 석가모니와 인도 최고의 스승 간디, 그리고 라마크리슈나, 암베드카르 등 인도 여러 성자들의 유적지를 순례했다. 그 후에 인도에 가서 한 달을 머문 뒤 〈인도 성지 순례기〉라는 책을 펴낸 것도 눈에 띄는 이력이다.

스님은 생전의 김수환 추기경, 강원용 목사와 아주 친하게 지냈다. '길 위의 수행자' 도법 스님 같은 제자를 뒀다. '삼보일배'의 수경 스님 등 올곧은 행동가 스님들도 스님을 따른다.

월주 스님은 늘 바쁘다. 찾는 사람도 많고, 오라는 곳도 많다. 그렇게 바쁜 중에도 화두 참선을 멈추지 않는다고 한다. 아침에 일어나면 1시간 넘게 고요한 가운데 좌선을 한다. 2012년 김제 금산사 조실로 취임한 뒤에는 틈틈이 서울과 지방을 오간다.

스님은 조실 취임 인사말(법어)에서 "법좌에 오르는 것은 조실이라는 이름뿐이요, 온몸은 세간 속에서 중생들과 함께하겠다. 부처님같이 말하고, 부처님같이 생각하고, 부처님같이 행동하며 모든 사람과 같은 지향점을 향해 살아갈 것을 다짐하는 일로서 (조실 자리를) 받아들인다"고 말했다. 과연 월주 스님답다.

"넘치는 것을 모자라는 곳에 조금씩 옮기는 일, 그게 수행, 봉사, 그리고 바른 삶입니다. 누구나 남의 고통을 나의 고통처럼 받아들이고, 그 고통을 해소할 수 있게 나눔을 생활화하는 세상이 돼야 합니다. 그 자체가 세상은 나와 같은 뿌리이고, 모든 존재는 나와 한 몸이라는 진리에 어긋나지 않게 사는 일입니다."

밤이 늦었다. 어두운 숲에서 부엉새가 부욱부욱 운다. 노스님은 아예 잠을 잊었는지 돋보기안경 위로 아래로 눈을 올렸다 내렸다 해가며 만년필로 무슨 글을 쓴다. 내일 또 스님이 마이크 잡을 행사가 있나보다.

월주 스님, 그렇게 온 세상을 법당 삼았다. 그 마음과 말씀이, 늘상 목마른 우리에게는 깊은 산골짝 바위틈에서 솟아나는 청정한 약수 한 바가지다.

9

뼈저리게
겪어서 알아야
실하다

밀운스님

밀운(密耘) 스님_조계종 원로회의 의장

1934년 황해도 연백 출생. 1954년 영주 초암사에서 출가. 1972년 봉선사 운허 스님 제자로 건당. 조계종 제5~9대 중앙종회의원. 총무원 부원장. 봉은사, 봉선사 주지. 현재 : 조계종 원로의원, 대종사. 남양주 운악산 봉선사 회주. 조계종 원로회의 의장.

마음 둥지를 틀어라

'避雨亭(피우정)'. 경기 남양주 운악산 자락 봉선사 '큰법당' 옆 방적당 한쪽 구석방에 조그맣게 내걸린 목각 팻말이다. 봉선사 회주 밀운 스님이 사는 방이다.

1980년대 말, 조계종 총무원장 자리를 둘러싸고 싸움이 일어나서 불교계가 소란스러웠다. 당시 언론에 '서의현 총무원장'과 함께 자주 등장했던 '변밀운 봉은사 주지'가 바로 밀운 스님이다.

그 일로 모든 책임을 떠맡게 된 스님이 '비나 피할 만한' 작은 방 한 칸을 마련해 '칩거'에 들어간 지 20년이 넘었다. 봉선사 뒷방에서 담 너머 광릉수목원에 산다는 크낙새 소리를 벗 삼았을까.

금방이라도 소나기 한바탕 쏟아질 것처럼 하늘이 잔뜩 흐렸다. 시골집 울안 같은 뜨락에는 봉선화 채송화 등 붉고 노란 여름 꽃들이 피었다.

통유리문을 열고 들어선 피우정 비좁은 방 네 벽을 10여 점의 선시들이 꽉 채웠다. 스님이 한문으로 지은 시를 각각 다른 사람이 행, 초서로 썼다. 방이 비좁아서 옷장 문에까지 붙여놨다. 시 편편에 스님 살림살이가 다 들어 있다.

부목이 땔감을 버리고 이 정자에서 비나 피하려네.
(負木捨柴寄避雨亭)
태풍 천둥 상관 않고 눈을 뜨고 고요히 잠에 들리라.
(不關風雷開眼睡眠)

밀운 스님이 처음 피우정에 들어올 때 지은 시다. 부목은 절에서 땔나무 등 온갖 허드렛일을 하는 일꾼을 말한다. 불목하니라고도 한다.

스님은 한때 '불교계의 부목'을 자처했었다. 조계종 총무원에서 직책을 맡거나 서울 강남 봉은사와 이곳 봉선사의 주지를 지내는 동안 굵직굵직한 일들을 척척 해냈다.

봉은사는 과거에 행정 절차가 잘못돼 2만 평의 땅을 잃어버렸다. 1970년대 봉은사 총무였던 밀운 스님이 땅 찾기에 나섰다. 다들 불가능하다고 포기했던 일을 깔끔하게 마무리했다. 당시 주지였던 영암 스님은 밀운 스님을 가리켜 "허공에 논을 칠 사람"이라고 했다.

조계종 총무원에서 재무부장, 총무부장, 부원장을 지낼 때는 경찰 포교 조직인 경승단을 만들고, 스님들의 교육 기관인 승가대학을 세웠다. 그런 스님이 '땔감까지 다 버리고' 소나기를 피하는 처지가 된 거였다.

"그것은 일차적인 뜻이고. 우리가 사는 이번 생이 그대로 잠깐 비를 피하는 피우정이거든. 그러니 어리석은 마음 싹 다 버리고, 사람 사람의 시시비비에 흔들리지 않고, 번뇌에도 물들지 않고, 마음 하나에 둥지를 딱 틀어서 살다 가야지."

밀운 스님에게 '강성' 투사의 느낌은 하나도 없었다. 그냥 마음씨 푸근한 이웃 할아버지처럼 소탈하고 다정다감했다. 진짜 '부목'처럼 트레이닝복 차림에 밀짚모자를 쓰고 다녔다.

봉선사에는 연꽃이 한창이었다. 다 합쳐서 5,000평이 넘는 크고 작은 연못을 만들고 연꽃을 심은 이가 바로 밀운 스님이다. 이제 연꽃은 봉선사의 새로운 자랑거리가 됐다.

나무를 심고, 하수구를 고치고, 심지어 화장실 청소까지 직접 했다. 하수구나 화장실, 전기 장치에 문제가 생기면 일꾼보다 스님을 먼저 찾을 정도였다. 그러면서도 날마다 아침 예불과 108배, 참선을 한다. 예산 수덕사 능인선원에서 하안거를 했고, 봉선사 열반선원에서 젊은 스님들과 함께 참선을 했다.

스님은 절의 허드렛일을 하면서 불편한 점을 고치다가 얻어낸 아이디어로 특허까지 냈다. '하수구용 배수전', '기능성 칫솔', '촛대 받침판 구조물', '연등의 프레임 결합구'가 그거다.

  1995년도에 의장등록 특허를 낸 칫솔은 1센티 간격을 두고 솔의 길이를 달리해 이빨 구석구석 잘 닦이도록 했다. 그런데 독일에서 비슷한 아이디어의 기능성 칫솔이 먼저 나오는 바람에 헛일이 됐다고 아쉬워했다.

  언젠가 스님이 한창 연꽃 밭을 만드느라 작업복 차림으로 일을 하고 있을 때였다. 장관과 국회의원들이 광릉수목원에 온 김에 스님을 만나고 싶어 했다. 제자가 승복을 입지 않은 걸 걱정하자 스님이 말했다.

  "이 사람아. 그분들이 날 보러 왔지 내 옷 보러 왔겠나?"

사람다워야 사람이다

봉선사에는 노스님 한 분이 더 계신다. 조실(사찰에서 최고 어른)인 월운 스님이다. 사형 사제 간인 두 분 노스님은 참 우애가 깊다. 봉선사에 가면 지금도 사형 사제가 정답게 이야기를 나누면서 경내를 산책하는 모습을 쉽게 볼 수 있다. 밀운 스님은 날마다 조실 스님이 머무는 다경실(茶經室)을 찾아가 차담을 나누며 봉선사의 온갖 살림살이를 상의한다.

  봉선사는 불교의 양대 기둥인 선(禪)과 교(敎) 가운데 부처님 경전

속의 교리를 중시해서 '교종 본찰'이라고 부른다. 월운 조실 스님은 평생 팔만대장경의 한글 번역에 바친 스승 운허 스님의 뜻을 이어 얼마 전까지 동국역경원장으로 한글 팔만대장경 편찬 작업을 마무리했다. '운악산 봉선사' 일주문 현판을 한글로 쓰고, 대웅전이 아니라 '큰법당'이라고 부르는 게 다 그런 전통이 있어서다.

밀운 스님은 1·4후퇴 때 누님과 단둘이 월남했다. 열아홉 살 때 대오 스님을 은사로 출가했다가 나중에 월운 스님이 권해서 운허 스님의 제자로 들어갔다(절에서 이런 일을 '건당'이라고 한다).

피우정은 원래 운암 김성숙 선생이 방에 붙였던 이름이다. 운암은 운허 스님과 함께 봉선사에서 출가한 스님(태허 스님)이었다. 그 후 만주로 건너가 독립운동에 합류해 대한민국임시정부 국무위원을 지냈다. 만년에 친지들의 주선으로 간신히 서울 구의동에 방 한 칸을 마련했을 때 노산 이은상 선생이 붙여준 당호가 피우정이라고 한다.

밀운 스님이 벽에 써 붙인 '어록' 가운데 '불행불(佛行佛), 승행승(僧行僧), 인행인(人行人)'이 있다. 군에 입대해 포천의 한 부대에서 의무병으로 근무할 때였다. 어느 날 스승인 대오 스님과 나중에 총무원장을 지낸 동암 스님이 면회를 왔다.

그 어른들을 모시고 포천 동화사에 갔다. 그런데 동암 스님이 혼잣말로 "부처님이 시원찮아"라는 말을 했다. 스님은 '부처님 중에도 시원찮은 부처가 따로 있나'라는 생각을 했다. 부대에 돌아와서도 그 말씀이 영 잊히질 않더란다. 밤낮 그 생각만 골똘히 했다.

"보름쯤 그러고 있는데 부지불식간에 '불행불'이 탁 떠오르는 거야."

"부처로 행동하면 누구나 부처"라는 뜻이다. 외출을 허락받아 동암 스님을 찾아갔다.

"핫하하하, 그거, 동화사 불상이 시원치 않다고 한 건데 말이야. 자네가 잘못 듣긴 했지만 그걸 화두 삼아 불행불을 찾았다니 대단하군. 앞으로도 쭉 그렇게 공부하도록 해라."

그렇게 해서 얻게 된 불행불은 나중에 승행승, 인행인이 보태져 스님 고유의 '선어(禪語)'가 됐다.

"부처답게 행동해야 부처이고, 스님답게 행동해야 스님이고, 사람답게 행동해야만 사람이라는 말이지. 중생으로 살면 영원히 중생으로 살 뿐이고."

스님은 "다 설명하면 말에 말을 보태는 일일 뿐"이라며 입을 닫았다.

"세상에서 하는 공부도 마찬가지로 머리로만 외운 것은 실(實)이 없어. 깨달은 생각이 있어야 철학이 되고, 사상이 되는 거지. 마음에 둥지를 딱 틀고 한 가지를 끝까지 밀어붙이면 그런 깨달음이 나와요. 옛날부터 도(道)는 배워서 아는 학지(學而知之)가 아니라 힘들게 겪어서 아는 곤지(困而知之)라고 했거든."

사과 떨어지는 것을 본다고 누구나 뉴턴처럼 만유인력의 이치를 발견하는 게 아니다. 빛에 반사되는 비눗방울을 봤다고 아무나 토머

스 영 박사처럼 빛의 굴절 이론을 찾아내지는 못한다. 스님은 문제의 본질을 파고드는 집중력과 내공에서 결과가 갈린다고 말했다.

원수라 해도 다 역행보살이다

밀운 스님은 그동안 불교 성지인 스리랑카를 자주 찾았다. 스리랑카의 대학에서 받은 명예 박사 학위가 두 개나 된다. 봉암사 주지 시절인 1985년 성수, 고산, 원담, 정무 스님 등 어른 스님들을 모시고 스리랑카 불교 성지 순례를 갔다. 스님은 그곳에서도 변함없이 108배를 했다.

"백팔 배를 마치고 참선을 하는데 또 번개처럼 무원근(無遠近)이 떠올랐어. 문자 그대로 해석하면 먼 곳도 가까운 곳도 없다는 뜻이지. 생(生)과 멸(滅)조차도 없는 경지랄까."

그 얼마 뒤 봉은사 사태가 일어났다. 스님은 "부처님께 그런 복을 받았는데 공부는 안 하고 살림이나 살아서 생긴 일"이라며 허허허 웃었다.

벽에 걸린 스님의 선시에는 '무원근'이 많이 들어가 있다. 만공 스님 기일에 쓴 시의 마지막 구절도 '시무원근(是無遠近)'이다. 본래 성품은 나고 죽음(생사)이 없으니!

불교는 자비의 종교다. 스님은 모든 사람이 자비, 존경, 양보, 용서의 네 가지만 지키면 뭘 해도 옳고, 어떤 일을 해도 원만하다고 했다. 세상 평화가 절로 이루어진다는 거다.

스님이 또 선시 한 편을 가리키며 자비에 대해 설명했다.

산은 모든 짐승을 가족으로 품어주고(山抱禽獸族),
물은 모든 어해(물고기와 어패류)를 어루만져 준다네(水摩魚蟹群).

"산과 같고 물과 같은 마음을 내면 그게 자비야. 본래의 세상 만물에는 일체 흥허물이 없는 법이거든. 사람이든 미물이든 어떤 차별도 하지 말아야 자비인 거지."

세상에서 잘난 사람, 윗사람에게만 하는 건 진짜 존경이 아니라는 새로운 '존경론'도 폈다.

"세상 만물이 다 한 가지씩은 재주가 있고, 쓸모가 있거든. 파리는 천장에 붙는 재주가 있고, 모기는 어둠 속에 날아다니는 재주가 있잖아. 다 존경받을 만하다는 말이지."

밀운 스님이 피우정에서 제일 먼저 한 일은 '조계종 분규 사태'의 상대방을 용서하는 일이었다.

밀운 스님은 2012년 조계종 원로회의 의장에 올랐다. 각 사찰의 방장, 조실급 원로 스님 스물다섯 분을 대표하는 위엄 있는 자리다. 원로회의는 종정 추대, 총무원장 인준 최종 권한을 갖는다. 밀운 스님은 원로의장에 취임하자마자 나중에 조계종 개혁 운동에 의해 종단 승려 자격까지 박탈당하게 된 상대편 스님들을 '사면복권'시키는 일에 앞장서고 있다.

"길 가다가 만나는 이 모두가 선지식(마음의 스승)이고, 원수라 해도 다 역행보살(가르치기 위해 일부러 나쁜 일을 하는 보살)이니…."

밀운 스님이 결혼식 주례를 볼 때마다 고정 레퍼토리로 서두에 꺼내는 말도 벽에 걸려 있다.

> 꽃은 벌떼를 불러 모으고(花召群蜂),
> 벌은 꽃향기를 좋아해서(蜂樂花香),
> 꽃과 벌이 서로 도우니(花蜂相助),
> 영원히 그 마음 변치 않네(終古不變).

스님은 "부처의 마음을 일으키는 놈이나 중생의 번뇌 망상을 일으키는 그놈이 똑같이 바로 나 자신"이라며 "진흙의 더러움에 물들지 않고 청정한 꽃을 피우는 연꽃처럼 나 자신이 생각을 바르게 만들고 심성을 정화하며 살아야 한다"고 말했다.

때맞춰 피우정에 비 쏟아졌다. 스님이 키운 연잎에 후두둑 후두두둑 빗방울 튕긴다. 진흙탕에 물들지 않고 핀 연꽃은 이미 꽃잎을 닫았고, 빗물은 또르르 물방울로 흘러서 연 이파리 한 자락 적시지 못했다.

피우정은 빗속에 되레 아늑하고 편안한 섬처럼 됐다. 빗소리 그대로 명상 음악이다. 밀운 스님, 세상사 어지러운 소낙비 저만치 둔 피우정에서 생사 아무것도 상관 않는 '무원근'으로 새삼 〈숫타니파타〉 한 구절 되새긴다.

 소리에 놀라지 않는 사자처럼,
 그물에 걸리지 않는 바람처럼,
 흙탕물에 물들지 않는 연꽃처럼,
 무소의 뿔처럼 혼자서 가라.

10

칡꽃 핀 자리에서
또 칡꽃 핀다

고산 스님

고산(杲山) 스님_쌍계사 조실

1933년 경남 울주(울산) 출생. 1945년 부산 범어사에서 출가. 조계사, 은해사, 쌍계사 주지. 1998년 조계종 총무원장, 호계원장, 종회의원. 현재 : 조계종 원로의원, 대종사, 전계대화상. 하동 지리산(삼신산) 쌍계사 조실.

어려움을 이기는 데는 부지런함이 명약

지리산이 어두워졌다. 하동 쌍계사 법고(북)가 운다.

"두둥 둥둥둥… 두두두 둥둥…."

북소리는 늦게 빠르게, 빠르게 늦게 삼신산으로, 지리산으로, 섬진강으로, 그 골골샅샅으로 멀리멀리 퍼져나간다. 저렇게 우렁찬 북소리가 저렇게나 맑다. 그리고 텅텅 빈 고요…. 쌍계사 북소리로 이제 지리산천의 산 것들, 죽은 것들이 모두 다 고요로 들어갔다.

노스님이 방장실 문을 활짝 열고 넉넉한 웃음으로 방문객을 맞았다. '지리산 무쇠소' 고산 스님이다. '무쇠소는 사자후를 두려워하지 않는다'는 말이 있다. 한 번 하고자 하는 일은 그 누가 반대하고 막아도 하고 마는 성품이어서 그런 별명이 붙었다.

고산 스님을 찾아갔을 때는 2009년 새해 초였다. 스님이 출가 65년을 정리하는 회고록 〈지리산의 무쇠소〉를 펴내고 초청했다. 먼저 새해 덕담 한마디를 청해 들었다.

"공자는 하루를 잘 살려면 '인시(새벽 서너 시)'에 일어나야 하고, 한 해를 잘 살려면 봄에 부지런히 씨를 뿌려야 하고, 일생을 행복하게 살려면 어릴 때 잘 배우고 익히고 노력해야 한다고 했어요. 부처님은 하루에 여섯 시간만 자라고 가르쳤습니다. 하루 열네 시간은 활동하고 일해야 합니다. 저는 세 시간만 자고 일해도 끄떡없어요. 어려움을 이기는 데는 부지런함이 명약입니다."

고산 스님은 날마다 새벽 3시에 일어나 예불을 올리고 108배를 하고 참선에 든다. 스님의 또 다른 별명은 '땡삐(땡벌)'다. 허튼짓을 하거나 일을 제대로 못하면 그 자리에서 매섭게 쏘아붙이기 때문이다. 무서울 정도로 엄격하게 제자들을 다잡으면서도 스스로 늘 밭에서 김을 매고 농사를 짓는다. 60년 넘게 한결같은 일상이다.

"부처님께서 〈아함경〉에 살 빼는 법까지 다 설해놨어요. 마음을 느긋하게 쓰고, 평소보다 많이 먹고, 잠을 많이 자고, 교만으로 잘난 체하고, 게으름 피우고 놀면 살이 찐다고 했지요. 살 빼고 싶으면 반대로 긴장된 생활하기, 적게 먹기, 잠 덜 자기, 겸손하고 하심하기, 쉬지 말고 부지런히 일하기, 그 다섯 가지를 지키면 됩니다. 옛날 옛적 얘긴데 요즘에도 참 훌륭한 다이어트법 아닙니까."

스님은 경전을 강의하는 강사(講師), 계율 전문가인 율사(律師), 참선을 하는 선사(禪師)를 두루 아우르는 이력을 지녔다. 거기다가 이판(수행), 사판(행정)을 오갔다. 조계종단의 최고 행정책임자인 총무원장까지 지냈다. 그러니 선, 교, 율, 이, 사의 별을 다섯 개나 단 '오성장군' 급 스님이다.

지금은 지리산(삼신산) 쌍계사 조실이면서 조계종단의 전계대화상을 맡고 있다. 전계대화상은 종단을 대표해 모든 승려에게 계(戒)를 주는 자리다. 율사로서 최고의 수행력과 권위를 인정받았다는 뜻이다. 조계종 스님이 되려면 누구나 예외 없이 고산 스님에게 계율을 지키겠다는 서약을 하고 '승려 인증' 절차인 비구계를 받아야 한다.

"수행자에게 계율은 집을 지을 때 기초를 다지는 것과 같아요. 기초가 튼튼해야 집을 높이 세울 수 있고 태풍에도 흔들리지 않지요. 깨진 그릇에 물을 담을 수 있나요? 계행(戒行)의 그릇이 반듯해야 거기에 담긴 물이 흔들리지 않고 지혜의 달빛이 저절로 비치게 되는 겁니다. 계율의 기본은 사람 도리를 지키는 겁니다. 그러니 꼭 불교만의 일도 아니지요."

고산 스님은 1975년 폐사에 가까웠던 쌍계사에 들어와 40년 가까운 세월 동안 현재의 대가람을 일구어냈다. 쌍계사 중창뿐만 아니라 부산 혜원정사, 부천 석왕사, 통영 앞바다 연화도 연화사를 창건하는 등 전국에 세운 대규모 절이 한두 곳이 아니다.

스님은 2007년 여름 통영 연화사 암자인 보덕암에서 석 달 동안 홀로 머물며 회고록을 썼다고 한다. 편지지 1,600장에 볼펜으로 한

자 한 자 꾹꾹 눌러 쓴 육필 원고다. 다른 어른 스님들처럼 구술만 하고 제자들이 녹취해 정리하는 것을 원치 않았다.

"회고록은 사실 그대로 써야 해요, 사(邪)가 조금도 붙어선 안 되지요. 오랜 승려 생활의 기억이 주마등처럼 스쳐갔어요. 훌륭한 스승을 만나 스승이 하던 그대로 지금까지 살아온 것이 고맙고 뿌듯하지요."

노스님의 회고록은 1940년대부터 2000년대까지 절집 풍경과 수행자들의 이야기를 꼼꼼하게 담아냈다. 근대와 현대를 잇는 한국 불교사의 생생한 자료라 할 만하다. 어린 시절부터 출가와 수행, 각종 행정 소임을 맡던 시기, 총무원장 퇴임 후의 이야기를 솔직하게 풀어놓고 있다. 심지어 불교계 원로로서 부끄럽게 여길 만한 사연과 불교계에 흠이 될 만한 내용까지 그대로 담았다. 제자들이 "실명은 좀 빼자"고 했으나 그대로 밀어붙였다.

고통과 시련은 일생의 스승

고산 스님의 평생을 관통하는 생활신조는 직심(直心, 정직한 마음)과 솔선수범이다. 조계종단은 1998년 승려 간에 50여 일에 걸친 극심한 폭력 사태를 겪었다. 그 사태를 앞장서서 수습한 이가 바로 고산 스님이다. 이듬해에는 제29대 조계종 총무원장에 추대돼 종단 분규에 종지부를 찍었다. 그러나 총무원장 선거 절차에 문제가 있다는 법원 판결이 나오자 곧바로 걸망을 싸서 쌍계사로 내려와 종단 분란의 소지를 없애버렸다.

"하고 싶은 사람 실컷 해먹어라, 하고 떠나버렸지. 오래 있다가 착(着)이 붙으면 큰일이겠다 싶었어요. 요즘 세상에 퍼져 있는 물질에 대한 욕심이 출가자들에게도 스며들었어요. 승속 상관없이 명예욕과 돈에 너무 집착하는 것이 문제지요. 마음이 곧으면 욕심이 아무리 뾰족해도 찌를 자리가 없는 법이지요."

고산 스님은 경남 울주의 농촌에서 태어났다. 해방 직전 갑자기 어머니가 돌아가셨다. 슬픔에 빠져 있을 때 아버지 손에 이끌려 부산 범어사에 갔다. "절에서 행자 생활을 열심히 하면서 관세음보살을 부르면 어머니를 다시 만날 수 있다"는 동산 스님의 말을 믿고 머리를 깎았다. 열세 살 때였다.

"날마다 밤에 관음전 법당에서 관세음보살 외치며 열심히 기도를 했어요. 하루는 비몽사몽간에 어머니가 나타나신 겁니다. 한참 울다가 정신을 차려보니 관세음보살상의 다리를 잡고 있더라고. 그렇게 어머니를 세 번이나 만났어요."

당시는 절집 살림이 어려울 때여서 쌀이 떨어지면 부산의 신도 집을 일일이 찾아다니며 양식을 구해 왔다. 경전을 구하기도 쉽지 않았다. 한 번은 후배(사제)인 범어사 교무국장에게 〈화엄경〉을 빌려달라고 사정했는데 욕을 하면서 들어주지 않았다. 참지 못하고 주먹을 휘둘렀다. 그 일로 산문출송(승복을 벗겨 내쫓는 일) 위기에서 간신히 벗어났다. 부산 해불암에서 생활할 때는 고추밭에 비료를 너무 많이 주는 바람에 고추 농사를 망친 일이 있다.

"내가 두 가지 일을 겪으면서 결심을 했어요. 세상에 못하는 거 없이 다 잘하겠다고 원력을 세웠지요. 이 악물고 목탁, 염불, 경전, 율장, 참선에서 따라올 사람이 없게 했어요. 농사, 화초, 건축, 음식도 나만큼 하는 사람 못 봤어요. 마음을 고쳐먹으면 모든 시련이 기회가 되는 겁니다."

스님은 대단한 집중력과 강단, 추진력으로도 불교계에 널리 알려져 있다. 젊은 시절에는 밤을 새워 공부하다가 곁에서 울리는 자명종 소리를 듣지 못해 아침 공양을 놓친 적이 한두 번이 아니었다고 한다. 고산 스님은 "한 구덩이에서 호박 250개나 나게 농사를 짓는 일등 농사꾼"이라고 자랑했다. 그게 다 고추 농사의 실패 때문이다. 스님 곁에 3년만 살면 농사에도 '박사'가 된다는 말이 있을 정도다.

고산 스님은 쟁쟁한 스승들을 모셨다. 대선사인 스승 동산 스님의 지도로 선방 수좌 길을 걸었다. 대강백(경론을 가르치는 큰스님) 고봉 스님에게 15년 동안 경전을 배워 전강(강사 제자로 인정함)을 받았다. 당대의 율사인 석암 스님으로부터 전계(계법을 전함)를 받아 율맥을 이었다. 고봉 스님 밑에서 경을 배울 때 눈을 감아도 '삼천대천세계'가 훤히 보이는 경험을 했다고 한다.

"눈을 감고 집중하면 서울도, 부산도, 뉴욕도 다 보이는 거라. 절 밖에 누가 오는지 먼저 알고 행자를 마중 나가게 하면 틀림없었어."

사람 팔자 자작자수

쌍계사는 신라 때 삼법 스님이 당나라 유학길에 육조(6대 조사) 혜능선사의 정상(머리)을 모셔와 세운 천년고찰이다. "눈 쌓인 계곡 칡꽃이 피어 있는 곳에 봉안하라(雪裏葛花處)"는 꿈의 계시를 받아 금당을 짓고 육조정상탑을 세웠다고 한다.

고산 스님이 처음 왔을 때는 전각들이 전부 내려앉기 직전이었다. 지붕은 비가 새서 천막을 덮어두고 있었다. 서까래 하나 온전한 것이 없었다. 스님은 쌍계사의 전각과 칠불암 등 암자를 하나씩 중수하고 복원했다.

1986년에는 근대 고승 경허 스님이 열었던 금당선원을 재건했다. 금당선원은 용성, 효봉, 운봉, 금오, 동산, 청담 스님 등이 수행한 곳이다. 법정 스님도 사미승 시절 이곳에서 효봉 스님을 모시고 공부했다고 한다. 고산 스님이 그 선원을 재건하고 육조정상탑에 참배한 뒤 지은 선시 가운데 이런 구절이 있다.

　　당시 눈 속 칡꽃 핀 곳이(當時雪裡葛花處)
　　지금도 다르지 않고 칡꽃이 핀다(于今不異開葛花).

콩 심은 데 콩 나듯이, 칡꽃 핀 자리에 또 칡꽃이 피어서 쌍계사에 육조 혜능의 선풍이 크게 일어나기를 바라는 마음일까.

쌍계사는 최근 조계종단에서 대구 동화사, 부산 범어사와 함께 선원, 강원, 율원을 다 갖춘 총림으로 새로 지정됐다. 고산 스님은 총림이 개설되는 대로 방장에 오르게 된다.

쌍계사가 우리나라 작설차 시배지라는 것을 밝혀내고 절 주변의 차밭을 복원해 오늘날 하동을 차의 고장으로 만든 이도 고산 스님이다. 신라 때 당나라에 사신으로 갔던 김대렴이 차나무 씨를 가져와 이곳에 처음 심었고, 진감 국사가 번식시켜 우리나라 차 문화가 시작됐다고 한다. 스님이 10년 넘게 쌍계사 시배지 차밭을 다시 가꿨다. 이제 주변 화개동 일대의 논밭과 산은 차밭 아닌 곳이 없게 됐다.

고산 스님은 조계종 총무원장 취임 때 무차화합(無遮和合), 상행하효(上行下效), 언행일치(言行一致), 계행청정(戒行淸淨), 정진불퇴(精進不退)의 다섯 가지 원칙을 내걸었다.

"모두가 화합하고, 윗사람은 본을 보이고 아랫사람은 본받고, 언행을 똑같이 하며, 계율을 바르게 지키고, 노력하면 어떤 어려움도 극복할 수 있다는 뜻입니다."

스님은 세상 사는 이치에 승(僧)과 속(俗)이 따로 없다고 거듭 말한다. 모든 것이 '초심'을 지키는 데 달렸다는 거다. 총무원장 시절 '처음 마음, 초발심으로 돌아가자'는 스티커를 만들어 전국 사찰은 물론 서울 종로 거리를 지나는 차량에 붙이는 캠페인을 벌이기도 했다.

"스님은 출가할 때, 학생은 입학할 때, 부부는 결혼할 때, 회사 사원은 입사할 때 마음만 지킨다면 다 잘할 수 있습니다. 작은 시련이

나 장애쯤은 너끈히 이겨낼 수 있어요. 또 용서를 구걸하지 말고 용서할 줄 아는 사람이 되어야 합니다."

스님은 "이놈의 팔자라고들 하는데 다 자작자수(自作自受, 자기가 지은 대로 자기가 받음)"라며 "부처님 말씀에 작은 부자는 부지런함에 있고 큰 부자는 베푸는 데 있다고 했다"고 말했다.

"마음으로 감사하고, 늘 웃고, 말을 아껴서 침묵하면 행복은 저절로 찾아옵니다. 혼내는 사람에게 고맙게 생각하세요. 욕을 하는 사람도 웃는 낯빛으로 대하세요. 무엇보다도 입은 세상 모든 시비의 문입니다. 대문을 열어놓으면 집안의 보물이 나가고 도둑이 드나들듯이 필요한 때 말고는 입을 잠가놓고 사세요."

그러면서 스님이 붓글씨 한 점을 선물한다.

一勤天下無難事(일근천하무난사)

부지런하면 천하에 어려운 일이 없다는 뜻이다.

하룻밤 자고 일어나니 지리산 천왕봉이 하얗게 눈부신 설경으로 쌍계사까지 내려와 있다. 고산 스님은 벌써 방장실 앞 텃밭에서 일을 하고 있었다. 겨울인데도 스님이 비닐을 씌워서 키운 상추와 쑥갓이 푸르고 싱싱했다. 씩씩한 무쇠소 한 마리 법고 울린 다음처럼 고요해져서 지리산 한 자락에 맑디맑은 마음 밭 일구고 있다.

11

한세상
훨훨 살다 가라

명정 스님

명정(明正) 스님_통도사 극락선원장

1943년 경기 김포 출생. 1959년 해인사에서 출가. 1960년 이후 통도사 극락암 호국선원 경봉 스님 시봉. 현재 : 양산 영축총림 통도사 극락암 극락선원장.

밥 먹고 잠자고 똥 누는 일상에 도道 있다

"차렷! 열중 쉬엇!"

양산 통도사 산내 암자인 극락암을 처음 찾았을 때다. 누더기 누비 장삼 차림의 스님이 벼락같이 호통쳤다. 노스님의 느닷없는 군대식 할에 일행은 한바탕 박장대소하다가 제대로 바짝 '군기' 잡혔다. 또 한 분의 '산중 기인' 명정 스님이다.

다시 극락암에 간 건 초여름이었다. 병풍처럼 펼쳐진 영축산에 비 갠 날 저녁의 운무가 그윽하게 피어오르고 있었다. 흰 수련꽃 가득 핀 극락영지(極樂影池, 영취산 봉우리가 비친다는 연못) 위로 아치형 극락 교가 그림 같았다.

극락암은 경봉 스님이 출가 20년 만에 촛불이 춤추는 것을 보고 홀연히 깨달아 덩실덩실 춤을 추었다는 삼소굴이 있어서 더 유명해졌다. 명정 스님은 20년 넘는 세월 동안 경봉 스님을 곁에서 모셨고, 또 다시 30년을 삼소굴 곁 원광재(원광은 경봉 스님 법호)를 지키며 살고 있는 '효상좌'다.

1982년 열반을 앞둔 경봉 스님에게 명정 스님이 물었다.

"스님, 가신 뒤에도 뵙고 싶습니다. 어떤 것이 스님의 참모습입니까?"

"야반삼경에 대문 빗장을 만져보거라."

경봉 스님은 그 말을 남기고 아흔한 살 나이로 조용히 입적했다. 통도사 다비장에는 십만 인파가 몰려들어 스님 가시는 길을 지켜봤다.

2012년에 탄생 120년, 열반 30주년이 된 경봉 스님은 옛 스님들이 해놓은 법문을 그대로 답습하지 않은 선사로 유명했다. 일상생활 주변을 소재로 한 살아 있는 법문, 이른바 활구법문(活口法問)으로 많은 사람을 감동시켰다. 삼소굴은 경봉 스님을 만나려는 스님, 학자, 문인, 관료, 기업인들로 문턱이 닳았다.

경봉 스님은 선시와 선묵(禪墨)에도 뛰어났다. 하루도 빼지 않고 일기를 썼다. 경봉 스님이 남긴 법문, 선시, 글씨, 그림, 일기 등이 세상에 널리 알려진 게 다 명정 스님이 있어서 가능했다고 한다.

명정 스님을 만나러 간 날이 마침 경봉 스님의 기일(음력 5월 27일)이었다. 극락선원 무량수전에서 열린 추모 법회가 막 끝난 참이었다. 명정 스님은 뒤뜰에서 대숲을 향해 바지춤을 내리고 오줌을 누고 있었다.

지금은 사찰의 화장실로 널리 알려진 '해우소'라는 말은 경봉 스님이 처음 썼다. 한국 전쟁 직후 극락선원 소변소에 휴급소, 대변소에는 해우소라고 써 붙였다고 한다. 휴급소는 소변을 보고 나서 다른 일을 하듯이 다급한 마음 쉬어 가라는 뜻, 해우소는 근심 걱정까지 말끔히 버리라는 뜻이라고 한다. 그 말과 뜻이 멋지다.

원광재 툇마루 앞, 자잘한 노란 꽃 가득 매단 모감주나무 아래서 스님의 시원한 폭포 소리를 들으며 '휴급'이 끝나길 기다렸다.

"여기 멀고 먼 극락까지 뭐 하러 왔어?"

명정 스님은 남의 눈치가 뭐 대수냐는 듯 허리끈을 질끈 매면서 태연하게 말했다.

스님이 머무는 원광재 방 중앙에는 커다란 찻상이 있고 뒤편에 경봉 스님의 '至道無難(지도무난)' 글씨가 걸려 있다. '도는 어려운 데 있지 않다'는 뜻의 〈신심명〉 구절이다.

다른 쪽에는 유화풍의 달마도, 차시(茶詩)와 선묵이 걸렸다. 한때는 지역 화가가 그려준 멧돼지 그림도 있었다고 한다. 스님은 달마상을 떠올릴 만큼 투박하게 생겼다. 외모만 그런 게 아니다. 원초적인 육두문자를 천연스럽게 쓰고, 상식을 넘는 행동도 보여준다.

"야, 이놈들아! 입 닥치고 차나 마셔!"

스님은 찻자리에 가부좌 널찍하게 틀고 앉아서 능숙한 손놀림으로 차를 우려냈다. 차의 대가로도 널리 알려진 스님이다. 다관이 꽉

차도록 찻잎을 듬뿍 넣은 스님의 차 맛은 소태처럼 쓰다. 그냥 차 엑기스라고 해야 맞을 것 같다. 스님은 "남들이 독할 정도로 짜다고 하지. 이게 제대로야" 하면서 껄껄 웃었다.

"그래, 내 얘기 꼭 듣고 싶다 이거지. 그럼 '개여울' 한번 불러봐."

"……."

"큐우!"

스님은 영화 감독 흉내를 내가며 노래를 채근했다. 노래 안 하면 자리를 박차고 일어설 기세다. 결국 자리를 함께한 신도들의 도움을 받아가며 노래를 불렀다.

"당신은 무슨 일로 그리 합니까~ 홀로 이 개여울에 나와 앉아서~ 가도 아주 가지는 않노라심은~ 굳이 잊지 말라는 부탁인지요~."

스님은 장삼마저 훌훌 벗어던지고 잿빛 티셔츠 바람으로 눈을 지그시 감고 탁탁 무릎을 치면서 어깨춤을 췄다.

수덕사 만공 스님은 "저 산의 딱따구리는 생나무 구멍도 잘 뚫는데 우리 집 멍텅구리는 뚫린 구멍도 못 뚫는구나"라는 아낙네의 딱따구리 속요로 이미 뚫린 이치도 제대로 못 깨닫는 중생들을 일깨웠다. 이 뽕짝 노랫말에도 그런 깊은 도리가 담겨 있을 것 같다.

"내 얘길 들어봐. 여기 극락암이 노래가 절로 나오는 곳이란 말이다."

그 사연은 이렇다. 한번은 대마초 사건으로 한창 방황 중이던 조용필이 극락암 경봉 스님을 찾아왔다.

"너는 뭐하는 놈인고?"

"가숩니다."

"네가 꾀꼬리로구나. 노래는 너보다 꾀꼬리가 훨 잘하지. 그게 무슨 말인지 알겠어?"

"모르겠습니다."

"지금부터 네 꾀꼬리가 어디 숨었는지 그걸 찾아보란 말이다."

그날 조용필이 산을 내려가면서 만든 노래가 바로 '못찾겠다 꾀꼬리'라는 거였다.

경봉 스님은 극락암을 찾는 이들에게 늘 "여기 극락에는 길이 없는데 우예 왔노?" 하고 물었다. 떠나는 사람에게는 "대문 밖을 나서면 돌도 많고 물도 많으니 돌부리에 걸려 넘어지지도 말고 물에 미끄러져 옷도 버리지 말고 잘들 가라"며 껄껄껄 웃곤 했다.

명정 스님이 첫마디로 "멀고 먼 극락엔 왜 왔느냐"고 한 데는 그런 사연이 있다.

스님은 벽에 걸린 '지도무난' 글씨를 가리키며 말했다.

"노장님(경봉 스님) 평생 공부가 여기 다 들어 있는 거라. 무슨 말이냐면 밥 먹고 잠자고 똥 누는 일에 도가 다 들어 있어. 그걸 알면 거기가 바로 극락이지."

지는 법부터 먼저 배워라

"스님은 어찌 출가했습니까?

"버스 타고 왔다."

이런 의외의 답에 또 한 번 폭소가 터진다. 이쯤 돼야 '박물관 불교', '골동품 선(禪)'이 아니라 사람 냄새 펄펄 나는 '생활 속의 불교'라고 할 수 있을 것 같다. 명정 스님은 직설로, 욕으로, 유행가로, 그리고 온몸으로 그걸 보여준다.

스님은 열일곱 살 때 해인사에서 출가했다. 경기도 김포의 집을 나와 해인사행 완행버스를 타고서. 당시 해인사에는 법정 스님과 일초 스님(고은 시인)도 수행하고 있었다. 경봉 스님 제자인 연산 스님이 "송장 끌고 다니는 놈이 누고?"라고 애정을 보이면서 날마다 큰스님들 이야기를 해줬다.

"효봉, 경봉, 금봉, 고봉, 석봉 해서 무슨 봉우리가 그리 많기도 많어. 어느 날 연산 스님이 경봉 스님 뵈러 통도사에 가자는 거야. 해인사에 허락도 받지 않고 삼소굴로 뵈러 왔지."

경봉 스님은 찾아온 행자를 보자마자 "전생에 여기 살더니 또 왔구나!" 하면서 "여기서 내 시봉을 해라" 했다. 그 길로 극락암에 주저앉았다.

명정 스님은 경봉 스님 살아 계실 때의 극락암 사연들을 어제 일처럼 정확하게 기억한다. 그만큼 기억력이 특출나다. 어느 날 경봉 스님을 따라 불국사에 가서 들은 '석가탑 사리봉안 법문'을 정리해서 보여드렸다. 녹음기도 없던 시절이었다. 경봉 스님이 그걸 보고 매우 흡족해 하셨다. 그 후 경봉 스님의 법문 정리, 초서 글씨 번역, 출판 등의 일은 모두 스님 몫이 됐다.

한문 해석과 글 솜씨도 일찌감치 인정했다. 지금도 초서의 번역에서는 국내에 명정 스님을 따를 이가 없다고 한다. 오대산 한암 스님이 편집한 〈경허집(鏡虛集)〉도 스님이 한글로 번역해 출판했다.

명정 스님은 경봉 스님 돌아가신 뒤 삼소굴 곁에 원광재를 지었다. 경봉 스님의 유필을 정리한 〈경봉 스님 선묵집〉, 법문집 〈경봉 스님 말씀〉, 그리고 만해, 용성, 한암 스님 등 당대의 선지식들과 경봉 스님 사이에 오간 편지를 모은 〈삼소굴 소식〉 등을 책으로 냈다.

명정 스님의 선차(禪茶) 역시 경봉 스님의 차맥을 이었다. 경봉 스님이 "염다래(拈茶來) 하거라(차 달여 와라)" 하실 때마다 풍로에 숯불을 피워 차를 달이면서 익힌 솜씨다. "염다래"는 조주 선사의 유명한 화두 "끽다거(喫茶去, 차나 한 잔 하게)"를 경봉 스님이 재창조한 선어(禪語)다.

명정 스님은 차선일미(茶禪一味, 차와 선은 한 가지 맛)의 깊은 뜻을 전하기 위해 〈차 이야기 선 이야기〉라는 에세이집을 냈다. 스님은 효당(최범술) 스님과 고금, 금당, 청남, 육천, 향파라는 호를 쓰는 국내 최고의 전설적인 차인(茶人)들에게 제대로 다도(茶道)를 배웠다.

"차는 우리 몸을 축이는 게 아니라 영혼에 점화하는 것"이라는 스님은 운수객으로 선방을 다닐 때도 걸망 속에 작은 차관(茶罐)과 찻잔을 꼭 챙겨 넣었다고 한다. 고은 시인은 "그 헌헌장부의 운수행각에도 감히 따를 자 드물거늘 하물며 그의 벼랑 끝에 나앉은 차 한 잔의 위엄이 능히 천 리 밖에 닿아 있다"며 명정 스님을 "다걸(茶傑)"로 추켜세웠다.

"나는 공부한 게 없어. 좌복에 앉아 몇 날 며칠 잠도 안 자고 '요거' 생각만 하고, '요거' 공부만 했어."

스님은 세속에서 '여자 친구'를 속되게 이를 때 쓰는 것처럼 새끼손가락을 펴 들었다. 음담인가, 달을 가리키는 그 손가락인가.

이처럼 꾸밈도 가식도 없이 원초적인 모습을 보여주는 명정 스님이지만 젊은 시절에는 "독하다"는 말을 들을 만큼 치열하게 수행했다고 한다. 군 제대 후 10년 동안은 안거 때마다 전국의 선방을 찾아다니며 공부했다. 명정 스님은 선원장을 맡고 있는 극락선원에 방부(房付, 선방에 안거를 청하는 일)를 들이는 수좌들에게도 대단히 엄격하다.

"벼랑으로 뛰어내리겠다는 사자새끼들만 받아들이지. 수행은 고양이가 쥐 잡듯 해야지 잡념이 들면 쥐는 벌써 천 리 밖이야."

옛날 극락선원에는 개성(스님은 "개 같은 성질이라는 뜻"이라고 보충 설명했다)이 뚜렷한 스님도 많았다고 한다. 세간에 걸레 스님으로 잘 알려진 중광 스님도 한때 여기서 수행했다. 술, 담배를 하고, 하도 행패를 부려서 스님이 암자 뒤로 불러냈다. 송광사 설법전을 지을 때 기둥을 혼자서 짊어지고 옮겼을 정도로 힘이 장사였던 명정 스님이 아홉 살 위인 중광 스님을 제압한 뒤부터 서로 단짝이 됐다. 원광재를 지을 때는 중광 스님이 그려준 학 그림이 큰 도움이 됐다

"중광 스님 가시기 전까진 자주 어울렸지. 공사비가 부족할 때마다 '학 다 날아갔다'고 전화하면 또 학을 보내줘서 전시회를 열고 돈을 마련했어."

명정 스님, 이날 먼저 떠난 스승 생각, 도반 생각에 마음이 많이 눅눅해졌다.

"우리 스님은 사바세계(중생의 세상)를 무대로 연극 한번 멋들어지게 하라고 하셨어. 상황에 갇혀 쩔쩔맬 것 없고, 집착할 것도 없이 한 세상 훨훨 살다 가라는 거지."

경봉 스님은 부부가 찾아오면 이렇게 말했단다.

"유도할 때는 지는 것부터 배운다더라. 서로 의사가 맞지 않을 때라도 서로 양보해야지 이기려는 데서 큰소리가 난다. 서로 지고 양보했다고 해서 자존심 상할 일 있나, 밖에 나가서 체면 손상될 일이 있나…"

미쳐야 통한다

경봉 스님은 생전 삼소굴 벽에 당신의 '좌우명'을 붓글씨로 써서 붙여 놓았다고 한다.

…고운 것은 미워하고 싫은 것은 즐거워하도록 노력하련다. 큰 활용은 미간조차 꿈쩍 않는 것. 야반삼경에 촛불 춤을 볼지어다. (할 말이 있는 이는 10분 이내로 하고 나가도록).

"시봉하면서 하루에도 몇 차례씩 이 좌우명을 봤어. 그중에서도 나는 맨 아래 괄호 안에 덧붙여놓은 말이 그렇게 좋더라고. 이게 아주 깊은 뜻이 담긴 말이거든."

명정 스님은 경기도 김포 부잣집 맏아들로 자랐다. 몇 년 전 스님도 모르게 상속돼 있던 땅에 신도시가 들어서면서 거액의 보상금을 받았단다. 스님은 그 돈에 손도 대지 않고 부산에 포교당을 열고 싶어하는 제자에게 몽땅 줘버렸다.

스님은 "하루 삼시 세때 밥 잘 챙겨먹고 잘 졸고 배설 잘하는 게 제일"이라고 말했다. 잘 조는 게 어떤 거냐니까 "그걸 공부하란 말이다"라며 웃었다.

명정 스님은 중국 춘추전국시대 순자(荀子)의 '막신일호(莫神一好)', 그 한마디를 "늘 허리춤에 차고 다닌다"고 했다.

"어느 한 가지에 확 미치라는 말이지. 하나에 제대로 미쳐서 통달하는 것보다 더 신명나는 일이 어딨냐?"

그날, '야반삼경'에 삼소굴 대문 빗장을 열고 들어가 경봉 스님 방에서 잠자는 '복'을 누렸다. 영축산은 한밤중의 검푸른 먹물을 풀어내고, 깊디깊은 고요 속에 밤새 경봉 스님 '촛불춤'이 삼소굴 종이창에 어른거렸다.

  똑 또르르, 똑 또르르르…. 새벽 도량석 목탁 소리에 개운하게 일어났다. 극락암 차가운 약수를 떠 마시니 머릿속까지 맑아진다. 스님들이 마당을 쓸고 있는 선방 뒤로 산목련 곱게 피었다. 명정 스님은 원광재 툇마루에 걸터앉아서 말없이 영축산 봉우리를 올려다본다. 지금 산목련 향기를 듣는가. 밤새 쌓인 영축산 솔바람을 마음에 쓸어 담는가.

12

남과 경쟁하지 말고
자기 향상해라

고우 스님

고우(古愚) 스님_봉화 금봉암

1937년 경북 고령 출생. 1961년 김천 청암사에서 출가. 1968년 문경 봉암사 선원 재건. 봉암사 주지. 각화사 태백선원장. 전국선원수좌회 공동 대표. 현재 : 조계종 원로의원, 대종사. 봉화 문수산 금봉암 주석.

선, '마음 세탁기'

태백산과 소백산의 딱 중간에 들어앉아 '양백지간'이라고 한다. 경북 봉화 땅 문수산이다. 봉성면 금봉리. 전국에 이름난 금봉 사과가 발갛고 탐스럽게 주렁주렁 매달린 산비탈 과수원길을 쭉 따라 올라가니 거기, 금봉암이 있었다.

불교계 대표적인 선승이며 중도(中道) 설법으로 이름난 고우 스님이 주석하는 곳이다. 스님은 평생을 참선 수행으로 초지일관했다. 무엇보다도 요새 불교계 안팎에 간화선 바람을 크게 일으키고 있는 '스타' 선지식이다.

고우 스님이 2005년 세운 금봉암은 첩첩 준령 문수산 중턱에 높다랗게 올라앉아 전망이 끝내준다. 거기서 스님이 또르륵, 또르륵 따르는 차 맛은 깊고, 곁들여 깎아주시는 사과는 꿀맛이었다. 가을은 깊어서 문수산은 단풍으로 물들고, 사과밭을 지나온 바람조차 사과 향을 실어 다디달았다.

"선(禪)에서 말하는 변함없는 지혜(반야)란 게 세탁기와 같아요. 나와 너, 좋고 나쁨, 있고 없음 같은 분별심과 이기심, 갈등, 대립, 투쟁, 집착이라는 때가 깨끗이 세탁됩니다. 그래서 구름이 걷히니 저절로 해가 비치는 것처럼 마음에 평화가 찾아오죠."

참 그윽한 미소, 그윽한 음성이다. 그 어렵고 추상적인 선을 세탁기에 비유해서 설명하니 얼마나 명쾌하고, 또 신선한가. 그래서 고우 스님이 하는 간화선 법문에는 스님뿐 아니라 일반인들까지 자리를 꽉꽉 채운다. 선을 가볍게 하지 않으면서도 오늘날에 맞게 정제하고 숙성시킨 공로가 고우 스님에게 있다.

사람들은 고우 스님의 법문을 들으면 가슴이 후련해진다고 말한다. 상처 난 마음을 위로받아 이른바 '힐링'이 된다고 한다. 스님이 요즘 한결 적막해진 선풍(禪風)을 새롭게 일으키고 있다.

"부처님이 발견한 '본질'을 줄여서 말하면 연기(緣起), 공(空), 무아(無我), 중도입니다. 말만 다를 뿐 모두 같은 맥락입니다. 그 본질의 세탁기에 넣기만 하면 살면서 갖게 되는 불안한 마음이 몽땅 세탁됩니다. 다시 말해 '나'가 있다는 착각에서 벗어나기만 해도 세상살이의 훌륭한 세탁기를 갖는 겁니다. 때 묻은 옷은 깨끗하게 세탁해야죠."

고우 스님은 누구에게나 존댓말을 쓴다. 젊은 스님을 부를 때도 경상도 사투리로 "시님! 시님!" 하는 게 너무나 소탈하고 다정하다. 온화한 얼굴에 신선 도인풍의 굵고 흰 눈썹이 성성하게 꿈틀거리는 모습이 인상적이었다.

고우 스님이 이끄는 중국 선종 사찰 순례, 인도 불교 성지 순례 길에 따라가기도 했다. 스님이 탄 버스는 그대로 행복한 '이동 법당'이었다. "중생이 깨달아서 부처가 되는 게 아니라, 누구나 본래 부처라는 게 붓다 가르침"이라며 얼마나 자상하게 핵심을 콕콕 짚어주는지 함께 간 십여 명의 기자들이 모두 엄지손가락을 치켜세웠다.

금봉암에서 다시 물어봤다.

"중도가 왜 그렇게 중요한 겁니까."

"불교는 시각을 백팔십도로 바꾸는 생각의 혁명이고, 모두가 행복해지는 공부입니다. 중도는 중간을 취하는 유교의 중용과 달리 이쪽 저쪽은 물론 중간까지 다 초월하는 겁니다. 모두가 평등하다는 거죠. '나'라고 할 게 없다는 마음에서 서로서로 인정하고 함께 더불어 살아가는 지혜가 생깁니다."

이 세상의 모든 존재는 혼자가 아니라 서로 연결돼 있다(연기). '나'라고 할 것도 없고 '상대'라고 할 것도 없다(무아, 공). 일체 만물이 서로 의지해 존재하니까 본질은 평등하다(중도). 이런 설명이다.

"정치인들도 자주 중도를 말하는데요."

"정치인들은 황새 다리 잘라 뱁새 다리에 붙이는 식으로 중도를 말합니다. 긴 것은 자르고 짧은 것은 늘이는 절충은 중도가 아닙니다. 진정한 중도는 평등하고 일체 갈등이 없어요."

닦을 것도 없고, 깨칠 것도 없다

어느 날 영주에서 식당을 하는 사람이 스님을 찾아왔다.
"장사가 너무 안 돼서 걱정입니다."
"손님을 돈으로 보니 그렇죠. 잘 생각해보세요. 식당에 오는 손님은 내 생활에 보탬을 주는 은인 아닙니까. 은혜를 베푸는 사람이 찾아왔다고 생각하고 대하면 달라질 겁니다."
스님이 말 한마디로 그간 돈 벌겠다는 이기심으로만 식당을 하던 주인의 태도를 단번에 바꿔줬다. 지금 그 식당은 종업원 열 명이 일할 정도로 성업 중이라고 한다.
고우 스님이 식당 주인의 예를 든 것은 선을 생활화하고 사회화하면 모두가 행복하게 잘살 수 있는 길이 열린다는 뜻에서다. 노사 간에도 노동자는 기업을, 기업은 노동자를 서로 은인으로 생각하면 갈등을 풀 수 있다는 것이다.
"중도, 무아를 알고 이기심을 버리면 '무한경쟁'이 아니라 더불어 함께 잘살 수 있어요. 너와 나를 가르지 않는 거지요. 그것을 나는 '무한향상'이라고 합니다. 내 생긴 그대로가 부처인데 하는 일에 귀천(貴賤), 고하(高下)가 어디 있어요? 남과 내가 어딨어요? 교만할 것도 열등감 가질 것도 없는 거죠. 그렇게 중도를 이해하면 상대를 위하는 마음이 쌓이고 지혜가 생겨서 인격이 형성됩니다. 그것이 경쟁을 벗어나 무한향상 하는 길입니다. 그걸 모르니까 마냥 좁스런 인생을 사는 겁니다."

고우 스님은 "한 사람 한 사람이 이미 완벽한 존재이므로 위대한 존재답게 위대한 삶을 살고자 하는 것이 선"이라고 한다. '형상'이 아니라 '본질'을 알게 해주는 선을 사회화해 이웃과 더불어 평화롭게 잘사는 사회를 만드는 것이 오늘날 부처의 정신이라고 딱 잘라 말했다.

"스님과 일반인은 다를 텐데, 어떻게 공부해야 합니까."

"스님이나 일반인이나 '내가 있다'는 전제를 깨는, 그 '목적지'는 똑같죠. 방법이 다를 뿐입니다. 어쨌든 수행을 하지 않더라도 이해만 하면 생활이 확 달라집니다. 시각을 중도로 바꿔 어떤 고정관념과 주관, 객관을 깨부순다면 따로 수행할 필요도 없습니다."

그래서 스님의 공부는 돈오돈수(깨친 뒤엔 더 이상 닦을 것이 없다)도, 돈오점수(깨달아도 계속 닦아가야 한다)도 아닌 '무돈무수(無頓無修)'라고 했다. 본래 부처의 입장에서 보면 '닦을 것도 없고 깨칠 것도 없다'는 의미다.

이기심 없으면 많이 가져도 '무소유'

고우 스님은 젊은 날 폐결핵에 걸려 절에 요양하러 갔다가 스물다섯 살 때인 1961년 출가했다. 향곡 스님이 있는 경남 창녕(영산) 묘관음사 선원에서 참선을 하면서 선의 매력에 푹 빠졌다.

1960년대 말에는 십여 명의 도반들과 함께 한국 불교사에 중요한 의미가 있는 문경 봉암사에 들어가 거의 폐허가 된 선원을 다시 일으켜 세웠다. 오늘날 일반인의 출입을 금하고 오로지 참선만 하는 조계종 종립 선원이 되는 기틀을 만들었다.

그 후 17년 동안 봉화 각화사에 딸린 서암에서 살았다. 토굴 같은 암자에서 홀로 지내며 손수 밥하고 빨래하는 생활을 했다. 각화사 태백선원장을 맡아 선원을 오가며 수좌들을 가르쳤다. 그러다가 "칠십 대에는 홀가분하게 살고 싶어서" 여기저기 터를 보러 다닌 끝에 2005년 금봉암으로 수행처를 옮겼다.

고우 스님이 세상에 알려진 게 이 무렵이다. 조계종 중앙신도회 등에서 선의 교과서 격인 〈선요〉〈서장〉〈금강경〉과 성철 스님의 〈백일법문〉 등을 가르치면서 각광받았다. 지금도 부르는 곳이면 어디든 마다하지 않고 달려가 간화선 강의를 한다.

금봉암은 부처님오신날에도 연등을 달지 않는다.

"밖에다 내다는 연등이 무슨 소용인가요. 매일 매일, 일 년 내내 '마음의 등'을 밝혀야지."

금봉암 식구는 단출하다. 그동안 고우 스님과 주방 일을 돕는 보살, 그리고 진돌이와 금돌이라는 개 두 마리가 함께 살았다. 제자를 딱 두 명 뒀지만 공부하라고 선방으로 보내버렸다. 얼마 전에야 행자 한 명을 받아들였다고 한다. 대신 공부가 되겠다 싶은 일반인을 제자로 받아들여 '재가(在家) 제자'가 더 많다.

"이래봬도 내가 성형 수술을 했단 말입니다. 허허허."

스님이 느닷없이 성형 수술 얘기를 꺼냈다.

"내가 젊을 때 폐병을 앓고 해서 아무 때나 짜증내는 일이 많았어요. 에고이스트에 고집이 세고 성격이 불같았어요. 그런데 선 공부로 마음의 성형 수술을 싹 하고 났더니 아주 편안하게 변했어요. 누구나 중도를 이해하고 남의 허물을 입 밖에 내서 말하지 않으면 얼굴까지 복스럽게 바뀐다니까요. 이건 근본까지 뜯어고치는 대단한 성형술입니다."

스님은 마음을 바꾸면 생활 속에서 어렵고 복잡한 문제들이 단순 명쾌하게 해결된다고 했다. 화나고 짜증나는 일이 줄어들어 건강에도 도움이 된다고 설명했다.

"가정과 직장만큼 훌륭한 선방은 없습니다. 늘 어려움이 닥치니까요. 부처님은 똥 푸는 일까지도 고귀하다고 했어요. 자기가 하는 일을 수행이라고 여기고, 생활 속에서 나를 앞세우지만 않으면 유연해집니다. 분노와 미움, 투쟁심 대신 자비와 연민의 마음이 됩니다."

"결국은 자기를 희생하라는 말씀이네요."

"아니죠. 자기희생이 아니라 자기 사랑입니다. 남을 돕는 것이 나를 위하는 겁니다. 남을 미워하는 것은 자기 학대지요."

스님은 부처님 당시의 수다타 장자 이야기를 했다.

수다타는 부자였다. 어려운 사람들을 위해 많은 보시를 했다. 부처님 제자가 되고 싶은데 많은 재산 때문에 부끄러움을 느꼈다. 그런 수다타에게 부처님은 "아니다. 너는 더 가져도 좋다"고 말했다.

"이기심만 없다면 많이 가져도 무소유라는 뜻입니다."

'나'를 바꾸면 날마다 좋은 날

고우 스님은 한국 선불교의 특징인 간화선을 국내는 물론 세계적으로도 널리 알려야 한다고 강조했다. 불교가 이 시대 갈등 해결의 대안이 될 수 있다는 확신 때문이다.

"다른 종교는 모두 창조주를 내세웁니다. 그러나 불교는 연기설(緣起說)을 말하기 때문에 창조주가 모든 존재에 보편돼 있습니다. 그 본질을 이해하면 인종 갈등, 이데올로기 갈등, 민족 갈등, 종교 갈등이 생겨나지 않습니다. 불교는 세상의 갈등과 대립을 치유하는 훌륭한 처방전입니다."

"그 훌륭한 선불교 전통이 고스란히 살아 있는 우리나라인데, 왜 틱낫한이나 달라이 라마 같은 세계적인 스님이 나오지 않습니까."

"그들은 '좋은 일을 하면 좋은 과보를 받는다'는 단순한 인과(因果) 법문을 합니다. 그건 달이 아니라 달을 가리키는 손가락만 보는 것에 불과해요. 독풀을 돌로 누지르는(누르는) 것과 같아서 뿌리를 죽이지 못합니다. 오히려 아집만 키웁니다. 한국 선불교는 훨씬 심오하고 근본적입니다. 본질과 가치를 이해하고 매 순간 좋은 생을 살아야 근본이 변합니다."

"그렇다면 불교 신자들이 믿는 전생의 업과 윤회는 어떻게 받아들여야 하나요?"

"업은 내가 있다는 것을 전제로 한 죄의식이지요. 본질을 이해하는 순간 업은 없어지고 모든 죄의식으로부터 해방되죠. 업은 실재가 아니라 허구이자 착각의 세계입니다. 다른 종교는 원죄가 있다고 주장하지만 불교는 업도 없고 죄도 없는 것입니다."

스님은 불교의 공과 연기가 현대 물리학에서도 입증돼가고 있다고 했다. 세계 물리학자들이 연구 중인 '힉스'라는 입자를 예로 들었다.

"힉스는 질량화될 수는 없지만 다른 에너지와 만나면 물질로 변한다는 점에서 '있는 것도 아니고 없는 것도 아닌' 공의 개념과 일맥상통합니다. 힉스 입자가 발견되면 존재의 형상뿐 아니라 본질도 있다는 불교의 공 개념이 과학적으로 입증되는 셈이죠."

어느새 날이 저물었다. 스님 곁에서 둥근 목침을 베고 단잠을 잤다. 아침 공양 후 금봉암을 나서는데 스님이 손을 꼭 잡고 한마디 더 당부했다.

"따로 먼 데서 도를 구하려 하지 말고 모든 일상생활에서 흔들림 없는 마음을 갈고닦으면 돼요. 무아, 중도의 바른 견해(정견, 正見)로 정(正)과 사(邪)를 구별하면 이기심을 놓을 수 있어요. '사'는 유무에 집착하는 것입니다. 집착과 이기심을 버리면 '날마다 좋은 날(日日是好日)'이 되는 겁니다."

문수산은 마음 따뜻한 문수보살이 사는 산이다. 그 문수산 숲에 단풍색 찬란하고, 산새 까르르 짖고, 바람 불어오고 불어 가는 가을 법문이 한가득이다.

13

부족할 땐
부딪쳐가면서 채워라

광우 스님

광우(光雨) 스님_정각사 회주

1925년 경북 선산 출생. 1938년 김천 직지사에서 출가. 직지사 선전비구니선원, 동화사 부도암, 남장사 관음선원, 대전 세등선원 등에서 참선. 운문사승가대학 학장. 전국비구니회 회장. 현재 : 정각사 회주. 조계종 비구니 명사(明師).

아침마다 '첫 마음'에 다시 묻는다

일제 시대인 1930년대 후반. 막 보통학교(초등학교)를 졸업한 열네 살 이광우 소녀가 경북 상주 남장사에 갔다. 아버지가 계시는 절에서 상급 학교 진학 준비를 할 생각이었다. 남장사 관음선원 선방에 스님들이 나란히 앉아 있었다. 소녀가 관음선원 조실인 아버지 혜봉 스님에게 물었다.

"스님들은 왜 하루 종일 벽만 바라보고 계셔요?"

"광우야!"

"예."

"대답하는 그놈이 무엇이냐? 어떤 놈이 그 대답을 하는 것이냐? 스님들은 대답하는 바로 그놈을 찾으려고 앉아 있는 거란다."

'글쎄, 대답하는 그놈이 내 속에 따로 있나. 그게 도대체 누굴까….'

소녀는 그게 몹시 궁금했다. 혜봉 스님에게 허락을 받아 스님들이 하는 대로 선방 끝자리에 앉았다. 그리고 골똘히 '그놈' 생각만 했다. 상급 학교 진학을 위한 공부가 시시하게 여겨졌다. 신기하게 사미승이 외우는 〈천수경〉을 몇 번 듣기만 해도 줄줄 외울 수 있었다.

소녀는 출가를 결심하고 아버지의 허락을 받았다. 삭발하는 딸에게 혜봉 스님이 말했다.

"지금 이 마음 그대로 평생 중노릇 잘해야 하느니라."

소녀는 눈물을 흘리며 파르라니 깎은 머리를 만졌다.

속가 이름을 그대로 법명으로 쓰는 광우 스님의 출가 인생은 이렇게 시작됐다. 그렇게 승복을 입은 지 벌써 70년을 훌쩍 넘겼다.

'비구니 스님들의 어머니'로 불리는 광우 스님에겐 '최초'라는 수식어가 여럿 따라붙는다. 한국 불교 최초의 비구니 강원 졸업생, 비구니 최초 4년제 정규 대학 졸업자…, 또 한국 불교 비구니 교단을 만든 주인공이다. 한국 불교사 최초로 비구니 최고 법계인 명사(明師)가 됐다. 이만하면 한국 비구니의 '산 증인', '살아 있는 역사'라는 말을 들을 자격이 충분하다.

"할 말도 별로 없는데…."

11월의 갑작스런 한파에 노스님은 독감에 걸리셨다. 워낙 건강체여서 잔병치레라곤 없던 어른이라 제자들 염려가 이만저만 아니다. 스님은 병원 예약 시간에 대야 한다고 재촉하는 제자들을 물리치고 자리에 앉으셨다.

"대답하는 그놈은 찾으셨나요?"

스님이 미소를 지었다.

"지금도 날마다 초발심(첫마음)의 그 마음에 물어보고 살아요. 머리 깎을 때 그 마음 그대로 살고 있는가 하고."

똑 부러지는 말투지만 부드러움과 여유, 친절함이 잔뜩 묻어 있다. 옛날에 수행자들이 그랬다는 것처럼 하루 한 번씩은 깎은 머리를 만져보신다. 첫마음 그대로 살고 있는가, 하고.

아버지 혜봉 스님은 조선 말 궁내부 관리를 지내다가 을사늑약(1905년)으로 나라가 넘어가는 걸 보고 출가한 이름 높은 선사였다. 혜봉 스님의 제자가 고봉 스님이고, 또 고봉의 제자가 미국 등 서구에 한국 불교를 널리 전파한 숭산 스님이다.

한국 불교계엔 혜봉 스님과 광우 스님, 청담 스님과 묘엄 스님, 관응 스님과 명성 스님, 성철 스님과 불필 스님이 부녀(父女) 출가자로 유명하다. 외동딸이었던 광우 스님은 어머니까지 출가해 온 가족이 깊은 불연(佛緣)을 맺었다.

광우 스님은 1940년 남장사 관음강원에 비구니 강원이 열리면서 강원에 들어갔다. 비구니들만의 강원으로는 국내 최초였다. 처음엔 수십 명의 비구니들이 함께 공부했다. 일제가 대동아 전쟁을 일으켜 놓고 조선 땅 여성들을 마구 정신대로 끌고 갈 때였다. 비구니라고 안전할 수 없었다. 정신대를 피하기 위해 서둘러 결혼해서 환속하거나 더 깊은 암자로 숨기 위해 하나둘 흩어졌다.

4년 만에 강원을 마칠 때는 달랑 광우 스님 혼자였다. 그 후 할 수 없이 강원은 문을 닫아서 광우 스님이 해방 전 유일한 비구니 강원 수료자로 기록됐다. 스님은 '근대 비구니계 3대 강백(혜옥, 수옥, 금룡 스님)' 중 한 분인 수옥 스님에게서 〈화엄경〉을 배웠다. 그리고 해방이 됐다.

현대 학문을 공부하고 싶었다. "대학 진학은 환속의 지름길"이라고 주변 어른들이 말렸다. 다행히 은사인 성문 스님과 아버지 제자이며 동국대 교수였던 김동화 박사가 도와줬다. 1952년 스물여덟 살 늦은 나이에 동국대학교 불교학과에 입학했다. 전쟁으로 동국대가 부산 대각사에 옮겨와 있을 때였다. 처음 보는 여승 대학생이니 안팎의 눈총이 따가웠다. 할 수 없이 상고머리에 남자 양복을 입고 다녔다.

"당시 승려 학생은 대부분 대처승이어서 머리를 기르고 다녔지요. 나는 비구니여서 머리를 기를 수 없었어요. 남장을 하고 다니니까 활동하기는 아주 편하더라고요. 내가 남학생인 줄 알고 관심을 갖는 여학생도 있었다니까. 글쎄."

들려주기보다 보여줘라

서울 삼선동 가정집을 뜯어고쳐 정각사를 세운 게 1958년이다. 스님은 비구니로서 도심 포교의 선구자이기도 하다. 정각사에서 불교계 전체로도 흔치 않던 포교 활동을 시작했다. 일요법회, 어린이법회, 중고등학생법회, 청년법회, 일반법회로 나눠 일반 신자들을 모았다.

불교 학자로 이름 높던 김동화, 홍정식, 원의범, 황성기, 홍영진, 김대은 박사 같은 이들이 이곳에서 불교 경전 강의를 했다. 대학생들이 몰려들었다. 삼성그룹 창업주 부인 박두을 여사, 권력자 김재규 씨 같은 유명한 사람들도 찾아와 불교 공부를 했다. 불교계 최초의 문서 포교지로 30년 넘게 계속된 '신행불교' 발행도 이때 시작했다.

광우 스님은 '정각(正覺, 바른 깨침) 운동'의 주창자다. 정각 운동의 수행 지침은 정신(正信, 바른 믿음)과 정행(正行, 바른 행동)이다. 광우 스님 자신이 그렇게 살고, 또 그렇게 가르쳤다.

"불교는 실천이 앞서야 하는 종교입니다. 들려주는 것보다 보여주는 게 중요해요. 정신, 정행은 부처님 법 그대로 따라서 믿고, 깨닫고 행동하는 것입니다."

광우 스님은 선진 교육을 받은 스님답게 불교계 인재를 많이 키웠다. 제자들이 대학엘 가겠다면 두말없이 학비 대주고 유학까지 권했다. 지금 정각사 주지이면서 음악 방송 진행자, 베스트셀러 〈달팽이가 느려도 늦지 않다〉로 유명한 정목 스님, 동국대 서윤길 명예 교수 같은 이들이 스님 제자다. 프랑스 소르본대 박사 호진 스님, 영국 옥스퍼드대 박사 미산 스님도 스님에게 도움을 받아서 공부했다.

"귀한 시줏돈으로 법당을 짓기보다 인재를 키우는 '인재 불사'가 더 중요하고 급한 일이라고 생각했어요."

정각사는 반세기 전 지어진 모습에서 하나도 변한 게 없다. 건물도, 가구도 낡을 대로 낡았다. 의자, 화장실 변기, 캐비닛까지 4, 50년씩 쓴다고 했다. 스님은 1970년대에 산 양치통을 그대로 사용하고 있었다.

제자들은 스님이 티 없이 맑고 소탈한 성품이라고 전해준다. 하지만 수행에는 빈틈없이 철저한 데다 워낙 부지런하고 검소해서 제자들이 어리광 섞인 투정을 할 때가 많다.

무엇보다도 광우 스님이 한 일 가운데 가장 빛나는 건 비구니 교단 창립에 앞장선 일이다. 이것은 스님이 말씀하는 '인재 불사'이면서 불교계에 오랫동안 내려온 남존여비 풍토를 깨부순 '혁명'에 속한다.

일반 세상에서도 여성이 천대받던 시절이었지만 불교계는 그게 더 심했다. '비구니 팔경법(八敬法)'이 시퍼렇게 살아 있었다. 팔경법이란 "100세 비구니라도 새로 계를 받은 비구를 보면 먼저 절해야 한다"는 따위의 여덟 가지로 여승을 차별하는 불평등한 계율이다.

스님이 같은 절 집안 흉이 될까봐 긴 말은 안 해도 설움 많이 당하고, 눈물도 흘렸을 게 뻔하다. 광우 스님은 비구니 스님들의 뜻을 하나로 모으고 시대에 맞게 비구니 스님들의 능력을 키워서 이런 관습을 깨고자 했다. 현재 조계종단 승려 1만여 명 가운데 절반이 여승이다.

"여성, 환경, 평화 등의 문제 해결에 여성의 감수성이 필요한 시대 아닙니까. 이제는 비구니 스님들이 자기 재능을 살려 모든 분야에서 맹활약하는 게 보기에 너무 좋아요. 앞으로 더 많은 비구니 인재들이 사회와 종단의 각 분야에서 훌륭한 일을 할 겁니다."

1971년 '비구니 스스로 달라져야 한다'는 뜻을 모아 처음 만든 단체가 '우담바라회'였다. 그 모임을 '전국비구니회'로 키웠다. 독자적인 비구니 교단 창설은 세계에서도 처음이라고 한다. 두 번째 회장을 맡아 8년을 했다.

늘 자기 '마음 거울'에 비춰봐라

2003년 서울 강남에 세운 전국비구니회관(법용사)은 광우 스님이 아니었으면 불가능했다. 건물을 지을 때 건축비 문제로 어려움이 많았다고 한다. 그래도 끝까지 밀어붙였다.

"조금 부족하다고 해도 중요한 결정을 앞두고 머뭇거려서는 안 됩니다. 일단 부딪쳐가면서 극복해야 합니다. 수행도 그렇게 했습니다. 후회하지 않으려면 때맞춰 중요한 결단을 내려야 해요. 하면 잘될 것이다, 안 되면 후배들이 해낼 거다, 그런 생각으로 했습니다. 세상 사람들도 살면서 인생 전환의 시기라고 판단될 때는 과감할 필요가 있다고 봐요."

스님의 이런 노력은 조계종단 안에서 비구니 스님들을 다시 보는 중요한 계기가 됐다. 이제는 팔경법 같은 전근대적이고 봉건적인 관습은 다 사라졌다.

"지금은 비구와 비구니가 수레의 두 바퀴처럼 잘 굴러가고 있어요. 스님들끼리는 나이 상관 않고 서로 합장해서 인사하면 되는 거고."

종단에서는 2007년 불교 역사상 처음으로 광우 스님을 포함한 일곱 명의 대표적인 원로 비구니 스님들에게 '명사' 품계를 부여했다. 물론 까다로운 자격 심사를 거쳤다. 명사는 비구승으로 치면 대종사에 해당한다.

광우 스님은 2008년 출가 70년에 맞춰 자신의 남다른 출가 사연과 수행, 포교 경험의 평생 발자취를 대담 형식으로 풀어낸 〈부처님 법대로 살아라〉라는 책을 냈다. 이때도 정각사에서는 광우 스님 성품 때문에 작은 소란이 일어났다.

출가자, 재가자(일반인) 제자 200여 명이 호텔에 모여 출판기념회를 열기로 하고 예약과 초대장 발송까지 끝마쳐 두고 있었단다. 출판기념회를 한다는 걸 뒤늦게 알게 된 스님이 "세상 사람들이 다 어려운데 왜 그런 짓을 하느냐"며 제자들을 야단쳤다. 스님은 초대장을 보낸 이들에게 일일이 전화를 걸어 행사 취소를 알렸다.

"항상 깨어 있는 마음으로 늘 자기를 반성하면서 살아야 해요. 참된 마음은 거울과 같아요. 늘 자기 마음의 거울에 비춰서 내가 흠이 없는지 살펴봐야 합니다."

불교에서는 이런 걸 '회광반조(廻光返照)'라고 한다. 자기 마음속의 영성(靈性)과 지혜를 직시하는 것을 의미한다.

광우 스님은 출가 초기 〈법화경해제〉를 하루 만에 다 외워버린 뒤로 쭉 〈법화경〉에 의지해서 살았다. 10년 동안 〈법화경〉 산림법회(절에서 일정한 기간을 정해놓고 하는 법회)를 했다. 부처님이 45년 동안 설법을 하고 나서 "지금까지 가르친 것은 모두 방편에 불과했다"고 말씀한 〈법화경〉은 '대승 경전의 꽃'이다. 스님이 눈을 감고 〈법화경〉 사구게(경전의 사상을 짧은 네 글귀로 표현한 시) 한 구절을 왼다.

모든 진리의 실상은 항상 적멸의 상을 따르니
(諸法從本來 常自寂滅相)
불자가 이같이 도를 행한다면 다음 세상 부처를 이루리라.
(佛子行道已 來世得作佛)

풀이하면, 이 세상 모든 것은 본래부터 스스로 고요하고 청정한 것이니, 이런 이치를 알고 닦고 닦으면 다음 생에는 부처가 된다는 말이다.

"모름지기 부처님 제자라면 자기에게는 엄하고, 다른 사람에게 자비를 베풀어야 합니다. 먼저 자기의 허물부터 봐야 합니다. 그러면 세상 갈등이 확 줄어들 것입니다. 상대라는 것이 뚝 떨어져서 따로 있질 않아요. 부처님 진리의 세계에서 보면 너와 내가 따로 없어요.

남을 나처럼, 이웃을 내 몸으로 여기라는 말입니다."

스님은 "사바에서 살다보면 고락이 따르기 마련이지만, 자기 자신을 확실하게 성찰해서 마음을 깨끗이 만들면 고통도 즐거움으로 바뀐다"고 했다.

"불교에서는 세상은 '불난 집(火宅)'이고, 그 속에 사는 중생은 '고통의 바다(苦海)'라고 했습니다. 이런 사실을 인정하고 살아야 평화를 찾을 수 있어요. 아등바등 집착하는 마음이 사라지기 때문이지요. 진정한 행복은 돈이나 권세로 이뤄지지 않습니다. 마음의 평화를 통해 이뤄진다는 것을 잊지 마세요."

광우 스님은 감기로 열이 올라서 땀을 흘리면서도 이마를 가볍게 몇 번 짚었을 뿐, 기침을 하거나 앓는 소리 한 번 내지 않았다.

14

살펴라
지금 어디 가는가

도문스님

도문(道文) 스님_죽림정사 조실

1935년 전북 남원 출생. 1946년 백양사에서 출가. 흥복사, 마곡사, 극락사, 분황사, 부석사, 실상사, 내장사, 대각사, 고운사, 내장사 주지. 조계종 총무원 교무부장. 현재 : 조계종 원로의원, 대종사. 경주 천룡사, 장수 죽림정사, 네팔 룸비니 대성 석가사 조실. 대각회 회장.

넌 뭐가 그리도 바쁘냐

1969년 초겨울이다. 고등학생이 바쁜 걸음으로 경주 분황사 법당을 빠져나가고 있었다. 주지 스님이 그 학생을 불러 세웠다.

"어디서 오는 길인가?" "학교에서요." "학교에서 오기 전에는?" "집에서요." "집에 오기 전에는?" "……." "그럼 이제는 어디로 갈 건가?" "집에요." "집에 갔다가는?" "학교에 가야지요." "그 다음에는?" 스님의 싱거운 질문이 끝없이 이어졌다. "그 다음에는 죽겠죠." "죽은 다음에는?" "에이, 제가 그것을 어떻게 압니까."

짜증이 날 때쯤 스님이 호통을 쳤다.

"이놈아! 어디서 와서 어디로 가는지도 모르는 놈이 바쁘기는 뭐가 바빠?"

학생은 다음 날로 출가했다. 지금의 정토회 지도 법사 법륜 스님이다. 이날 스승과의 대화는 법륜 스님의 평생 화두가 됐다.

"너는 지금 어디로 가고 있는가."

그 법륜 스님을 출가로 이끈 이가 도문 스님이다. 지금은 전북 장수군 번암면 죽림리 죽림정사 조실이다.

지리산, 백운산, 덕유산이 중첩한 산골짜기 장수 땅 산하에 가을이 절정이었다. 남원에서 장수로 이어지는 국도변에는 구절초와 코스모스가 한창이다. 능선을 따라 이어진 사과밭에는 빨갛게 익은 사과가 꽃처럼 예뻤다.

죽림정사는 백두대간 한복판 장안산 자락 아늑한 터에 자리했다. 도문 스님이 일제 강점기 민족주의 선각자 백용성 스님 생가터에 지은 사찰이다. 오랫동안 파밭으로 방치돼 있던 땅에 절을 짓고, 용성 스님 생가도 복원했다.

대웅전, 용성 스님 생가, 용성기념관, 용성교육관 같은 전각과 건물마다 용성 스님의 게송을 적은 현수막이 내걸려 있다. 죽림정사를 방문하면 누구나 기념관과 교육관에 들른 후에야 도문 스님을 만날 수 있다.

모든 행이 떳떳함이 없고(諸行之無常),
만법이 다 고요하도다(萬法之俱寂).
박꽃이 울타리를 뚫고 나가니(匏花穿籬出),

삼밭 위에 한가로이 누웠도다(閑臥麻田上).

용성 스님 열반송을 읽으며 조실채에 들어섰을 때다. 노장 스님이 자리에서 벌떡 일어나 먼저 절을 했다.
"먼 길 오시느라 고생하시었소."
스님의 느닷없는 행동에 당황해서 엉겁결에 맞절을 했다. 그러나 노스님은 언제 그랬냐는 듯 얼굴 가득 미소를 띤 모습이었다.

도문 스님은 15년에 걸친 '용성 진종조사 탄생성지 죽림정사' 불사를 2007년에 끝냈다. 용성 스님은 3·1 운동 독립선언서에 서명한 민족 대표 33인 중 한 명이다. 불교계 대표로 만해 한용운 스님과 함께 참여했다.

불교 수행자로서도 남다른 업적을 남겼다. 대각사상(大覺思想)을 주창한 사상가, 불교 경전을 한글로 번역한 최초의 역경가, 선농일치(禪農一致)의 참선 수행을 실천한 대선사로 존경받는다.

"용성 대선사의 사상과 가르침을 한자리에 다 모았습니다. 이제 이곳 용성 큰스님의 성지에서 선사님의 민족 사상, 불교 사상을 오늘에 맞게 실천하는 운동이 크게 펼쳐질 겁니다."

도문 스님은 용성 스님의 제자인 동헌 스님의 제자다. 평생 '용성 스님 유훈'을 앞세우는 생활을 했기에 "용성 스님의 아난(붓다의 수족 같았던 제자)"으로 불린다. 도문 스님을 만나면 용성 스님의 탄생부터 출가, 정진, 깨달음, 독립운동, 옥고, 경전의 한글 번역, 찬불가 부르기 운동, 대각교 창설 등 일대기를 끝도 없이 들어야 한다.

"나도 깨닫고 남도 깨닫고, 모두가 깨달아서 깨달음이 충만한 세상을 만들겠다는 '자각각타 각행각만(自覺覺他 覺行覺滿)'이 용성 스님의 대각사상입니다. 그런 대각심(大覺心)을 내면 부처요, 자비심을 내면 보살이요, 번뇌를 내면 지옥이니, 이 모든 것이 마음에서 비롯되는 것입니다."

스님은 대단히 열정적이고 힘찼다. 큰 키에 꼿꼿한 허리로 당당하게 버티고 앉아서 한눈 한 번 팔지 않는다. 젊은 사람에게도 깍듯한 존대어를 쓴다. 목소리는 조실채 100미터 밖에서도 들릴 정도로 '고성능 마이크' 급이다.

"음성이 너무 커서 미안합니다. 용성 스님은 '마음 가는 곳에 부처님이 계시니 그 일과 이치에 불공하라(心處存佛 理事佛供)'고 가르쳤거든요. 질문에 대해 성심성의껏 대답하는 게 그런 불공 아닙니까. 하하하하."

스승이 남긴 열 가지 유훈

도문 스님은 "용성 스님과 '숙세'로부터 맺어진 인연"이라고 했다. 도문 스님 증조부가 용성 스님 후원자이자 친구였다. 도문 스님 부친은 용성 스님의 유발상좌로 독립운동을 했다. 아버지가 일경에 체포

돼 전주형무소에서 옥살이를 할 때 용성 스님이 열두 차례나 면회를 했다고 한다.

도문 스님의 출가는 증조부와 용성 스님의 약속으로 이루어졌다. 용성 스님은 열반 직전 여섯 살짜리 도문 스님을 앉혀두고 증조부에게 당부했다.

"저 아이가 열두 살 되거든 출가시켜야 합니다. 동헌을 은사로, 만암을 계사로 삼도록 내가 일러두었어요."

어른들의 뜻에 따라 도문 스님의 인생은 정해졌다. 용성 스님 유언대로 열두 살 때인 1946년 백양사로 출가했다.

백양사 만암 스님이 이 어린 소년에게 화두를 줬다.

"세상 모든 것이 하나로 돌아간다고 하는데, 그러면 그 하나는 어디로 돌아간단 말이냐(萬法歸一 一歸何處)."

소년은 노스님이 시킨 대로 일주일 동안 꼼짝하지 않고 오로지 화두만 생각했다. 만암 스님이 소년을 불러 앉혔다.

"일러봐라!"

그러자 소년이 말없이 손가락 하나를 쑤욱 내밀었다.

이건 엄청난 '사건'이었다. 만암 스님이 열두 살짜리 소년에게 깨달음을 인가했다는 소문이 전국 사찰에 쫘악 퍼졌다. 소식을 듣고 오대산의 한암 스님이 소년을 데려오라고 했다. 삽시간에 오대산중의 모든 스님네들이 우루루 몰려왔다.

참으로 의젓한 소년이었다. 한암 스님과 노스님들이 빙 둘러앉아 어려운 질문을 퍼붓는데도 조금도 기죽지 않았다. 한암 스님도 소년에게 화두를 줬다.

"부모에게서 태어나기 전에 너는 누구이더냐(父母未生前 本來面目). 이것을 깊이 생각해보고 일 년 뒤에 다시 오대산에 오너라."

그런데 이 소년이 참 엉뚱하고 당돌했다.

"스님! 다시 뵙기는 어려울 것 같습니다."

그때가 1949년이었다. 소년은 "이제 곧 오대산이 불바다가 돼 할아버지 스님을 다시 만날 수 없다"고 말했다. 한암 스님은 소년의 말을 대수롭지 않게 여겼다.

"식(識, 알음알이)이 맑으면 그런 게 보일 수도 있어."

그랬는데 소년 예언대로 이듬해 한국 전쟁이 일어나고 말았다. 한암 스님은 전쟁 통에 상원사를 지키다가 열반했다. 입적 전에 한암 스님이 제자 탄허 스님에게 "나중에 꼭 그 소년을 만나봐라"라고 당부했다고 한다.

이런 인연으로 도문 스님은 월정사에서 6년 동안 탄허 스님을 모시고 공부했다.

용성 스님은 열반 직전 제자 동헌 스님에게 열 가지 유훈을 남겼다. 역대 우리나라 불교 전래지를 성역으로 만들 것, 부처님 주요 성지에 한국 사찰을 세울 것, 백만 권의 불교 경전을 번역해서 나눠줄 것, 백만 명에게 계를 줄 것 등을 글로 적어놓았다.

용성 스님의 독립운동을 철저히 뒷받침했던 동헌 스님은 아흔 살까지 운수납자로 살다가 입적했다. 용성 스님의 '지시사항'은 자연스레 도문 스님의 몫이 됐다.

"용성 스님의 유훈을 읽어보니 그 뜻이 어찌나 창대하고 멋있던지, 일평생 유훈만을 받들며 살기로 결심했습니다."

도문 스님은 1961년부터 그 '유훈'을 실천하는 일에 나섰다. 반세기에 걸친 스님의 노력으로 이제 용성 스님 유훈 사업은 거의 마무리 단계에 왔다.

가야 시대의 경남 창원 봉림산(봉림선당지), 백제의 서울 서초구 우면산(대성사), 신라의 경북 구미 도개면(아도모례원) 등 불교 전래지마다 절을 세우고 성역으로 만들었다. 불경 백만 권을 나눠주고, 백만 명에게 계를 줬다. 부처님 탄생지인 룸비니, 깨달은 장소인 보드가야, 최초로 설법했던 바라나시 녹야원 등 불교 5대 성지에 한국 사찰을 짓는 작업도 진행 중이다.

몇 년 전 네팔 룸비니 국제사원구역에 있는 한국 사찰 대성 석가사를 찾은 적이 있다. 도문 스님이 1995년부터 짓기 시작한 사찰은 법당 건물 높이만 42미터(15층 규모)가 넘을 만큼 어마어마했다. 네팔 최대 규모라는 이 사찰은 완공을 앞두고 있다.

몸뚱이는 생로병사의 허상

스님은 젊은 시절 청소년, 대학생, 군부대 포교에 관심이 많았다. 그렇게 만나 출가시킨 젊은이들이 지금은 불교계와 사회에서 중요한 일들을 하고 있다. 법륜 스님을 유명하게 만든 '즉문즉설'은 도문 스님이 학생들을 모아놓고 질문에 대답했던 방식이다.

도문 스님은 제자 법륜 스님에게 대학 진학을 권했다. 하지만 홀로 대학 교재를 모두 독파하고 나서는 "대학 공부 별것 없어요. 차라리 '도문 대학'에서 공부하겠습니다"라고 할 만큼 법륜 스님은 머리가 비상했다고 한다. 법륜 스님은 현재 죽림정사 주지를 겸하고 있다.

법신 스님은 20년 동안 네팔에 살면서 불사를 총지휘하고 있는 제자다. 1980년대 민주화 운동에 앞장섰던 학담 스님은 서울대 법대생으로 입산했다. 이 밖에도 전 해인사 율원장 혜능 스님, 전통 범패 이수자 법안 스님 등이 도문 스님의 제자들이다.

도문 스님은 "나는 용성 스님의 심부름꾼일 뿐"이라며 항상 스스로를 낮춘다. 그러나 젊은 시절 한 번 문을 잠그고 좌복에 앉으면 며칠이고 밖에 나오지 않을 정도로 수행을 많이 했다고 한다. 미남형인 스님 얼굴에 나 있는 버짐 자국도 나무 아래에서 오랫동안 좌선을 하다가 자외선에 피부가 상해 생긴 '훈장'이다.

"삼라만상이 허상(虛想)이라는 것을 알아야 합니다. 몸뚱이는 생로병사의 허상입니다. 물든 마음(染心)은 한 생각이 나오고 잠시 이어지고 달라지고 없어지는, 그 생주이멸(生住異滅)의 허상이지요. 세계와 우주조차도 이루어지고 존속이 되고 무너지고 공이 되는 성주괴공(成住壞空)의 허상입니다. 그런데 나의 본성은 생사도, 생멸(生滅)도, 성괴(成壞)도 아닌 불가사의한 실체, 형상이 없는 주인공, 그놈이란 말입니다. 허상에 대한 집착을 버리면 그 본성이 밝아집니다."

스님이 눈을 지그시 감았다. 마치 창을 하듯 게송을 읊기 시작했다.

"모든 악을 짓지 마라. 모든 선을 받들어 행하라. 그 마음을 청정히 하여 깨달아라. 이것이 모든 부처님의 가르치심이니라."

이렇게 게송을 노래로 부르는 것은 용성 문중의 전통(가풍)이라고 한다.

도문 스님은 "이제 유훈 사업을 대강 마무리하는 대로 모든 것을 놓아버리고 고요히 수행할 것"이라며 "내가 해보니 너무 힘들어서 제자들에게는 무거운 짐을 맡길 생각이 없다"고 말했다.

"'내가 제일'이란 집착을 버리세요. 마음을 쉴 줄 알면 고요함을 알게 됩니다. 고요함이 극에 이르면 '나'란 놈을 알게 되지요."

도문 스님이 이런 말을 하다가 갑자기 소리를 질렀다.

"모나고 둥글고, 길고 짧은 것을 말해봐아~. 주인공아아~. 너는 누구냐!"

고막이 터져나갈 듯, 엄청난 사자후였다. '무진장(무주, 진안, 장수의 오지를 일컫던 말)'의 첩첩 산에 설핏 단풍이 내리고 있었다.

15

욕망의 잔가지가 무성하구나 이놈!

도견 스님

도견(道堅) 스님_해인사 극락전

1925년 인천 강화 출생. 1944년 오대산 동대 동관음암에서 행자 생활. 1945년 오대산 상원사에서 출가. 조계종 중앙종회의원. 해인사, 대흥사 주지. 현재 : 조계종 대종사. 합천 가야산 해인사 극락전 주석.

만세를 이어가도 항상 오늘

낙락청송(落落靑松)이 울창해도, 눈 쌓이지 않은 겨울 가야산은 황량했다. 가야산 골짜기마다 살을 에는 혹한이 2, 3일 머물고 있었다.

포행 나갔다는 노스님은 좀처럼 돌아오지 않았다. 한 시간이나 지나서야 스님은 산죽 숲 오솔길에서 모습을 나타냈다. 오래전에 앓았던 중풍 후유증으로 몸은 기울고 자세는 불안정했지만, 세월의 때가 반질반질한 지팡이에 의지한 채 내딛는 발걸음은 한결같았다.

해인사 극락전에서 지내는 도견 스님이다. 약속 없이 불청객을 끌어들인 상좌 혜일 스님을 가만히 바라보다가 순하게 웃었다.

"추운데 어딜 다녀오십니까."

"한 물건 들여다보고 오네."

구십 가까운 노승과 제자 사이에 이런 탈속(脫俗)한 인사가 오간다. 평생 수행하면서 정을 쌓은 사제 간에 이런 안부 말고 다른 말이 필요할 것 같지도 않다.

스님은 작달막한 키에 무표정한 얼굴로 섬돌에 천천히 신발을 벗어놓고 방으로 들어갔다. 발목에는 갓 출가한 행자들이나 하는 행전을 치고 있었다.

해인사의 '해인'은 〈화엄경〉 '해인삼매(海印三昧)'에서 나온 말이다. 중생의 번뇌 망상이라는 파도가 다 잦아들면 일체 세계가 있는 그대로 바다에 나타난다는 게 화엄 정신이다.

해인사는 우리 정신문화의 정수이자 세계의 문화유산인 팔만대장경(국보 제52호)을 모신 '법보 사찰'이다. 선승의 결기가 시퍼렇게 살아 있는 해인총림이 있는 우리나라 최고, 최대의 사찰이다.

도견 스님이 머무는 극락전 뒤에는 젊은 수좌들이 참선하는 선방이 있다. 스님이 해인사 부방장 격인 동당(東堂) 수좌로서 해인총림 방장 법전 스님(전 조계종 종정)과 함께 수좌들의 수행을 지도한 것도 아주 오래전 일이다.

이제는 극락전 와선당(臥仙堂)에 딸린 '뒷방'으로 물러나 지내고 있다. 스님 방은 작은 책상과 찻상, 소박한 옷장만으로도 꽉 찰 만큼 비좁다. 외출하는 일도 거의 없다. 노스님은 보기에도 적막한 구석방에서 평생의 남은 시간을 물처럼 바람처럼 보내고 있다.

스님이 스스로 정한 일과는 하루 두 차례의 포행이다. 새벽 3시 도량석 목탁 소리에 맞춰 일어난다. 홀로 아침 공양을 마친 뒤 휘적휘적 길을 나선다. 신새벽의 새소리, 물소리, 바람 소리가 시자(어른 스님 모시는 행자) 대신 뒤를 따른다. 새벽 포행의 첫 행선지는 일주문이다. 일주문에는 이런 주련이 걸려 있다.

歷千劫而不古(천겁을 지나도 어제가 아니고)
亘萬歲而長今(만세를 이어가도 항상 오늘)

함허 선사의 〈금강경 오가해〉 서문에 나오는 말로 스님이 즐겨 암송하는 구절이다. 다음은 '바다와 산이 수없이 바뀌어(多經海岳相遷), 풍운이 변하는 모습 얼마나 보았던가(幾見風雲變態)'로 이어진다. 노스님은 세월이 지나도 항상 똑같이 앞산이 동터 오는 곳에서 이런 시를 외우면서 이 세상 남은 인연을 지우고 있는지도 모르겠다.

스님은 일주문에 서서 해인사 법보전 비로자나 부처님 쪽을 향해 경건히 예배를 드린다. 고려 말 나옹 선사가 오대산 월정사 일주문에서 적멸보궁을 향해 예배했다는 일화를 좇아 오래전부터 해온 일이다.

일주문을 지나면 곳곳에 흩어져 있는 부도탑을 한 바퀴 돈다. 스승 지월 스님과 성철, 자운, 혜암, 일타 스님…. 그분들과 함께 지냈던 날들을 어제의 일로 생생하게 떠올리며 하늘 한 번 쳐다본다.

점심 공양을 마치면 극락전 뒤로 난 오솔길을 따라 올라갔다. 해인사 동쪽 골짜기, 지족암 뒤편에는 일타 스님이 만들었던 토굴이 있다. 극락전에서 1시간 거리다. 요즘처럼 번듯하게 지은 이름만 토굴이 아니라 진짜 토굴이다. 일반인의 출입이 없는 육각형 토굴에서는 가야산과 앞산의 첩첩 산자락이 한눈에 들어온다.

"일타 스님이 내게 토굴을 물려줬어. 하루에 한두 시간씩 토굴에 앉아 본래 마음자리가 어디 있는지 살펴보는 게 내 일이지."

옛 고승들은 도는 어제보다 깊으나 오늘 앞산은 더욱 첩첩할 따름이라고 말하곤 했다. 노스님도 그런 모양이다.

일타 스님은 현대 한국 불교를 대표하는 율사(律士)였다. 스스로 오른쪽 손가락 네 개를 연비(燃臂)할 정도로 비장하게 수행한 것으로도 유명하다. 주로 해인사 지족암에 머물다가 1999년 열반했다. 스님은 일타 스님과 평생 절친한 도반으로 살았다.

도견 스님도 평생 바랑을 걸머지고 선방에 들던 선객이다. 한때는 범어사 선방에서 일타 스님과 함께 오직 화두 타파에 매달렸다. 제주도 고관사에서도 함께 지냈다.

얼마 전 해인사에 갔다가 오랜만에 도견 스님을 다시 뵈었다. 이제는 토굴까지 오르는 산행을 그만두었다고 했다. 대신 절 아래 포행 코스를 두 차례씩 걷는다고 한다. 허리가 거의 ㄱ자로 굽은 모습이었다. 행색도 좀 남루해 보였지만 개의치 않았다. 스님은 일체 희로애락을 거둔 듯한 얼굴로 가야산 자락을 돌고 또 돌고 있었다.

잘못이 잘하는 근본

스님은 강화도 백련사의 신도였던 어머니를 따라 어릴 때부터 절에 다녔다. 철이 나자 무엇엔가 이끌리듯 늘 입산할 궁리만 했다. 열일곱 살 때 지리산으로 도망쳐 영원사, 화엄사, 칠불사를 헤매고 다녔다. 그러나 가난한 시절이어서 절에서도 식구가 늘어나는 것을 원치 않았다. 나중에는 형에게 붙잡혀서 발길을 돌려야 했다.

열아홉 살 때 다시 집을 나왔다. 오대산 동대에 있는 암자 동관음암에서 홀로 수행하는 스님을 찾아갔다. 지월 스님이었다. 훗날 '가야산 인욕(忍辱) 보살'로 스님들의 존경을 받았던 선사다. 인욕이란 참기 어려운 것을 참아내며 남이 하기 힘든 선행을 하는 걸 말한다.

처음 만났을 때 스승은 위아래 가사는 물론 양말까지 깁고 또 기운 누더기 차림이었다. 도견 행자는 자그마한 암자에서 지월 스님과 단둘이 살았다.

스승은 자애롭기 그지없었다. 행자에게 아무것도 시키지 않았다. 공양을 손수 차리고 행자의 목욕물을 데워줬다. 목욕하고 나오면 벗어놓은 옷을 깨끗이 빨아놓기까지 했다. 철마다 짚세기도 새로 삼아줬다. 그래서 모든 스님들이 다 그렇게 사는 줄만 알고 편하게 지냈단다.

어느 날 스승의 도반이 찾아왔다가 이런 모습을 보고 호통을 쳤다.

"이런, 고얀 놈! 행자란 녀석이 은사 스님께 빨래를 시켜?"

그 스님에게 시봉하는 법을 처음부터 다시 배웠다.

한 번은 산꾼이 더덕 한 보따리를 쌀과 바꿔 달라고 찾아왔다. 스승은 얼마 남지도 않은 쌀을 전부 퍼 줬다. 더덕만 씹으며 그 겨울을 났다.

어느 날 〈천수경〉을 외우다가 밥을 태워먹은 일이 있었다. 지월 스님께 사실대로 말하고 용서를 빌었다.

"괜찮다. 잘못을 해야 앞으로 잘할 수 있지."

동관음암 시절, 몸은 고단했지만 마음은 참 넉넉하고 평화로웠다고 했다.

도견 스님은 그 시절 스승의 가르침을 잊지 않고 '잘못하는 것은 잘할 수 있는 근본'이라고 제자들에게 늘 말해준다. 잘못을 전화위복의 계기로 삼는 것이 지혜라고 한다. "자신의 어리석음 스스로 아는 이가 애벌레 나비 되듯 슬기로운 사람"이라는 말이 〈출요경〉에 있다.

동관음암에서 오대산 상원사로 옮겨 한암 스님에게 3년간 경전을 배웠다. 스님은 처음에 공부를 잘 따라가지 못했다고 한다. 한암 스님은 "너는 전생에 글 하는 소리조차도 못 들은 사람이다. 그러나 자꾸 하다보면 과거의 것이 희미해지고 새로 하는 것이 익숙해지는 법이니까 열심히 해야 한다"고 가르쳤다. 그 후 공부에 뚜렷한 진척을 보이자 한암 스님은 "우리 집안에 불종자가 하나 들어왔다"고 기뻐했단다.

그 시절 한암 스님에게 배운 〈금강경〉은 스님의 일생 수행 지침서다. 스님 방 탁자에는 언제나 〈금강경〉이 펼쳐져 있다. 〈금강경〉 1,000여 권을 찍어 해인사 율원 스님들과 제자, 신도들에게 나눠주기도 했다.

"〈금강경〉에서 가르친 대로 시간의 토막도 없고, 큰 것도 작은 것에 포함되고, 작은 것도 큰 것에 포함되는 자유자재의 그 '한 물건'을 평생 찾고 있어."

스님은 해인사 일주문의 글귀와 함께 〈금강경〉 '사구게'를 즐겨 암송한다.

일체유위법 여몽환포영 여로역여전 응작여시관

(一切有爲法 如夢幻泡影 如露亦如電 應作如是觀)

'모든 현상이 꿈(夢), 헛것(幻), 물거품(泡), 그림자(影), 이슬(露), 번갯불(電)과 같으니 변치 않는 진리를 바로 보아야 한다'는 내용이다.

누구나 제 앞의 일로 수행하며 산다네

스물다섯 살 때 오대산을 떠나 해인사 선방에서 3년 결사에 들어갔다. 스물일곱 살 때 대구 동화사에서 3년, 서른 살 때 부산 범어사에서 3년을 작정하고 선방에 들었다.

그러나 전쟁으로, 화재로, 또 다른 사정으로 세 차례 다 마무리를 짓지는 못했다. 마흔 살이 되어서야 송광사에서 3년 결사를 온전히 마쳤다. 선방 시절 해인사의 효봉 스님과 청담 스님, 범어사의 동산 스님, 송광사의 구산 스님, 통도사의 경봉 스님 같은 선지식들에게 배웠다.

1967년 해인사에 총림이 설립되면서 지월 스님이 주지를 맡게 되자 스승을 따라 아주 해인사로 옮겨 왔다.

해인사에서 스승 지월 스님의 '자비행'은 유명했다. 누구를 만나도 먼저 합장하고 90도로 고개 숙여 인사하고 꼭 존댓말을 썼다. 행자나 어린아이에게도 똑같았다. 언제나 젊은 스님들의 손을 잡고 부처님 계율을 어기지 말라고 간곡히 당부했다. 해인사에는 평생 가야산 '산감'을 자처하며 오직 스스로를 낮추고 살았던 지월 스님의 일화가 숱하게 전해진다.

도견 스님도 스승을 닮아 늘 겸손하고 근검절약과 계율을 강조한다.

"번뇌 망상과 욕망을 잘라내야 해요. 숲속에서 나무를 옮기는 이치를 생각해보세요. 가지를 모두 쳐내고 나무둥치를 만들어야 걸리는 거 없이 주르륵 끌려 내려오잖아요. 욕망의 잔가지를 쳐내야 마음이 나무둥치처럼 단단해지고 생활이 건강해집니다. 사람은 누구나 저마다 자기가 하는 일로 수행하는 거니깐."

참 부드럽게 말씀하시지만 한 방 단단히 내리치는 죽비 소리 같다.

'욕망의 잔가지가 무성하구나. 이놈!'

스님의 제자 10여 명 가운데 해인사 율주 종진 스님과 백양사 율주 혜권 스님 같은 대표적인 율사들이 배출된 것도 스님의 가르침이 큰 힘이 됐다. 상좌 혜일 스님은 "평소 큰소리 내는 모습을 볼 수 없을 만큼 자비로운 성품이지만 계율을 지키는 데 조금이라도 소홀하면 당장 가사를 반납하라고 혼내신다"고 말했다.

절집의 스승은 많다. 서릿발 같은 선기로 후학을 다그치는 스승이 있고, 원만함으로 맺힌 마음을 풀어주는 스승이 있다. 도견 스님은 그저 한없이 낮추기만 하는 하심과 근검절약을 보여주는 스승이다.

어느새 가야산 일대에 어둠이 내렸다. 해인사는 큰북 소리로 하루를 닫고 있었다. 뒷방 노스님은 말을 거두고, 그저 조용한 미소를 짓는다. 한 번도 움직인 적 없던 것처럼, 한마디 말도 하지 않은 것처럼.

16

놓아라, 비워라, 쉬어라

무여 스님

무여(無如) 스님_축서사 문수선원장

1940년 경북 김천 출생. 1965년 오대산 상원사에서 출가. 동화사, 송광사, 해인사, 관음사, 칠불사, 망월사 등 전국 선원에서 참선 수행. 칠불사, 망월사 선원장. 조계종 기초선원 운영위원장. 1987년부터 축서사 주지. 현재 : 봉화 문수산 축서사 문수선원장. 전국선원수좌회 대표.

마음으로 아는 것이 지혜다

생사와 윤회에서 완전히 벗어나고 싶은 이들이 세속 욕망을 버리고 입산한다. 그런 용기가 없는 우리는 직장일, 집안일의 스트레스에 찌들어 몸과 마음이 엉망진창인 채로 하루하루 산다. 세상 일 모르쇠 하고 산중으로 도망치고 싶을 때가 한두 번 아니다.

그렇게 말을 꺼냈더니 무여 스님이 조용히 웃으셨다.

"허허…. 그렇게 보입니까. 산중에 있든, 세속에 있든 가는 길은 똑같아요. 이 세상 모든 곳이 다 도량(道場)이고, 모든 것이 다 수행인 것을…."

경허 스님의 선시 중에 이런 구절이 있다.

세상과 청산은 어느 것이 옳은가(世與靑山何者是).

봄볕 있는 곳에 꽃피지 않은 곳이 없구나(春光無處不開花).

"그렇다면 뭣 하러 출가를 합니까."
"우리 개개인이 본래 부처이고, 주인이라는 걸 좀 더 확실히 공부하고 깊게 체험해서 그걸 다른 사람에게 알려주는 지도자랄까, 전문가랄까. 다만, 세상 사람들은 지식을 쌓고 스님들은 지혜를 쌓지요. 지식은 책 보고 아는 거고, 지혜는 마음으로 아는 겁니다. 하지만 지혜도 지식이 바탕입니다. 스님들 중에도 지식에 그치는 경우가 많고, 세상에 지혜를 아는 사람도 많잖아요."

찬 겨울 신새벽부터 서두른 먼 길이었다. 교통이 사통팔달로 뻥뻥 뚫린 오늘에도 여전히 산중 오지로 남아 있는 곳. 경북 봉화 땅 문수산 축서사에 또 한 분의 선지식, 무여 스님이 산다.

"스님은 그 지혜를 다 쌓았나요?"
"혜은이, 여기 차 한 잔 가져다주게."

제자 스님이 조용한 발걸음으로 내온 국화차 향기가 맑다. 창호 문 밖에는 난분분 난분분 흰 눈 날리고, 마침 풍경이 뗑그렁 뗑그렁 하고 운다.

노스님의 부드러운 목소리와 따스한 미소가 눈 덮인 겨울 산사의 고요를 더 깊게 만든다. 조주 선사 '차 한 잔' 얻어 마시는, 그런 풍경이다.

태백산 줄기와 소백산 줄기가 합쳐지는 첩첩 산 한가운데 해발 1,206미터로 우뚝 솟은 문수산. 그 품속 아늑하고 양지바른 자리에 축서사가 들어앉아 있다. 뒤로는 가파른 산세를 병풍으로 두르고, 앞에는 눈 닿는 곳마다 태백 소백의 막막한 산줄기들이 아름다운 설경으로 물결친다.

무여 스님은 여유 있는 집에서 많은 책을 읽고 '인생'에 대해서 깊이 생각하는 아이로 컸다. 대학에서는 경제학을 전공했다. 군에서 제대한 뒤 남들이 부러워하는 직장에도 잠깐 다녔다. 그런데 '그냥 이렇게 살다가 죽는 거 아닌가'라는 회의가 떠나질 않았다. 우연히 들른 서울 조계사에서 〈반야심경〉 강의를 들은 것이 불교와 첫 인연이 됐다. 불교 책을 읽고 불교 철학에 조금씩 빠져들었다.

직장 생활의 답답한 마음을 달래보려고 해인사의 한 암자에서 일주일을 지냈다. 거기서 자연스레 출가를 결심했다고 한다. 오대산 상원사에서 희섭 스님에게 머리를 깎았다.

오대산으로 떠나기 전 마지막으로 고향집에 갔다. 종갓집 종손이 입산을 하겠다니 집안이 발칵 뒤집혔다. 편지 한 장 써놓고 새벽에 조용히 빠져나왔다. 그 후 어머니가 절로 찾아와 한 번 뵈었을 뿐, 다시는 집에 발걸음도 하지 않았다.

중국의 혜가 선사는 왼팔을 잘라 달마 선사에게 바치고 나서야 제자가 됐다. 양산 선사는 열네 살 때 손가락 두 개를 잘라 부모에게 바치면서 "부모님 은혜를 저버리지 않고 수행하겠다"고 간청해 뜻을 이뤘단다.

"출가는 그만큼 간절한 마음이 있을 때 하는 겁니다. 그걸 불교에선 발심이라고 합니다. 내가 반드시 이 우주와 인간 생로병사의 근본 진리를 깨닫고야 말겠다는 큰마음을 내는 거지요. 한 번 자알 생각해 보세요."

'무여'는 탄허 스님이 지어주신 법명이다. '천상천하 무여불(天上天下 無如佛)', 세상에 부처님만 한 진리가 없으니 부처님처럼 살라는 당부가 담겼다.

말과 행동과 생각이 바로 자기 인생

"상원사 김치가 짜냐, 강릉 바닷물이 짜냐"는 우스갯말이 있던 시절, 나무 하고 불 때고 공양 지으며 절집 이력을 쌓은 뒤로는 거의 선방과 토굴에서 살았다. 오직 '이 뭣고' 화두 참선에만 매달렸다.

강원도 명주군의 토굴에서 한 노스님과 함께 일 년 반을 살았다. 말도 끊다시피 했단다. 홀로 오대산 북대에서 2년 동안 살 때는 토굴 바깥으로 한 발짝도 나가지 않았다. 세수, 청소는 물론 옷도 갈아입지 않았다.

"간화선은 불교가 인류에게 준 최고의 마음공부, 명상 수행법입니다. 화두에는 옛 스님들이 깨칠 때에 벌어졌던 여러 가지 상황과 인연과 가르침이 다 들어 있어요. 진리는 세상이 아무리 바뀌어도 변할 수 없죠. 화두는 인생 전체, 우주 전부를 걸고 풀어야 하는 문제, 과제물이라고 할 수 있어요."

화두라는 게 너무 낡고 오래돼서 요즘 생활에는 맞지 않는 거 아니냐는 물음에 스님이 내놓은 대답이다. 조계종은 선의 현대화, 세계화, 대중화, 일상화를 내세워 참선 수행의 기본 안내서가 되는 〈간화선〉, 〈선원청규〉 같은 책을 펴냈다. 무여 스님을 비롯해 고우, 혜국, 의정 스님 등 한국 선불교의 구심점 역할을 하는 선승들이 이 작업에 참여했다.

"문명이 발달하고 세상이 복잡해지면서 사람들의 갈등과 애착과 번민은 더 커졌습니다. 그래서 정신적 돌파구를 찾고 있지요. 앞으로 선에 대한 관심은 더 커질 거라고 봐요. 화두는 마음의 병을 치료해주는 지혜의 횃불이니까요."

그 화두가 수천 개가 있지만 결국은 하나로 귀결된다고 했다.

"도대체 '나'란 누구냐는 거지요. 출가하지 않더라도, 또는 가부좌를 틀지 않더라도 그걸 끊임없이 물어보면서 자기의 내면을 들여다보는 마음공부를 계속하면 스님 못지않게 선의 맛을 느낄 수 있습니다."

스님은 '나는 누구냐?' 그걸 늘 퀘스천 마크 붙여가면서 자신에게 물어보라고 했다. 처음엔 "가마솥에 물 끓듯이" 이런 생각, 저런 생각이 일어난다. 마음이 한곳에 집중되기 시작하면 점점 고요한 상태가 된다. 그러면서 아주 편안한 마음, 진짜 행복감을 느끼게 된다는 것이다.

"그게 일상화돼야 해요. 그것이 바로 선의 시작이자, 선의 생활화고, '이 뭣고' 화두의 초보 단계지요."

스님이 앉은 자세를 고쳐주면서 참선을 하는 기초적인 들숨과 날숨 호흡법을 가르쳐줬다. '숨을 들이쉬리라' 하고 숨을 들이쉰다. 마찬가지로 '숨을 내쉬리라' 하고 마음을 다지면서 내쉬는 식이다.

축서사는 의상 대사가 부석사를 세우기 3년 전에 창건한 신라 고찰이다. 뒷산이 풍수지리에서 독수리(鷲, 축) 형국이어서 축서사라고 했다. 불교에서 독수리는 지혜를 상징한다.

산 이름인 문수 또한 부처님의 제자 가운데 지혜가 으뜸이라는 보살이다. 축서사에서 기도하면 한 가지 소원은 반드시 이루어진다는 속설이 전해진다.

무여 스님이 축서사로 온 건 1987년이다. 축서사는 원래 규모가 엄청나게 컸다. 몇 차례 불이 나서 대웅전만 남고 잿더미가 됐다고 한다. 해방 후 조금씩 규모를 늘려가다가 무여 스님이 와서 축대를 고쳐 쌓고 전각들을 다시 세웠다. 절 한가운데 석가모니 진신사리 112과가 안치된 불탑이 있다. 두 과는 축서사 괘불탱화를 조사하다가 발견했다. 나머지는 버마의 선원에서 기증받았다고 한다.

무여 스님은 축서사를 참선 전문 사찰로 만들었다. 날마다 2시 30분에 일어나 새벽 예불을 마치면 곧장 문수선원 선방으로 간다. 문수선원에 들어온 스님들은 무조건 다섯 달 동안 하루에 열일곱 시간 이상씩 앉은 채로 참선해야 한다. 스님의 지도 방침이 그렇다.

재가자(일반 신자)들의 참선 수행도 활발하다. 불교 대학을 열고 일반인들의 수준에 따라 초보, 중급, 고급으로 나눠 단계별로 가르친다.

"경전은 인생록으로 봐도 틀리지 않습니다. 윤리, 인문, 철학이면서 한 말씀 한 말씀이 세상살이의 지침이지요. 행복으로 가는 '지혜'가 무궁무진하게 담겨 있어요. 불교는 책임과 지혜, 자비의 종교입니다. 말과 행동과 생각까지도(因) 그에 따르는(果) 상(福)과 벌(業)이 분명합니다."

내가 하는 모든 말과 행동이 바로 자기 인생이라는 걸 명심해야 한다. 짧은 순간이지만 그것이 바로 일생의 한순간이다. 그래서 행주좌와 어묵동정(行住座臥 語默動靜, 걷고, 머물고, 앉고, 눕고, 말하고, 침묵하고, 움직이고, 그대로 있는 모든 일) 어느 때에도 흔들리지 않는 선이 절실하다. 스님은 그렇게 말했다.

세상 파도만 한 수행처가 없다

"선을 모르면 남의 집 머슴살이하듯 살게 돼요. 선을 통해 '나'에 대한 확신이 서면 지혜로 마음이 밝아지고, 세상을 바르게 보고, 옳게 살아갈 수 있어요. 그게 인격의 완성이지요. 인격자는 인간을 차별하지 않고, 남을 위하는 길을 갑니다. 그래서 개인과 세계에 평등, 평화를 가져오는 길이 불교에 있단 말입니다."

그런 얘기들이 2007년 펴낸 법문집 〈쉬고, 쉬고 또 쉬고〉에 담겨 있다. 스님은 선은 곧 '쉼'이라고 한다. 책에는 '쉰다', '놓는다', '비운다'는 말이 숱하게 나온다. 생활의 단순화가 그 포인트다.

"외형적으로 성공한다고 해도 마음은 괴로운 겁니다. 잘 쉬지도 못하고 비우지도 못하잖아요. 음식을 빨리 먹으면 맛을 몰라요. 일을 급히 하면 망칩니다. 돈이나 명예나 권세 같은 세속적인 것에서 행복을 찾으면 그건 가짜란 말이지요. 욕심으로 움켜쥔 주먹을 쫙 펴야 해요. 물질적 풍요와 편리로는 절대 도달할 수 없는 마음의 고요와 참된 행복이 마음을 쉬고, 놓고, 비우는 것에 있어요."

"그러다가 경쟁에서 뒤처지고, 무능한 가장이 되면 어쩝니까."

"게으른 것과는 달라요. 헐떡거리는 마음을 쉬라는 뜻입니다. 모든 순간에 깨어 있으면 생활도 짬지고, 알뜰하고, 빈틈없어집니다. 주어진 자리에서 최선을 다하기 때문입니다. 자기 목소리를 낮추고 남의 이야기에 귀 기울이는 것만 해도 훌륭한 마음공부지요. 가구, 옷, 아파트가 아니라 사람이 고급화되어야 해요. 마음을 고급스럽게 쓰는 사람이 많아야 살기 좋은 세상이 됩니다."

스님은 "세상 파도(세파)만큼 좋은 수행은 없다"고 한다. 악지식(나쁘게 가르치는 스승)도 반면(反面)의 스승이다. 생활과 생각을 단순화하는 습관을 들이면 마음과 힘이 집중돼서 일과 생활에 활력을 얻는다고 했다. 딱히 불교 신자가 아니어도 상관없다.

"마음이 올바르고 당당하면 마음의 껍데기인 육체는 자연히 건강해집니다. 쾌락이나 놀이에서 찾는 즐거움이 진짜 행복은 아니죠. 절에는 초롱초롱한 정신으로 앉은 채 돌아가시는(坐脫立亡) 분들 얘기가 많잖아요. 맞춤형 죽음이지요. 그렇게 생사를 마음대로 하기는 어렵지만 선을 하면 적어도 죽음이 닥칠 때 안락함을 느끼니 그게 진정한 안락사지요. 그렇게 되려고 훈련하는 게 선입니다."

축서사에 내린 눈 하얗게 쌓였다. 좋다! 마음 또한 눈부신 설경이다. 스님이 아무리 말려도 이런 깊숙한 '청산'에 단속(斷俗)하고 들어앉고 싶다. 뗑그렁, 풍경 소리 한 잎에 마음 하나씩 깨끗하니 닦으며 살고 싶다.

17

꽃이 좋으면
열매도 좋다

이두스님

이두(二斗) 스님_관음사 회주

1929년 강원도 김화 출생. 1951년 법주사에서 출가. 성균관대 철학과 졸업. 1971년 갑사 주지, 1978년 법주사 주지. 1983년부터 청주 관음사 주석. 인도 팔리대 철학박사. 조계종 원로의원. 현재 : 조계종 대종사. 시인. 청주 관음사 회주.

산 속에서 산을 보는 법

1960년대 초, 머리를 빡빡 깎은 삼십 대 초반의 사내가 광주 외곽 거지 소굴에 나타났다. 유도로 닦은 싸움 실력으로 신고식을 치른 뒤 걸인들과 한 패가 됐다. 두 달 남짓 누더기 옷을 걸치고 노숙을 하며 빌어먹고 지냈다.

어느 날 거지 굴에서 사라진 사내는 엿장수가 되어 나타났다. 리어카를 끌고 엿가위를 두드리며 시골 장터를 떠돌았다. 그러나 '엿장수 맘대로' 엿을 툭툭 끊어주는 후한 인심 탓에 손해만 보고 손을 털었다. 그 다음에는 넝마주이 패와 어울렸다. 어느새 '똘마니'들을 거느리고 넝마주이 대장 노릇을 했다. 당시 전라도 땅 주먹, 거지, 넝마주이 중에 이 사내를 모르는 사람이 없었다.

사내는 1년 동안 이런 밑바닥 생활을 하다가 장성 갈재라는 곳에 찾아들었다. 그곳에 땅 2,000평을 사서 흙집을 지었다. 중학교에 진학하지 못한 아이들을 모아 천자문, 주산, 부기를 가르쳤다. 아이들이 점점 늘어나자 '능인교민원학당'을 세웠다. 400명 넘는 아이들이 이곳에서 글을 깨쳤다. 흙집을 지은 지 6년, 사내는 광주의 한 유학자에게 학당을 맡기고 홀연히 그곳을 떠나갔다.

청주 관음사 회주 이두 스님이다. 스님은 구도(求道)를 위해 그런 만행(萬行)을 하면서 세속의 밑바닥 삶을 뼛속 깊이 체험했다. 삼십 대를 그렇게 보냈던 스님은 이제 팔십 대 중반의 노스님이 됐다. 지금은 30년 가까이 충북 청주시 상당구 우암동에 있는 도심 사찰 관음사를 지킨다.

관음사는 청주대학교 뒤편 우암산 중턱에 있다. 고려 초기 계향사(桂香寺) 폐사지에 있던 작은 절을 스님이 청주의 중심 사찰로 일궜다. 청주 시내와 무심천이 한눈에 들어올 만큼 전망이 좋은 절이다. 고색(古色)은 없어도 숲이 우거지고 온갖 꽃들에 둘러싸여 아주 안온한 분위기다.

이두 스님 방은 계향사(桂香舍)라는 요사채에 딸린 '석수실(石壽室)'이다. 만면에 미소를 띠고 반갑게 부여잡는 스님의 손이 참 따뜻했다.

"살 만한 세상은 남의 잘못을 덮어주는 심덕(心德)이 있는 세상이지요. 지금 우리 사회가 혼란스러운 것은 남의 잘못만을 탓하면서 자신의 목적과 주장을 관철하려는 이기심 때문입니다. 인간 사회의 갈등은 모두 탐심에서 비롯됩니다. 욕심은 습관입니다. 나쁜 습관은 딱 끊어버려야지요. 욕심만 버리면 마음이 저절로 청정해지고 주위까지 환해집니다."

스님은 오래전 두 번이나 뇌졸중으로 쓰러졌다가 회복했다. 그 후 유증이 남아 있어서 말씀이 좀 어눌하고 귀도 어둡다. 금방 피곤을 느끼는 눈치였지만 맑은 웃음을 잃지는 않으신다. 노스님 말씀의 요점을 상좌인 현진 스님(관음사 주지)이 잘 정리해줬다.

이두 스님은 '장이두'라는 이름으로 세간에도 널리 이름을 알린 서정 시인이다. 1980년대에는 '현대문학', '시문학' 같은 문학지에 스님의 시가 자주 실렸다. 문단의 평가도 아주 좋았다. 그동안 시집 〈겨울 빗소리〉, 〈목련송〉, 산문집 〈산 속에서 산을 보는 법〉 등 20여 권의 책을 냈다. 스님 법명은 정월(精月). 필명으로 쓰기 시작한 '이두'가 법호가 됐다.

석수실은 시인의 방답게 객실 겸 서재를 따로 꾸몄다. 한쪽 벽 책꽂이에는 시집 등 문학서, 다른 한쪽은 불교 경전들이 가득 꽂혀 있다. 산사에 살면서 '산 속에서 산을 보는 법'에 도통(道通)해선지 스님 시에는 유독 산과 꽃, 비를 노래한 작품이 많다.

사양(斜陽) 속 초당

깊이 잠들고

내 뜻을 아는 산새
창문 밖에서 운다.
　-시 '초당(草堂)'에서

겨울날 비가 나리는 추억(追憶) 속에
남아 있는 빗소리는 따라와
지금 오는 빗소리와
마주 닿아 부서지는구나.
　-시 '겨울 빗소리'에서

산에 살면 산객이 되니 가나오나 산이다.
하늘이 드높으면서 산도 따라 깊은데
어느덧 산인이 되어 꿈도 삶도 산 냇물소리.
　-시 '산인(山人)'에서

"자연의 이치로 부처님의 뜻을 드러내 보이려고 글을 씁니다. 현대 시로 쓰인 게송이라고 할까. 옛날 소동파가 '시냇물 소리가 곧 설법이거늘(溪聲便時廣長舌), 산 빛이 어찌 청정한 법신이 아니랴(山色豈非淸淨身)'라고 읊은 것과 같아요. 하지만 은사 스님이 계시면 '모호한 말로 하는 필선(筆禪)은 선이 아니다'라고 불호령이 떨어질 판입니다."

관음사 곳곳에는 진달래, 개나리, 산수유, 복사꽃, 자목련, 해당화가 만발했다. 탱자꽃, 명자꽃(산당화), 자귀꽃이 릴레이로 피어날 준비를 하고 있다. 스님이 창밖에 활짝 핀 복사꽃을 보면서 고개를 끄덕이신다.

"암, 꽃이 좋아야 열매도 좋지…."

그 무겁던 '쌀 한 섬'

이두 스님은 실향민이다. 해방 후 고향인 강원도 김화가 삼팔선 북쪽 땅이 되면서 가족들과 함께 월남했다. 형님은 김구 선생을 따르는 민족주의자였다. 문학 소년이었던 스님은 학도병으로 한국 전쟁에 참전했다.

사선을 넘나들다가 경주 부근 안강 전투에서 붙잡혀 포로가 됐다. 친하게 지냈던 전우가 사살되는 것을 목격하기도 했다. 후퇴하는 인민군 대열에서 가까스로 탈출해 집에 돌아왔다. 지칠 대로 지친 심신을 이끌고 계룡산 갑사를 찾은 게 1951년이다. 금오 스님 상좌 탄성 스님이 "남을 이기는 공부를 할 끼고, 자신을 이기는 공부를 할 끼고?"라고 물었다. 이 말에 정신이 번쩍 들었다.

탄성 스님 소개로 금오 스님을 처음 만나는 순간 "그분의 범상치 않은 기운에 이끌려" 출가에 대한 확신을 굳혔다. "넓은 이마와 우뚝 선 코, 넓게 벌어진 턱이 달마 대사 같은 인상"이었던 금오 스님이 물었다.

"쌀 한 섬을 능히 지고 밤을 샐 수 있겠느냐?"

"예."

그렇게 해서 금오 스님의 제자가 됐다. 열아홉 살 때였다.

금오 스님은 호랑이라는 별명답게 매사에 철저하고 수행에 엄격했다. 제자들에게는 항상 검소한 생활과 절약 정신을 강조했다. 출타할 때는 기름병에 표시를 해두고 돌아와서 확인할 정도였다.

단 둘이서 대구의 한 토굴에서 살 때다. 하루는 큰스님이 안 계실 때 다른 어른 스님들이 찾아왔다. 국수와 나물 반찬을 만들다가 참기름을 너무 많이 넣고 말았다. 불호령이 떨어질 줄 알았는데 "그래, 맛있게 먹었느냐?" 한마디 던지고는 끝이었다.

직지사 천불선원에서 용맹정진을 할 때 참선 중에 잠깐 졸았다. 어떻게 알았는지 스승이 법당 뒤로 불렀다. "이 녀석아, 잘 것 다 자고 졸 것 다 졸면서 뭘 하겠느냐"며 사정없이 몽둥이로 팼다.

"악이 바치더라구."

스님은 꼿꼿이 앉아서 열흘 밤낮을 끄떡없이 버텨냈다. 그 일로 '쌀 한 섬'은 물리적 무게를 뜻하는 게 아니라는 걸 알았단다.

"금오 스님이 등에 얹어준 쌀 한 섬은 번뇌와 망상의 무게지요. 번뇌 망상의 소멸만이 업장에서 벗어나는 유일한 길이라고 가르쳐주신 겁니다."

의지할 것은 자신뿐!

대구 용현사 하안거 해제 법회에서 "불국토가 아닌 곳은 없다. 깨치지 못하면 극락도 사바가 되는 것이다"라는 그곳 어른 스님의 법문을 듣고 만행을 결심했다고 한다.

스님의 스승인 금오 스님도 젊은 시절 전주에서 걸인 만행을 했다. 이두 스님이 거지로, 엿장수로, 넝마주이로 살았던 것 또한 스승의 구도 정신을 그대로 배우기 위함이었다.

석수실에는 금오 스님의 사진이 모셔져 있다. 사진 아래 작은 불상과 향로, 촛대가 있다. 스님은 아침저녁 예불 후 사진 앞에서 예를 올린다. 길이 혼미할 때마다 '쌀 한 섬'의 무게를 생각한다.

노스님의 평생 수행은 맑은 시심(詩心)과 만행을 마다않는 치열한 구도심(求道心)으로 다듬어졌다. 갑사와 법주사의 주지를 맡았을 때는 활달한 성격과 친화력으로 절의 문턱을 낮췄다고 한다. 한창 시를 쓸 때는 서울 조계사 근처에서 공초 오상순, 고은 선생 등 문인들과 자주 어울렸다. 청주 경실련 대표를 맡는 등 사회 활동도 활발했다. 〈직지심체요절〉을 한글로 번역한 것도 스님이 처음이다.

청주 관음사에는 문향(文香)이 가득하다. 이두 스님에 이어 제자인 현진 스님도 수필가로 활발하게 활동 중이기 때문이다. 현진 스님은 〈산문, 치인리 십 번지〉, 〈삭발하는 날〉, 〈두 번째 출가〉를 펴내 담백하고 아름다운 문장으로 일반 독자들에게까지 크게 주목받았다. 사제가 다 문인이다 보니 관음사는 자연스레 '문화 도량'이 됐다. 대법당을 개방해 일반인을 위한 불교문화대학을 열고 해마다 부처님오신날에 산사음악회를 연다.

마침 부처님오신날이 얼마 안 남았다. 스님에게 부처님이 이 땅에 오신 뜻을 물어봤다.

"큰 슬픔 속에 오셔서 가장 행복한 세계를 알려주고 가셨습니다. 왕좌를 버린 그분이 없었으면 인생의 영광이 금은보화가 아니라는 것, 우리 개개인에게 평등한 진여불성(眞如佛性)이 갖춰져 있다는 걸 어찌 알았겠어요. 하지만 오셨다 한들 오신 적이 없고, 가셨다 한들 가신 적도 없지요. 우리가 바로 부처님을 살 뿐!"

이두 스님은 "마음공부는 세속과는 반대 방향에서 찾는 것"이라고 한다. "서툰 것을 익숙하게 익히고 익혀져 있는 것을 서툴게 만드는 일"이 그것이다.

"중생은 다생겁래(多生劫來)로 익혀온 습성에 젖어 있습니다. 이것이 본능과 타고난 성질입니다. 배우고 익히지 않아도 사람마다 잘하는 게 있잖아요. 도둑질도 소질 있는 사람이 잘합니다. 소질이 있으니까 그 길을 찾아가는 점도 있어요. 이런 업습(業習)을 곰삭고 서툴게 하는 것이 수행입니다."

이두 스님은 제자와 신도들에게 인과를 철저하게 믿어야 한다고 강조한다. "불교는 유일신을 믿는 다른 종교와 달리 삼세인과(三世因果)를 믿고 자기자성(自己自性)의 깨침을 목적으로 하는 실존의 종교"

이기 때문이다.

"부처님은 전생의 일을 알려면 금생에 받는 이것이요, 내생의 일을 알려면 금생에 짓는 이것이라고 가르쳤습니다. 좋은 생각 많이 하고 또 그것을 실천으로 옮길 때 금생에서든 내생에서든 운명이 바뀝니다."

스님은 부처님의 유훈인 자귀의 법귀의 자등명 법등명(自歸依 法歸依 自燈明 法燈明)을 말했다. 의지하고 기댈 것은 자기 자신과 진리밖에 없고, 등불 삼을 것 또한 자기 자신과 진리밖에 없다는 말씀이다.

"절대자 혹은 타인이 아니라 자기 자신이 결정권자이자 인생의 주체라는 뜻입니다. 무엇보다도 마음을 넓고 너그럽게 써야 합니다. 마음을 잘 쓰는 생활이 세상과 사람을 바꿉니다."

이두 스님은 길어진 인터뷰로 몹시 지쳐 있었다.

"스님 가실 때는 무엇을 남기겠습니까."

스님은 한순간도 머뭇거리지 않고 대답했다.

"없어!"

당나라 때 선승 현각은 '증도가' 첫 구절에서 이렇게 말했다.

더 배울 것도 없고 더 해야 할 일도 없는 한가한 사람은
(絶學無爲閑道人)
쓸데없다고 버리지도 않고 필요하다고 구하지도 않는다.
(不除妄想不求眞)

노승이 살아온 한 생의 잔영처럼, 무심천(無心川) 건너 일락서산(日落西山)에 붉은 노을이 비끼고 있었다.

18

헤어지지 않고는
만날 수 없다

현해 스님

현해(玄海) 스님_월정사 회주

1935년 울산 출생. 1959년 오대산 월정사에서 출가. 1983년 중앙승가대학 부학장, 교수. 월정사 주지. 2006년 동국대학교 이사장. 현재 : 조계종 원로의원, 대종사. 법종사 회주. 평창 오대산 월정사 회주.

이번 생은 다 망쳤다!

한국 전쟁의 상흔으로 내남없이 가난하던 시절이었다. 부산에 기독교 신앙심 깊은 청년이 있었다. 그런데 목사님이 미국에서 보내온 구호 물품을 내다 팔아 교회 키우는 데 쓰는 걸 보고 실망감과 함께 분노가 치밀었다. 종교와 인생의 문제들로 엄청난 고민에 빠졌다.

그때 누군가 "오대산 월정사에 가면 생사의 고민을 단번에 해결해 줄 큰 도인이 계시다"는 말을 해줬다.

1958년 늦가을, 도인을 만나러 길을 떠났다. 오대산 가는 길은 참 멀고도 멀었다. 며칠 만에 서울 마장동에서 버스를 타고 강원도 땅 대관령을 넘어, 진부에서 20리 길을 걸었다. 다시 울울창창 곧고 푸른 아름드리 전나무 숲을 지나, 수북이 쌓인 낙엽을 밟으며 오대산에

도착했다.

전나무 숲이 끝나는 곳에 월정사가 있었다. 그런데 월정사 스님은 '도인'에 대해서는 한마디도 하지 않고 다그쳐 물었다.

"하루에 나무 일곱 짐을 하고, 그 나무로 방마다 불을 때겠어?"

"예, 하겠습니다."

"날마다 물을 길어 물독을 채울 수 있겠나?"

"예, 그렇게 하겠습니다."

그날로부터 눈 속에서 산비탈을 나뒹굴면서 난생처음 나뭇짐을 졌고, 오대천의 얼음장을 깨 물을 길어 날랐다. 그렇게라도 해서 도인을 만나고 싶었던 스물네 살 청년 김창석은 현해 스님으로 다시 태어났다.

혹독한 겨울이 지나 봄눈이 소담히 내린 날 머리를 깎았다. 월정사 팔각구층석탑 앞에서 공양의 예를 올리는 문수보살(월정사석조보살좌상, 보물 제139호)이 조용히 미소 지으며 쳐다보고 있었다.

그 청년이 어느덧 여든을 헤아리는 나이로, 월정사 큰 어른이자 오대산문의 아름드리 꼿꼿한 전나무 한 그루가 되었다.

월정사는 문수보살이 상주한다는 불교 성지다. 달(月)의 정기(精氣)가 모인다고 해서 절 이름을 '월정사'라 지었다. 근세의 고승 한암 스님은 월정사에 딸린 상원사에 들어가 27년 동안 동구불출(洞口不出, 산문 밖으로 나가지 않음)했다.

월정사는 한국 전쟁 때 작전상 불태워졌다. 전쟁 전 17동의 전각이 있던 월정사는 재가 되어 사라졌다. 한암 스님은 군인들이 상원사까지 불태우려고 할 때 꼼짝 않고 법당에 좌정하고 앉아 상원사를 지켰고, 앉은 자세 그대로 열반하는(坐脫入亡) 선기(禪機)를 내보였다.

현해 스님은 원조 '오대산 도인' 한암 스님의 일화를 생생하게 전해 들으며 절집 풍속을 익혔다. 나중에는 오매불망 만나보고 싶어 했던 또 한 분의 '도인' 탄허 스님도 가까이서 모셨다.

2001년 한암 스님의 자전적 구도기 〈일생패궐(一生敗闕)〉을 찾아내 세상에 알린 데도 현해 스님이 중요한 역할을 했다. 일생패궐은 '이번 생은 크게 망쳤다'는 뜻이다. 스님은 "문자대로 해석할 수 있는 말이 아니라, 대선사가 아니면 할 수 없는 대단히 겸손하고 역설적인 선의 언어"라고 말했다.

옛날에 송광사 구산 스님이 열반했을 때 "당당하게 무간지옥으로 들어가는구나"라고 했던 성철 스님은 자신의 열반송에 '산 채로 무간지옥에 떨어져서 그 한이 만 갈래나 된다'고 했다. 이건 지옥까지 달려가서 중생을 제도하겠다는 선승들의 기개다. 한암 스님은 "이번 생에 중생 전체를 구제하지 못했으니 크게 실패했다"고 당당하게 말한 거라고 본다.

한때 이 말이 멋있어서 여기저기 써먹고 다녔다. 얼마나 큰 위안인가.

"이번 생은 다 망쳤다!"

살아서도 순간순간 윤회한다

현해 스님은 지금 오대산에 없다. 12년 동안 주지를 하면서 은사 만화 스님에 이어 월정사 복원을 마무리한 스님은 2004년 주지직에서 물러나자마자 월정사를 떠났다.

스님이 머무는 곳은 서울 도봉구 쌍문동 북한산 자락에 있는 월정사 서울 포교원 법종사다. 물론 월정사의 어른 역할까지 그만둔 건 아니다. 한암, 탄허, 만암 스님의 기일과 생일, 그리고 문중과 관련된 큰 법회 때는 꼭 오대산에 간다.

5층짜리 건물인 법종사 옆 요사채에 있는 스님의 방은 산사의 조실당이나 염화실의 한적함보다는 학자의 연구실 같은 분위기다. 양쪽 벽에 책이 빽빽이 꽂혀 있다. 스님은 〈법화경(묘법연화경)〉 연구에 관한 한 국내 최고 권위자로 꼽히는 학자이기도 하다.

"〈법화경〉은 부처님과 깨침의 세계를 가장 쉽게 말씀하신 경전입니다. 현상을 떠난 진리는 없고, 수행도 없으며, 현실을 떠난 불국정토는 없다는 것이 〈법화경〉 가르침의 핵심입니다. 부처의 세계에서는 부처가 필요 없어요. 이 사바세계에서 부처가 필요한 겁니다. 〈금강경〉, 〈화엄경〉과 달리 중생의 수준(근기)에 딱딱 맞춰 설명하고 있어서 대승 경전 가운데 으뜸으로 꼽는 경전입니다."

석가모니 부처님은 45년 동안 설법하면서 마지막으로 〈법화경〉을 설(說)했다. '절묘한 방편(가르치기 위한 수단)과 비유의 극치'라는 말을 들을 정도로 문학적인 가치도 높다. 자연스러운 비유와 감동적인 인연담이 풍성하다. 요즘 말로 흥미진진한 '스토리의 보고'다.

"유명한 생자필멸(生者必滅, 산 것은 반드시 죽는다), 거자필반(去者必返, 떠난 이는 반드시 돌아온다), 회자정리(會者定離, 만나면 반드시 헤어진다)가 〈법화경〉에 나오는 말입니다. 우리는 영원히 변하지 말기를 바라지만 이게 인생사의 진리지요. 그런데 다시 생각해보면 이별이 있으니까 만나는 겁니다. 매일 보는 사람도 잠깐이라도 헤어져야 다시 만나는 겁니다."

삶과 죽음뿐만 아니라 살아서도 순간순간에 윤회한다는 말씀이다. 그러니 물질에, 고통에, 죽음에, 이별에 너무 연연할 필요가 없단다.

스님은 요즘은 붓글씨 삼매경에 빠져 있다. "방명록을 쓸 때 악필이나 면하려고 시작했다"며 쓰고 있던 '隨處作主(수처작주, 어디에 가든 주인공이 돼라)'의 글씨와 붓과 벼루를 한쪽으로 치웠다.

"공부란 게 다생의 습을 바꾸는 일이니 쉽게 되겠어요. 인간은 본래 부처인데 어느 순간 번뇌를 일으키고 잡념이 들어 중생이 됐거든. 글씨도 순간적으로 일념이 흐트러지면 망치는 겁니다."

현해 스님이 정작 탄허 스님을 뵌 것은 출가한 지 반년 넘게 지나서였다. 그것도 먼발치에서. 그때까지 탄허 스님은 오대산을 떠나 다른 곳에 머물다가 돌아왔다. 대신 출가한 사미승이 지켜야 할 덕목을 적은 기본규율서인 〈초발심자경문〉을 외우며 살았다.

"삼일수심은 천재보요, 백년탐물은 일조진(三日修心 千載寶 百年貪物

一朝塵, 삼 일 동안 닦은 마음은 천 가지 보배요, 한평생 욕심낸 재물은 하루아침의 티끌과 같다)이라. 이 구절이 귀에 쏙쏙 들어오는 게 너무 좋았어요. 도인 스님을 만나지 못했어도 거기에 해답이 다 들어 있다고 생각했죠."

현해 스님에게 〈초발심자경문〉은 생사의 목마름을 해결해줄 한 모금 감로수였다. 나무를 하면서도, 아궁이에 불을 지피면서도 읽고 또 읽었다.

당시 월정사는 궁색하기 이를 데 없었다. 감자와 옥수수만으로 겨울을 났다. 스님들도 몇 명 되지 않았다. 어느 날 모처럼 시주로 들어온 쌀 몇 톨을 땅에 흘렸다가 두 시간 넘게 꼼짝 못하고 서서 은사 만화 스님의 법문을 들었다.

"우리 스님은 제자들이 잘못하면 장작이든 부지깽이든 잡히는 대로 집어 들고 두들겨 패는 무서운 분이었어요. 스님에게 이론이나 논리가 아니라 몸으로 실천하는 '빈도(貧道) 노릇' 하나는 확실하게 배웠지요."

빈도는 '가난한 수행자'라는 뜻으로 스님들이 자신을 낮춰 부르는 말이다. 그렇게 배운 현해 스님은 "사회에서도 제자를 엄히 혼내지 않는 스승은 그 자신이 잘못하기 때문"이라고 말했다.

3년을 그렇게 지낸 뒤 좀 더 철저하게 공부를 하고 싶어서 해인사 강원에 갔다. 어린 학승들은 늦깎이 스님을 보고 "누구 은사가 찾아오신 모양"이라고 수군거렸다. 도저히 공부하겠다는 말을 꺼낼 수가 없어서 발길을 돌렸다. 다행히 종단에서 학비를 대주는 1기 종비생(宗費生)으로 동국대 불교학과에 들어갔다. 월정사 은사 스님은 제자가 학교 다니는 것을 못마땅하게 여겼다. 생활비는커녕 방학 때 찾아가도 달랑 진부에서 마장동까지 갈 시외버스 차비만 줄 뿐이었다.

밤에 나다녀서 좋은 일 없다

북한산 문수사 등에서 부전(법당을 돌보고 목탁을 치는 일)을 하며 생활비를 마련했다. 어려운 생활 속에서 젊은 학생들과 경쟁하며 대학과 대학원까지 마쳤다. 대학원 시절 전공이 바로〈법화경〉이다.

"〈법화경〉이 어떤 점에서는 기독교의 성경과 비슷해서 더 흥미를 느꼈어요.〈법화경〉'신해품'의 '장자(부자)와 거지 아들'의 비유는 성경 마태복음의 '돌아온 탕자' 줄거리와 비슷해요.〈법화경〉은 우리가 어쩌다보니 중생이 됐지만 본래는 부처라는 지혜를 가르친다는 점에서 유일신에 대한 믿음을 강조하는 성경보다 훨씬 인간적이고 인격적이죠."

1973년 일본 고자마와대학교 불교 장학생으로 뽑혀 법명대로 '현해(玄海)'를 건넜다.〈법화경〉을 더 깊이 연구하기 위해서다. 일본에서 8년 동안 참 어렵게 공부했다. 고자마와대학 불교학 박사 과정을 마치고, 와세다대학과 다이쇼대학에서 동양 철학과 천태학을 연구했다.

1982년 조계종 중앙승가대학이 생기면서 학장을 맡은 석주 스님이 〈법화경〉 강의를 맡겼다. 그 후에는 동국대학교 경주 캠퍼스 불교학과에서 오랫동안 가르쳤다.

석주 스님이 써준 휘호 '處染常淨(처염상정)'은 스님이 평생 머리맡에 걸어두고 되새기는 글귀다. 더러운 곳에 처하더라도 물들지 않고 항상 깨끗한 연꽃 같은 삶을 살라는 가르침이다. 〈법화경〉의 원래 제목인 〈묘법연화경(妙法蓮華經)〉이 '연꽃 같은 경전'이라는 뜻이기도 하다.

현해 스님은 〈법화경〉에서 상불경보살을 제일 좋아한다. 아무리 심한 욕설이나 비난을 해도 "당신은 언젠가 부처님이 될 분이기 때문에 나는 당신을 존경합니다"라고 예배를 하는 보살이다.

"돈과 탐욕과 권력을 쫓아다니는 현대인에게 꼭 필요한 가르침입니다. 부모 형제, 이웃, 만나는 모든 사람을 부처님으로 받들어 섬기면 상대방도 나도 행복해집니다. 그래서 〈법화경〉은 행복의 경전이라고 해요. 온 세상이 다 부처라는 거죠. 금은보화를 쌓아둔다고 행복한 건 아닙니다. 서로서로 귀하게 여기는 마음이 없으면 다 소용없어요."

현해 스님은 〈법화경〉 강의와 연구의 결과물들을 모아 지난 1996년 〈법화경요품강의〉를 펴냈다. 2006년에는 산스크리트어본, 한문 번역본, 영문번역본, 한글번역본 등 4개 국어 대조본 〈묘법연화경〉을 3권으로 완간했다. 이 작업을 위해 자료 조사에 3년, 번역에 7년을 매달렸다. 30년 이상 매달려온 〈법화경〉 연구의 결집이라 할 만하다.

그동안 우리나라에서 쓰던 〈법화경〉 한문본은 오역 투성이였다. 스님은 하나하나 원전을 대조해가면서 고쳐나가는 작업을 했다. 산스크리트어본과 한문본의 차이점과 같은 점을 비교하고 그 원인을 규명해내는 작업이 가장 어려웠다고 한다. 불교학계에서는 한국뿐 아니라 세계에서 처음으로 이루어진 중요한 작업으로 평가한다.

스님은 월정사 주지를 맡아 중창불사를 하는 동안 문득문득 스승을 꼭 빼닮은 자신을 발견하고 스스로 놀랐다고 했다. 휴지 한 장도 몇 번씩 쓰고, 양말도 기워서 신는다. 제자들에게 여비를 줄 때도 1만 원짜리 한 장이면 그만이다. 그래서 별명이 '왕소금'이다.

평생 한 번도 밤나들이를 하지 않았다는 스님은 "밤에 나돌아 다녀서 좋은 일이 하나도 없다. 스님이든 일반인이든 어두운 데서 딴짓하는 것"이라고 말했다.

현해 스님의 귀는 말 그대로 '부처님 귀'다. 큼지막하고 두툼하게 잘생겼다. 커다랗게 도드라진 귀를 보면 평생 듣는 일로 수행을 한 것 아닐까 하는 생각이 든다.

봄날이 저문다. 요즘 현해 스님의 마음의 고향, 오대산에는 진달래, 산벚꽃, 목련꽃, 홍매화가 오만 보살로 피고 질 거다.

"생사의 고통이 다한 뒤에도 천년 새벽 숲길과 아름다운 계곡이 있는 월정사에 오래오래 머물고 싶지요."

현해 스님은 조용히 눈을 감고 천 리 밖 월정사 저녁 예불의 그윽한 종소리를 듣는다. 초발심의 그날처럼.

19

비 오는 날에도 해는 중천中天

법흥스님

법흥(法興) 스님_송광사 회주

1931년 충북 괴산 출생. 1958년 고려대 국문과 졸업. 1959년 대구 동화사에서 출가. 1974년 송광사 주지. 조계종 중앙종회의원. 현재 : 조계종 원로의원, 대종사. 순천 조계총림 송광사 회주.

너무 많이 아는 것을 경계하라

송광사 선풍을 크게 떨친 효봉 스님에게는 문장가 제자들이 많았다. '무소유'의 법정 스님, 환속 상좌 고은(일초) 시인, 전 동국대 철학과 박완일(일관) 교수 등이다. 그리고 또 한 분이 현재 송광사에 남아 있는 유일한 제자 법흥 스님이다.

법흥 스님은 송광사 선열당 뒤편에 있는 화엄전 방우산방(放牛山房)에 머문다.

여름날, 법흥 스님을 만난 곳은 녹음 속의 웅장한 대가람 순천 송광사가 아니라 부산 남구 용당동 문수사였다. 굵은 빗줄기가 쏟아지고 있었다.

문수사는 스님의 제자 지원 스님이 주지를 맡고 있는 도심 사찰이다. 이날이 마침 법흥 스님 생일이었다. 스님은 신도들이 생일상을 차리러 송광사로 오고 있다는 말을 듣고 아예 이곳으로 피신해버렸다.

"출가한 중이 생일은 무슨…. 깨쳐서 부처되는 그날이 진짜 생일이지."

법흥 스님은 부모님이 정성껏 불공을 드려서 얻은 귀한 아들이었다. 불심 깊은 부모님을 따라 어려서부터 자주 절을 찾았다. 스님의 어릴 적 이름이 '윤주흥'이다. 아이들이 이름 때문에 "중아, 중아" 하고 놀린 것도 불교와의 숙연이라고 믿고 있다.

스님은 고려대 국문과를 졸업했다. 시인 조지훈 선생의 제자다. 대학시절에는 열렬한 문학도였다. 학교 근처 서울 안암동 개운사를 향해 하루도 빠지지 않고 108배를 했을 정도로 신심이 남달랐다. 틈날 때마다 숭인동 청룡사에 가서 새벽 기도를 올렸다.

대학을 졸업한 뒤 대학원 입학 준비를 위해 부모님이 다니던 문경 대승사를 찾았다. 마침 산내 암자인 묘적암에서 일타 스님이 홀로 정진하고 있었다. 훗날 조계종단의 대표적인 율사가 된 일타 스님이 절을 해보라고 권했다. 하루에 3,500배씩 사흘 동안 1만 배를 올린 뒤 출가를 결심했다. 일타 스님이 정성스레 머리를 깎아줬다.

묘적암에서 일타 스님과 단둘이 석 달을 지냈다. 일타 스님이 써준 소개장을 들고 대구 동화사로 효봉 스님을 찾아갔다. 효봉 스님은 몇 가지 질문을 한 다음 "얼굴이 중 상이고 사주에도 불도가 들었는데 왜 이제까지 속세에 있었느냐"며 흔쾌히 출가를 허락했다. 스물아홉 살 때였다.

통영 미래사에서 효봉 스님을 모시고 3년을 살았다. 스승은 수행에는 빈틈이 없고 생활은 검소한 분이었다. 흘러내린 촛농을 긁어모아서 심지를 박아 다시 불을 밝힐 정도였다. 걸레도 너무 짜면 빨리 해진다고 살살 짜라고 했다. 법흥 스님은 법문 때마다 스승의 수행담을 빼놓지 않는다.

"평범하고 미혹한 범부를 고쳐서 부처되기가 쉬운 일이 아니라면서 죽을 각오로 참선하라는 말씀을 늘 하셨지요."

법흥 스님은 '늦깎이' 출가를 만회하기 위해 혹독한 수행을 마다하지 않았다. 안거철마다 송광사, 동화사, 통도사, 해인사 선원에 방부를 들였다. 망월사, 상원사, 직지사, 김룡사 등에서도 수행했다.

법흥 스님의 기억력은 비상하다. 역대 선승들의 일화와 이력, 사찰의 유래와 역사, 수십 년 전 돌아가신 노스님들의 열반 날짜까지 줄줄이 외운다.

불교계 백과사전, 인간 녹음기, 송광사 컴퓨터라는 말을 들을 정도다. 부처님 말씀을 그대로 한마디도 놓치지 않고 빠짐없이 기억했다는 부처님 제자 아난존자에 비유하기도 한다. 이런 탁월한 기억력은 나이가 들어서도 변함이 없다.

대단한 독서광이자 메모광이기도 하다. 송광사 방우산방에는 〈법화경〉 등 불교 경전, 큰스님들의 법어집, 법정 스님의 저서, 은사 조지훈 선생의 전집 등이 가득 꽂혀 있다. 책을 읽다가 좋은 구절은 그때그때 따로 적어둔다. 그렇게 한 번만 적으면 잊어버리지 않는다고 한다. 심지어 1950년대 신문 사설까지 줄줄 외는 모습에 감탄이 절로 나왔다.

법흥 스님은 말씀도 열정적으로 한다. 누구를 만나든 곧장 법문이다. 말은 속사포처럼 빠르고 막힘이 없다. 불경은 물론 동서고금을 넘나들며 철학과 문학, 유교의 경전까지 두루 인용한다.

그러나 이런 지식과 기억력이 참선에는 아무런 도움이 되지 않았다고 솔직하게 고백했다.

"사회에서 많이 배웠다는 것이 아만심(我慢心)이 됐어요. 선은 관념이 아니라 실천이기 때문에 논리와는 상극이지요. 모든 선악시비에도 마음이 흔들리지 않아야 하는데 자꾸 망상이 일어나는 겁니다. 인내력이 달리고, 병치레도 끊이질 않았어요."

스님이 잠깐 깊은 한숨을 내쉬었다. 그렇지만 국문학도의 꿈을 포기하고 구도의 길을 택한 것에 대해 후회하거나 세속의 성공을 부러워한 적은 단 한 번도 없다고 했다.

금생에 못 다한 공부는 다음 생에서

법흥 스님은 "부처님도 한 생에 성불하지는 못했다"며 "내생에 다시 사람 몸 받고 태어나 수행자가 되어 금생에 못 다한 공부를 하겠다는 원을 세웠다"고 말했다.

그래서 택한 것이 기도와 주력(呪力)이다. 새벽 세 시면 일어나 어김없이 〈능엄경〉의 대능엄주와 〈법화경요품〉을 독송하면서 대웅전과 전각마다 들러 절을 한다. 사형인 구산 스님의 청으로 송광사 주지를 지낼 때부터 지금까지 거른 적이 없다.

적멸보궁이 있는 영축산 통도사, 오대산 월정사, 사자산 법흥사, 태백산 정암사를 비롯해 전국의 기도처를 빼놓지 않고 찾아다녔다. 해인사 장경각에서는 340일 동안 17만 배를 올리기도 했다. 그만큼 기도가 간절하다.

법흥 스님의 책, 붓글씨 선물은 불교계에 널리 알려져 있다. 스님은 십여 년 전 〈선의 세계〉라는 책을 펴냈다. 송광사의 수행 가풍과 연혁, 문화재 화보 등과 함께 '선과 현대 생활', '선가의 생활', '현대인과 선' 등에 대해 담은 선(禪)의 길라잡이 책이다.

방문객들에게 이 책을 빼놓지 않고 선물한다. 마음공부에 도움이 될 만한 경구들도 붓글씨로 써놓았다가 아낌없이 나누어준다. 신도들이 시주를 하면 전부 책을 사서 공양주의 이름을 적어놓는다.

불서는 물론 일반 교양서들도 잔뜩 사놓았다가 함께 선물한다. 지난 2009년에는 평생 모아온 불서 300여 권을 모교인 고려대에 기증했다. 〈대정신수대장경〉, 〈남전대장경〉 등 모두가 소장가치가 높은 책들이다.

제자 지원 스님도 〈산문에 부는 바람〉, 〈이별연습〉, 〈가슴 저미지 않는 그리움은 없다〉 등의 시집을 펴낸 시인으로, 효봉 문중의 문향(文香)을 잇고 있다.

법흥 스님을 금강산에서 만난 일이 있다. 법흥 스님과 지원 스님이 나란히 서서 효봉 스님이 무문(無門) 토굴 수행으로 깨달음을 얻은 신계사 건너편 법기암터를 건너다보며 합장하고 있었다. 그 신계사 복원의 조계종단 실무 담당자가 지원 스님이었다. 효봉 스님이 수행한 절을 손상좌 손으로 복원한 셈이다.

법흥 스님은 1981년 송광사 개울 건너 빈터에 화엄전을 지었다. 화엄전 한 켠 방우산방에서 시봉하는 행자도 없이 살았다. 빨래를 손수 하고 양말도 꿰매 신었다.

"대학 시절 은사이신 조지훈 선생이 말년에 오대산에 토굴을 짓고 당호를 '방우산장'이라고 했어요. 뜻은 좋은데 '산장'은 여관 이름 같아서 '산방'이라고 바꿨습니다. '자유롭게 풀어놓은 소'라는 뜻이 아주 마음에 듭니다."

꽃이 저절로 붉어지듯이

법흥 스님은 "불교의 핵심은 다른 말 필요 없이 일체유심조(一切唯心造)"라고 했다.

"지금 여기 있는 몸뚱이는 임시로 쓰는 가아(假我)이고, 마음만이

실아(實我)입니다. 그런데 마음은 상(相)이 없기 때문에 마음의 정처에 따라 이 자리가 정토가 되기도 하고 고해가 되기도 해요. 마음을 닦는 것을 수심(修心), 마음을 기르는 것을 양심(養心), 마음을 쓰는 것을 용심(用心), 마음을 거두는 것을 섭심(攝心)이라 합니다. 이런 네 가지 마음에서 지혜가 나옵니다."

요즘 세상은 정토와는 거리가 멀어도 한참 멀다. 요즘같이 경박하고 험악한 세태에 복잡하게 꼬이고 꼬인 실타래를 어떻게 풀어야 할까.

"모두들 '내 것'에 집착하고, 더 많이 가지려고 하기 때문에 세상이 불화합니다. 이런 시대일수록 광명정대한 마음으로 바로 보고, 바로 생각하고, 바로 말하고, 바로 행동하고, 바로 생활하고, 바로 정진하라는 팔정도(八正道)를 실천에 옮기는 것이 해답이지요."

스님은 "세상 그늘이 아무리 깊어도 청정한 마음, 감사하는 마음, 정진하는 마음을 가지면 저절로 광명한 안목이 열릴 것"이라며 "부귀, 재물, 권력을 좇아 헐떡거리는 일이 실로 무상함을 알아야 한다"고 했다.

"지금 이 순간 내가 향내 나는 꽃씨를 뿌리고 있는지, 구린내 나는 똥독에 빠져 있는지 점검해보세요."

노스님은 직접 쓰신 〈선의 세계〉 책을 펼쳐놓고 송광사 승보전에 벽화로 그려져 있는 '십우도(十牛圖)'를 설명했다. 십우도는 목동과 소의 관계를 통해 불교 수행과 깨달음의 과정을 열 단계로 설명한 그림이다. 소를 찾는 심우(尋牛), 소의 자취를 보는 견적(見跡), 소를 발견하는 견우(見牛), 소를 얻는 득우(得牛), 소를 길들이는 목우(牧牛), 소를 타고 돌아오는 기우귀가(騎牛歸家), 소마저 잊어버리는 망우존인(忘牛存人), 자신마저 잊는 인우구망(人牛俱忘), 맑고 깨끗한 본성으로 돌아가는 반본환원(返本還源), 세상에 깨달음을 베푸는 입전수수(入廛垂手)의 10단계로 되어 있다.

송광사와 조계종이 종조(宗祖)로 삼는 보조 국사 지눌 스님의 호가 십우도의 다섯 번째 단계 목우에서 따온 목우자(牧牛子)다. 목우는 '놓아먹이고 거두는 게 자연스러워 고삐 끌 일이 없는 단계'라고 한다. 수행자를 그렇게 단련시키는 게 지눌 스님의 송광사 '목우가풍(牧牛家風)'이다.

법흥 스님의 방, 방우산방의 '방우'는 십우도에 없다. 맨 처음 이 말을 쓴 조지훈 시인은 '방우산장기'에 이렇게 썼다. "내 소 남의 소를 가릴 것 없이 설핏한 저녁 햇살 아래 내가 올라타고 풀피리를 희롱할 한 마리 소만 있으면, 그 소가 지금 어디에 가 있든지 내가 아랑곳할 것이 없기 때문이다"라고.

방우산방 주인, 법흥 스님이 키운 소 한 마리는 지금 어디에 있을까. "물 흐르고 꽃피는 풍경이 그려진 반본환원을 주제로 한 게송(시)은 수자망망화자홍(水自茫茫花自紅)입니다. '물은 저절로 흐르고 꽃은 저절로 붉다'는 뜻입니다. 성철 스님이 말한 '산은 산, 물은 물'도 같은 경지지요. 비가 와서 보이지 않는다고 하늘에 해가 없을까. 마음

속에 항상 해와 달이 빛나는 것을."

법흥 스님은 그렇게 말하고는 껄껄껄 웃으며 자리를 털고 일어났다.

하루도 거르지 않고 수십 일째 이어지는 늦여름 비, 또다시 퍼붓는다. 습습한 빗속에 버들잎 더욱 푸르고 꽃은 그대로 붉다.

20

산 아무리 높아도
흰 구름 넘어간다

월서 스님

월서(月棲)스님_정릉 봉국사

1936년 경남 함양 출생. 1956년 구례 화엄사에서 출가. 분황사, 불국사, 조계사 주지. 1990년 조계종 중앙종회의장, 1995년 조계종 호계원장. 현재 : 조계종 원로의원, 대종사. 서울 정릉 삼각산 봉국사 주지.

불안한 마음의 싹을 잘라라

월서 스님은 아주 넉넉하고 홀가분한 모습이었다. 서울 정릉 삼각산 자락 봉국사. 조선 초기 고찰은 파란 하늘 하얀 뜬구름 아래 고즈넉하고 적요했다.

늦여름 무더위가 맹위를 떨치던 날이었다. 봉국사는 서울 도심에서 살짝 비켜나 있으면서도 깊은 산중 숲속처럼 서늘했다. 염화실 앞 아름드리 느티나무 우거진 잎새가 성긴 그물처럼 그늘을 펼쳐내서 뙤약볕 한 점 비집고 들 틈이 없다.

방 한복판에 책상과 소파가 놓여 있다. 책상 위엔 컴퓨터, 그리고 여러 가지 전자제품이 들어와 있다. 스님이 직접 쓴 글씨로 만든 열두 폭 병풍이 없다면 여느 회사 집무실 같은 구색이었다.

스님은 마침 그 병풍 앞에 엎드려 붓글씨를 쓰던 참이었다.

竹密不防流水過(대나무 아무리 빽빽해도 흘러가는 물 막지 못하고)
山高豈碍白雲飛(산 아무리 높아도 넘어가는 흰 구름 방해하지 못하네)

함허 선사가 편찬한 〈금강경 오가해〉에 나오는 시다. 평소에 즐겨 쓰는 선구라고 한다.

월서 스님은 반세기 가까이 조계종단 중심에서 활동했다. 이제는 봉국사에 들어앉아 유유자적, 문자향 가득한 서예 삼매에 빠져 지낸다. 컴퓨터 자판을 한 자 한 자 두들겨가며 글을 쓴다. 지리산, 설악산, 택백산, 가야산 등 명산 순례에 나서기도 한다.

월서 스님에게 각별한 산은 지리산이다. 태어나고, 생사가 달린 전쟁터를 누비고, 새로운 인생의 길(道)을 찾아 나선 그 산이다.

1953년 겨울, 경남 함양 땅 지리산 자락에서 자란 열일곱 살짜리 소년은 고향땅을 지키겠다는 의협심 하나로 전투경찰대에 자원입대했다. 날마다 빨치산 소탕을 위한 치열한 전투가 벌어지고 있었다. 내가 살기 위해서 남을 죽여야 하는 지옥 같은 날들이 이어졌다. 눈을 질끈 감고 방아쇠를 당기면서도 마음속으로는 끝없이 관세음보살을 외쳤다.

한바탕 싸움이 끝나고 나면 골짜기마다 적과 전우의 시체가 즐비했다. 한 번은 대신 작전에 나갔던 전우가 싸늘한 시체가 되어 돌아왔다. 역한 피비린내를 맡으며 나도 언젠가 저렇게 죽을 것이라는 공포에 휩싸이곤 했다.

빨치산에게 붙잡혔다가 구사일생으로 살아난 뒤 군복을 벗었다. 그런데도 죽음에 대한 공포와 괴로움 때문에 악몽으로 진저리치는 날들이 계속됐다. 그러던 어느 날 남원 실상사 약수암에 갔다가 눈빛이 예사롭지 않은 한 스님을 만났다. 지리산에서 겪은 일들과 마음을 짓누르는 고통을 털어놨다.

그 스님이 말했다.

"나고, 또 죽는 일이 풀잎의 이슬처럼 허망한 것이네. 괴로운 마음에서 완전히 벗어나고 싶으면 찾아오게."

몇 달 뒤 구례 화엄사로 그 스님을 찾아갔다.

"힘들어서 도저히 견딜 수가 없습니다."

"너를 힘들게 하는 것이 무엇이냐. 그것을 여기 내놔봐라."

아무 말도 하지 못했다. 한참 침묵이 흘렀다.

"이제부터 너를 힘들게 하는 그 마음을 공부해봐라."

그렇게 스무 살 때 금오 스님을 만나 '길 없는 길'에 들어선 거였다.

1600년 전, 중국 소림사에서도 똑같은 일이 있었다. 소림사 석굴에서 9년간 면벽하고 있는 달마에게 나이 마흔의 구도자가 찾아왔다.

"제 마음이 불안해서 왔습니다."

"내가 편안케 해줄 테니 그 마음을 가져오너라."

"마음을 찾을 수도 보여줄 수도 없는데 어쩝니까."

"됐다. 내가 벌써 네 마음을 편안케 해준 것이다."

그렇게 달마의 제자가 된 혜가 선사에게는 풍질(나병) 환자가 찾아왔다.

"내가 무슨 죄가 많아 이런 병에 걸렸습니까."

혜가는 스승이 했던 것처럼 "그 죄를 내놓아라. 그럼 고쳐주겠다"고 해서 죄의식을 씻어줬다. 달마(선종의 초조), 혜가(2조), 승찬(3조)으로 이어지는 유명한 '안심(安心) 법문'이다.

"부처님과 역대 조사들은 불안한 마음, 죄의식이란 본래 없었다는 '참된 모습'을 가르쳤습니다. 금오 큰스님도 그걸 말씀하신 거죠. 불안감과 죄의식은 놔두면 억새풀처럼 무성하게 자랍니다. 잘못한 일을 진정으로 뉘우쳐서 더 이상 죄악이 자라지 않도록 완전히 끊어내야 합니다. 그러면 그동안 지은 죄뿐만 아니라 전생의 죄(업)까지 사라져 생활이 달라지고 본래의 때 묻지 않은 마음을 갖게 됩니다."

주인공아! 정신 똑바로 차리거라

월서 스님이 입산했을 때 화엄사에는 여러 명의 제자들이 '호랑이 선사' 금오 스님을 모시고 공부하고 있었다. 금오 스님의 가르치는 방법은 과격했다. 날마다 혼찌검이고 몽둥이질이었다. 힘이 장사인데다 목소리까지 쩌렁쩌렁했다.

"나이가 들어서야 큰스님이 제자들을 무쇠처럼 단련시키려고 그렇게 무섭게 하셨다는 깊은 뜻을 알게 됐지만 그때는 몸이 너무 고달프고 마음이 괴로웠지요. 절 살림은 또 얼마나 가난하고, 할 일이 많았는지…. 낮에는 농사짓고 나무하고, 밤에는 참선하느라 쉴 틈이 없던 시절이었습니다."

기운이라면 월서 스님도 스승 못지않다. 그래서 별명이 '제무시(미군용트럭 G.M.C)'였다. 그런 스님도 스승의 가혹한 꾸중과 매질은 정말 견디기 어려웠단다. 탁발을 다니면서 사람들에게 거지 취급받는 일도 힘들었다. 어느 날 밤 절을 떠날 작정을 하고 몰래 밖으로 나왔다. 하지만 금오 스님은 제자의 마음과 행동을 훤히 꿰뚫고 있었다.

"월서야, 월서야!"

결국 발길을 돌릴 수밖에 없었다. 그런 일이 두 번이나 더 있었다.

"큰스님 가시고 나서도 마음이 흔들릴 때마다 월서야! 월서야! 하고 부르시는 음성을 들어요. 나이 들고 보니 내 하는 모양이 꼭 스승을 닮은 것 같아서 혼자 웃곤 합니다."

금오 스님은 제자를 50명 넘게 받아들여 우리나라 불교계 최대 문중을 형성했다. 월산, 월주, 월서, 월탄 등 대부분 돌림자가 월(月) 자여서 '월자 문중'으로 불린다.

1950년대 중반, 절에서 대처승을 내보내는 '불교정화(淨化)운동'이 있었다. 금오 스님과 그의 제자들인 월자 문중이 그 일의 맨 앞에 나섰다.

그중에서도 월서 스님은 행동 대장 격이었다. '호법신장'이라는 별명이 생겼을 정도였다. 큰 키에 위풍당당한 체구로 딱 버티고 서면 당할 사람이 없었다고 한다.

그 후에는 반세기 가까이 조계종단 행정의 중심에서 활동했다. 조계종단이 흔들릴 때마다 싸움의 선봉장 역할을 했다. 매사 직설이었고, 서슬이 퍼랬다.

불국사 주지, 조계사 주지, 총무원 총무부장, 재무부장, 중앙종회 의원 여섯 차례 등 종단의 주요 직책을 지냈다. 스님들의 잘못에 대한 징계를 최종 결정하는 종단의 사법 기구인 호계원을 12년이나 이끌었다. 호계원은 사회의 대법원에 해당한다.

"남의 허물을 단죄하는 자리는 세속에서도 어려운데 오죽하겠습니까. 공심과 깨끗한 생활을 하지 않으면 할 수 없는 일이지요. 이제는 무거운 짐을 벗어놓았으니, 마음이 아주 가볍습니다."

월서 스님은 "깨끗한 거울에는 만상이 모두 깨끗하게 보이고, 더러운 거울에는 모든 사물이 더럽게 보이는 법"이라고 했다.

"육신은 그냥 한 벌의 옷일 뿐입니다. 욕심으로 더 가져봐야 한 번 입고 버릴 옷에 치장을 하는 허망한 짓이지요. 태어나면 반드시 죽는다는 생각을 진정으로 하면 살아가는 태도가 달라집니다. 나는 죽어서 어디로 갈까, 그것만 골똘히 생각해도 그게 마음을 바꾸는 훈련입니다."

중국 당나라 때 서암 선사는 매일 아침 혼자서 말하고 대답하는 것으로 하루를 시작했다.

"주인공아!"

"예."

"정신을 똑바로 차리거라!"

"예."

"남에게 속지 마라!"

"예, 예."

"그렇게 해보세요. 욕심 덜 내고, 덜 섭섭해 하고, 덜 화내고, 덜 집착하게 돼 어리석음이 줄어듭니다. 도인처럼 그것을 완전히 끊기는 어렵지만 생활 속에서 참는 것만으로도 성공적인 인생이 되는 겁니다."

있는 힘 다 쓰지 마라

월서 스님은 정치에 대해서도 조언을 했다. 먼저 중국 송나라 때 법연이라는 선사가 주지직을 맡게 된 제자에게 해준 네 가지 가르침을 얘기했다.

"가지고 있는 힘을 다 쓰지 마라, 복을 다 누려서는 안 된다, 규율을 다 시행하지 마라, 좋은 말을 다 하지 마라, 그 네 가집니다. 권력과 복은 개인이 누리라고 준 것이니 모두를 위해서 쓰고, 허튼 약속을 하지 말라는 뜻이지요. 지금도 모든 공인(公人)과 지도자들이 새겨들어야 할 말이라고 봅니다."

스님은 "특히 정치가는 공명정대하고 대승적이어야 한다"며 "백수의 왕 사자는 외부의 공격이 아니라 자신 몸속의 벌레에 의해 죽는다"고 했다.

"지금 당장 죽이는 것만 살생이 아닙니다. 남에게 나쁜 짓 하고, 국민을 불행하게 하는 게 다 살생입니다. 쩨쩨하게 하지 말고, 만 생명을 평화롭게 하겠다는 큰 뜻을 품어야 정치에서도 성자가 나오지요."

정치 성인(聖人), 참 그리운 말이다.

월서 스님은 지난 몇 년 동안 여러 권의 책을 냈다. '금오선수행연구원'을 세워 〈금오 스님과 불교정화운동사〉를 두 권으로 펴냈다. 〈금오집〉을 보완해서 재출간했다.

전국 사찰을 다니며 기둥에 걸려 있는 주련의 글을 모은 〈깨달음이 있는 산사〉, 산사 에세이 〈행복하려면 놓아라〉도 출간했다. 그동안 써온 글씨들로 서예전을 열기도 했다. 스님은 "행복의 첫 번째 조건은 과감하게 내려놓는 것"이라고 말한다.

"마음을 싹 비워놓고 있으면 그 자리에 큰 기쁨이 채워집니다. 헐떡거리는 번뇌나 시비가 다 허망한 걸 알게 되지요. 놓아라, 놓아라, 외우고 다니는 것도 좋을 겁니다. 진정한 자유와 마음의 평화가 멀리 있는 게 아닙니다."

방하착(放下着)! 내려놓고 또 내려놓아라. 스님은 그 말을 강조하고 있다.

옛날 한 스님이 조주 선사를 찾아왔다.

"빈손으로 왔습니다."

"그거 내려놓게."

"아무것도 가져온 게 없는데 뭘 내려놓습니까."

"그럼 도로 짊어지고 가게나."

내려놨다는 마음까지 내려놓는 것, 거기서 방하착이란 말이 나왔다.

"우리가 현재 받는 고통은 분명 괴로운 것이지만, 그것에는 그만한 의미가 담겨 있습니다. 사람은 고통을 통해서 성숙해집니다. 거친 파도가 유능한 뱃사공을 만들듯이, 역경과 고난은 사람을 강건하고 겸손하게 만듭니다. 부질없는 집착과 욕심만 탁 내려놓으면 부끄럽지 않은 인생이 됩니다."

월서 스님은 이제 마음의 파도가 다 잦아들었다. 새벽 3시에 일어나 예불을 할 때나, 묵향을 맡으며 붓글씨를 쓸 때나, 이 산 저 산 깊은 숲길을 걸을 때나 늘 고요하고 여여하다.

스님이 건너편 북한산 꼭대기로 흰 구름 한 장 느릿느릿 넘어가는 모습을 바라보며 서산대사 〈선가귀감〉 한 구절을 읊는다.

"태어남은 한 조각 뜬구름 일어남이요, 죽음은 한 조각 뜬구름이 스러짐이라."

2부

인생은 한 토막 봄꿈
죽음에서 배우다

1

보낼 때 초연히
만날 때 기꺼이

지관스님

지관(智冠) 스님_전 조계종 총무원장

1932년 경북 포항(영일) 출생. 1947년 해인사에서 출가. 해인사 해인강원 강주. 동국대학교 대학원 철학박사. 해인사, 경국사 주지. 동국대 총장. 가산불교문화연구원 이사장. 조계종 원로의원, 대종사, 총무원장. 2012년 1월 2일 입적.

내려갈 때 더 조심해라

"큰스님! 불 들어갑니다!"

스님들이 일제히 불붙은 짚 방망이(거화봉)를 들어 불을 붙였다. 장작으로 쌓은 연화대가 곧장 불길에 휩싸이면서 하얀 연기가 자욱이 피어올랐다. 스님, 신자 수천 명이 한 목소리로 외우는 "나무아미타불" 소리가 가야산 자락에 메아리쳤다. 매서운 소한(小寒) 추위마저 싹 물러간 따뜻한 날이었다.

지관 스님의 '허깨비 빈 몸'이 해인사 다비장의 활활 타오르는 불길 속에 스러지고 있었다. 그걸 바라보는 스님네들은 끝까지 눈물 한 방울 비치지 않았다. 슬픔 없는 죽음도 있는 법이다. "만나면 언젠가는 헤어지고(會者定離), 누구나 반드시 죽기 마련(生者必滅)"이라는 생생한 '적멸의 법문'으로 새겨들으면 그만이었다. 맏상좌 세민 스님(조계종 원로의원)과 태원 스님(중앙승가대 총장), 종림 스님(고려대장경연구소장), 현응 스님(조계종 교육원장) 등 제자들도 합장한 채 스승의 '마지막 강의'를 묵묵히 듣고 있었다.

지관 스님은 그렇게 흙(地)과 물(水)과 불(火)과 바람(風)으로 돌아갔다. 구름처럼 몰렸던 수만 명 인파도 어느새 다 흩어졌다. 스님을 태운 잿더미 속에서 영롱한 사리가 쏟아져 나왔다. 제자들은 그중에서 치(齒)사리, 구슬사리 등 8과만 수습했다고 한다.

지관 스님은 2012년 1월 2일 서울 정릉 경국사에서 입적했다. 세상 나이(세수) 80세, 해인사에서 출가한 지(법랍) 66년째였다. 스님은 그 석 달 전 폐 천식이 심해져 병원에 입원할 때 세연(世緣)이 다했음을 직감하고 뒷마무리까지 깔끔하게 끝냈다고 한다.

제자들에게는 미리 준비한 장례비와 함께 유훈장을 써서 남겼다.

"장례를 간소하게 해라. 출가한 초지(처음 뜻)를 망각하지 마라."

임종게(열반송)는 '사세(辭世, 세상과 이별한다는 뜻)를 앞두고'라는 제목을 달아 원고지에 친필로 또박또박 써뒀다.

> 무상한 육신으로 연꽃을 사바에 피우고
> 허깨비 빈 몸으로 법신을 적멸(寂滅)에 드러내네.
> 팔십 년 전에는 그가 바로 나이더니
> 팔십 년 후에는 내가 바로 그이로다.

2007년 스님을 따라 북쪽 땅 불교 유적지 금강산 내금강을 방문했을 때다. 스님은 백화암터에 남아 있는 서산 대사 부도비를 앞뒤로 찬찬히 어루만지며 "감회는 말도 못하지…."라고 했었다.

스님 임종게는 그 서산 대사의 임종게를 마지막 구절로 차운(次韻, 인용)하고 있다. 서산 대사는 자신의 초상화에 '팔십 년 전에는 그가 바로 나이더니(八十年前 渠是我), 팔십 년 후에는 내가 바로 그이로다(八十年後 我是渠)'라고 써놓고 그 자리서 입적했다고 한다.

선시에서 이런 차운은 아주 흔한 일이다. 근대의 선승 만공 스님도 "나는 너와 같고 너도 나와 같다(我不離汝 汝不離我)"란 임종게를 남겼다.

하지만 같은 문자를 써도, 쓴 이의 마음과 앞뒤 상황에 따라 그 낙처(落處, 근본적인 뜻)는 천지현격(天地懸隔, 하늘과 땅 차이)이라고 한다.

금강산 순례 길에 기억나는 일이 하나 더 있다. 만폭동 절벽에 구리 기둥 하나로 아슬아슬하게 받쳐놓은 암자인 보덕암에 갔다. 거기서 가파른 길을 내려오다가 발을 헛디뎌 휘청 넘어질 뻔했다. 지관 스님이 뒤에서 이 모습을 보고는 한마디 했다.

"어허. 내려갈 때가 더 위험해. 내려갈 때 조심조심해야지."

내려갈 때 더 조심해라! 산길뿐만 아니라 사람 사는 일도 마찬가지다. 그때 스님이 해주신 법어(法語)가 오래 마음에 남았다.

산악인 힐러리도 "올라가는 것보다 내려가는 길이 더 어렵다"고 했다. 서산 대사는 "눈길 갈 때 어지럽게 걷지 마라. 오늘 내 발자국이 뒷사람들의 길이 된다"는 명언을 남겼다. 또 경허 스님은 바위굴에서 비를 피하는 제자 만공 스님에게 말했다.

"이 사람아, 가장 안전한 곳이 가장 위험한 곳이라네."

똑바로 걸어가고(서산), 안전할 때도 미리 대비하고(경허), 내려갈 때 더 조심하면(지관) 세상 살면서 쉽게 넘어질 일은 없겠다.

만날 때보다 친절한 헤어짐을

지관 스님은 한국 불교의 '국보급' 대학승, 국내 최고의 불교학자, 우리시대 걸출한 종교 지도자로 살았다. 수행자로도 경(經), 율(律), 론(論) 삼장에 두루 통달한 '큰 스승'이었다. 영결식에서 후학 보선 스님이 말한 대로 '한국 불교의 봉황'이었다.

스님은 중학교 때 불덩이처럼 열이 나는 까닭 모를 병에 걸렸다. 날마다 "옴마니반메훔"을 외워 병이 나은 뒤 탁발승을 따라가 해인사에서 출가했다. 율사로 이름 높던 자운 스님 제자가 됐다.

출가 초기 스승 자운 스님이 성철, 향곡, 청담 스님과 함께 벌였던 '봉암사 결사'에도 마지막 입문생으로 하판(선방 끝자리)을 지켰다. 언젠가 지관 스님의 문경 희양산 봉암사 행에 동행해서 봉암사 결사 시절의 일화 한 토막을 들었다.

"전쟁 나기 직전 빨치산들이 총을 들고 들이닥쳐 쌀과 곶감 같은 식량을 모조리 털어 갔어. 글쎄, 어찌 찾았는지 법전 스님(전 조계종 종정, 해인사 방장)이 아껴 신으려고 굴뚝 옆에 꼭꼭 숨겨둔 검정 고무신까지 뺏어 가버렸다니까."

결국 전쟁 직전 봉암사가 있는 희양산이 빨치산 거점이 되면서 결사도 끝나고 말았다.

젊은 날 법전 스님과 탁발도 함께 다녔다. 울릉도 성인봉 주사굴에서 홀로 생식만 하며 수행하기도 했다.

자운 스님에게는 계율을, 불교 경전을 한글로 번역하는 데 대가였던 '학승' 운허 스님에게는 경학을, 조계종단의 돋보이는 행정가였던 영암 스님에게는 수행자의 본분을 배웠다. 스님은 이분들을 "일생에 잊지 못할 3은사(恩師)"라며 늘 감사하고 존경했다. 스승들 또한 지관 스님이 한국 불교를 이끌어갈 '법기(재목)'임을 한눈에 알아보고 남다른 애정을 쏟았다고 한다.

지관 스님의 평생 철학은 '계왕개래(繼往開來, 옛 가르침을 이어받아 후대에 전함)'와 '원융무애(圓融无涯, 원만하여 걸림 없이 평화로움)'라고 할 수 있다.

'최연소'로 해인사 강원 강주(28세)와 해인사 주지(38세)를 했고, 동국대 교수를 거쳐 비구 '최초'의 총장을 지냈다. 그 당시 출가자들은 대부분 해인강원과 동국대 불교학과에서 공부했기 때문에 현재 조계종 중진 스님 절반쯤은 지관 스님 제자라고 한다.

알려진 대로 지관 스님이 뛰어난 점은 학문적 연구 성과와 수많은 저술에 있다. 이 나라 모든 고승들의 비문(碑文)을 모아 펴낸 〈고승비문총서〉를 비롯해 〈한국불교문화사상사〉, 〈한국불교소의경전연구〉 등 수백 권의 책을 냈다.

스님은 가산불교문화연구원(가산은 지관 스님의 호)을 설립해 마지막 20년 동안 〈가산불교대사림〉 편찬에 몰두했다. 세계 최대의 불교 대사전인 〈가산불교대사림〉은 "팔만대장경 이후 최대의 역경불사, 1700년 한국 불교 문화 정신사의 일차 결집"이라는 말을 들을 만한 대역사였다.

생전 열세 권을 펴냈고, 나머지 여덟 권의 원고도 이미 윤문까지 끝마쳐 사후에 차례로 나오고 있다. 사상 초유의 불교 술어 집대성인 〈가산불교대사림〉은 지관 스님 아니면 그 누구도 해낼 수 없는 작업이었다. 〈가산불교대사림〉은 지관 스님의 찬란한 '문자 사리'로 영구히 세상에 남았다.

지관 스님은 문화적 안목을 갖춘 데다 문장에도 뛰어났다. 근래 들어 불교계에서 세운 탑과 부도의 글, 큰스님들의 문집 앞장에 실리는 추천의 글을 거의 도맡아 썼다. 지관 스님이 쓴 탑비문(塔碑文)만도 40개가 넘는다. 故 노무현 대통령의 '작은 비석' 비문도 스님이 썼다.

지관 스님이 1990년 "대장경과 역대 조사(祖師) 어록 중 하루 한 개씩 뽑아" 펴낸 〈신행일감(信行日鑑)〉에는 스님의 '어록'도 들어 있다.

그중에 '모든 일은 결과가 중요하다'는 제목을 달아 "태어남보다 더욱 떳떳한 죽음을, 만날 때보다 더욱 친절한 헤어짐을, 시작보다 더욱 아름다운 결과를, 받는 것보다 베푸는 것을 더욱 중요시하라"고 썼다. 또 '모든 일은 하면 된다'에는 "하면 된다. 다만 하지 않았을 뿐이요, 결코 할 수 없는 것은 아니다(但不爲也 非不能也)"라고 해설을 달았다.

"흐르지 않는 물은 파도가 없고, 죽은 송장은 괴로움을 모른다. 여름에 핀 매화는 향기가 없고, 온실에서 자란 수박은 맛이 없는 법이다. 세상의 모든 것을 굳이 괴로워할 필요가 없다."

고요한 물은 파도가 없다(水平不流)

지관 스님은 칠십 대의 나이로 조계종 최고 책임자인 총무원장을 맡았다. 총무원장 가운데 가장 원로이고 불교계의 위상이나 권위로도 대단히 '거물급'이었다.

스님은 "외형을 키우는 불사(佛事)는 그만하고 이제 내면을 확충해야 한다는 소신 때문"이라고 취임 일성을 했다.

조계종 총무원 건물에 '수행(修行)과 전법(傳法)으로 정진하는 조계종-결계(結界)와 포살(布薩)의 생활화'라는 현수막을 내걸었다. 결계는 스님들의 모든 활동을 자기가 속한 사찰에 신고하도록 하는 제도, 포살은 스님들이 사찰의 한곳에 모여 계율을 암송하고 잘못한 일이 있으면 공개적으로 참회하는 불교의 오랜 전통 의식이다. 이는 한마디로 스님들의 해이해진 기강을 단단히 세워놓는 일이었다.

"원융무애하게…."

이 말을 자주 했다. 보름달처럼 '원융무애하게' 잘생긴 얼굴로 흰 양말, 흰 고무신에 발목에는 대님을 매고 폭이 넓은 승복 자락을 휘날리며 여기저기 거침없이 돌아다녔다. 제자들에게 서릿발이었다는 말을 믿을 수 없을 만큼 언제나 봄바람같이 다정하고 소탈했다.

정릉 경국사에서 총무원까지 오전 9시에 출근해 오후 5시에 퇴근하는 일과를 단 하루도 어기지 않았다. 그 바쁜 중에도 〈가산불교대사림〉 원고 보따리를 항상 들고 다니며 틈틈이 검토했다. 퇴근 후에는 거의 밤을 꼬박 새워가며 자료를 찾고 원고를 썼다고 한다.

지관 스님 총무원장 때 크고 작은 사건이 참 많았다. 특히 이명박 정부가 불교를 홀대해서 속을 태웠다. 그때 스님은 "인평불어 수평불류(人平不語 水平不流)"라는 말로 정부를 호되게 꾸짖었다. 물이 평탄한 곳을 흐를 때는 조용히 머물듯이, 사람 역시 공평무사해야 불평불만이 없다는 뜻이다. 이 말은 시중에서도 유행어가 되다시피 했다.

다음은 총무원장 시절 지관 스님이 했던 말이다.

"불교에서는 듣는 사람의 기준에 맞추라는 말이 있다. 남의 마음을 모르고 얘기하면 와 닿지를 않으니 세상과 행보를 같이하라."_2005년 11월 야당 정치인에게

"날이 저물고 추워지면 오리는 물속으로 들어가고 닭은 횃대로 올라간다. 모든 생명체는 뜻과 기호(嗜好)와 욕망, 희망이 같을 수 없다. 자기 희망에 맞춰 상대를 비판하거나 남을 끌어오는 것을 자제해야 한다. 그래야 평화, 공존, 화합이 온다."_2007년 신년 기자회견

"저 혼자 자란 나무는 가지가 마음대로 뻗치고 구부러지지만 여럿이 함께 자란 나무는 위로 쭉쭉 뻗는다"_2007년 부처님오신날 경국사 기자간담회

"부처님의 다른 이름이 여래(如來)와 여거(如去)다. 보내야 할 것은 초연히 보내고, 만나야 할 것은 기꺼이 맞이할 줄 알아야 하는 게 생명의 능동성에 대한 찬미다."_2009년 신년사

지관 스님은 2009년 10월, 4년 임기를 마치고 총무원장에서 퇴임했다. "내릴 정거장이 되어서 내리는 것뿐이다. 팥을 솥에 넣고 삶으면 팥죽도 되고 '앙꼬'도 되지만 팥은 그대로 있고 모양만 변하는 것"이라며 홀가분한 모습으로 경국사로 돌아갔다.

2010년 늦여름, 총무원장에서 물러나 지내는 스님께 전화를 걸었다.

"인터뷰할 생각은 아예 말고 밥이나 먹으러 와."

서울 동숭동 대학로 근처 가산불교문화연구원으로 찾아갔다. 노스

님은 변함없이 경국사와 연구소를 오가며 〈가산불교대사림〉 편찬 작업에 몰두하고 있었다. 스님 책상에는 경서(經書)와 자료, 집필 중인 원고가 산더미처럼 쌓여 있었다.

"내가 평생 한가한 거와는 인연이 없어. 이제 시간도 얼마 안 남아서 마음이 아주 바빠. 요즘은 잠이 아주 다 없어졌어."

출가 입산한 후 65년 만에 처음 포항시 청하면 유계리 고향 마을에 가서 '고향방문기념비'와 부모님 은혜에 보답하는 '보은탑'을 세웠다고 했다. 비문에는 "고향을 지키며 공동의 도덕을 선양 계승해 온 여러 위대한 선조들께 경의를 표한다"고 새겼다고 한다.

"여긴 다시 오지 마. 와봐야 기사 쓸 것도 없고 아무 소득도 없는 걸 뭐 하러 와."

말씀은 그리 해도 언제든 찾아가면 반갑게 맞아주실 거라 여겼다. 그런데 그게 스님의 마지막 작별 인사였다.

지관 스님 총무원장 시절, 일간 신문의 종교 담당 기자 열한 명이 중국 선종 사찰 순례기 〈그 마음을 가져오너라〉라는 책을 냈다. 스님은 그 책의 추천사를 선시 한 편으로 마무리했다.

    동산에 해가 지고 서산에 달이 뜨니
    낮이면 캄캄하고 밤이면 환히 밝네.

동쪽으로 해가 지고, 서쪽에서 달이 뜨는 그 선시를 두고 기자들끼리 "낮에는 아무 생각 없이(캄캄하고) 사는 놈들이, 저녁마다 좋아라 (환히 밝네) 하고 술 마시러 다닌다는 뜻"이라며 웃어 댔다.

대만 불광산사 성운 스님은 지관 스님 영결식에 '慧燈西去(혜등서거)'라는 만장을 보냈다. '지혜의 등불 서쪽으로 지다'라는 뜻이다.

우리시대 '지혜의 등불'이었던 '가야산인' 지관 스님은 '무상한 육신'으로 와서 원융무애한 '연꽃을 사바에 피우고' 서쪽으로 갔다. 서산에 뜬 달 휘영청 밝다.

2

미륵부처 올 때
내 다시 올 터이니

혜정 스님

혜정(慧淨) 스님_전 법주사 회주

1933년 전북 정읍 출생. 한국 전쟁 중 마곡사 대원암에서 출가. 1953년 예산 수덕사에서 수계. 법주사 주지. 조계종 총무원장, 원로의원, 대종사. 법주사 회주. 2011년 2월 26일 괴산 각연사에서 입적.

네가 진 허공이 바윗덩이 무게다

"미륵부처 올 때 내 연락할 테니 그때 오라구."

'속리(俗離)산' 수정봉 아래 법주사 조실 혜정 노스님이 분명히 그렇게 말했었다. 그러고는 껄껄껄 웃었다. 뭔 소린가 싶어서 합장 반배 하다 말고 고개 들어 스님을 쳐다봤다. 스님은 담장을 파랗게 덮은 담쟁이 잎새 옆에서 짧게 손 흔들어주고는 시침 뚝 떼고 사리각 문 안으로 쑥 들어가버렸다.

일찌감치 '속리(속세를 떠남)'하신 분이니 역시 속세의 작별 인사와는 다르군. 그렇게만 생각하고 돌아섰다. 높이가 30미터나 되는 금동미륵대불상도 무슨 비밀을 감춘 것처럼 씨익 웃는 것 같았다. 수정봉 하늘이 정말 수정처럼 맑았다. 사람들 발길이 뚝 끊긴 수정교로 말

시키지 말라는 뜻의 묵언패(默言牌)를 목에 단 노승 홀로 천천히 건너오고 있었다.

보은 땅 말티고개를 넘어 속리산 중 천년 고찰 법주사에 다녀온 게 5월, 유난히 햇빛 좋고 산색 푸른 날이었다. 혜정 스님이 우뚝 솟은 미륵불상과 마애불이 새겨진 큰 바위 사이에 있는 사리각에서 날씨처럼 따스한 미소로 맞아줬다.

사리각은 고려 공민왕 때 부처님 진신사리를 봉안한 사리탑을 지키는 집이다. 활짝 핀 목련꽃과 단풍나무, 꽃 지고 초록 잎새 피어난 벚나무가 사리각에 그늘을 드리우고 있었다. 담장을 꽉 채운 담쟁이는 혜정 스님이 40년 전 심었다고 했다.

사리각 내 큰스님 방은 장식 하나 없이 깔끔했다. 은은한 한지를 바른 벽에 승복 한 벌과 죽비 하나가 달랑 걸려 있었다. 바닥에도 좌복 한 개와 탁상시계를 올려놓은 서안이 있을 뿐이었다. 깨끗한 모시 승복을 입고 엷은 미소를 머금은 노스님이 담백하게 꾸민 방과 너무나도 잘 어울렸다.

"절에 있으면 날마다 '고정판'이여. 배고프면 밥 먹고 졸리면 잠자야지. 그런데 배부른데도 더 먹으려 하거나, 일어나야 되는데도 자는 사람들이 문젠 거여."

하루 일과가 늘 똑같다는 말씀이다. 스님은 말이 분명한데도 워낙 리듬을 잘 살려서 마치 깊은 산속 계곡물 소리를 듣는 것 같았다.

혜정 스님은 평생 청빈하게 살았다. 전화나 개인 승용차도 없었다고 한다. 외출할 때는 바랑을 메고 대중교통을 이용했다. 일의일발(一衣一鉢, 옷 한 벌과 발우 하나)이면 충분하다며 제자들에게 아무것도 사들이지 못하게 했다.

노스님은 따로 상을 받지 않고 대중 공양을 했다. 이날도 젊은 스님들과 함께 점심 공양을 하고 돌아온 참이었다. 스님은 법주사처럼 큰 절보다는 조용한 산골에서 홀로 지내고 싶다고 했다.

어려서부터 조용한 성격에 책읽기를 좋아했다. 전북 정읍의 고향 친구로 고교 시절 혜정 스님의 손에 이끌려 출가한 뒤 평생 도반의 길을 걸어온 월주 스님(금산사 조실)은 "초등학교 때부터 혜정 스님이 우등생, 모범생에 늘 반장을 도맡았다"고 했다.

고등학교 시절 만해 스님이 창간한 월간 '불교'에서 우연히 서산대사 〈선가귀감〉에 나오는 선시를 봤다. "삶은 어디서 왔고, 죽음은 어디를 향해 가는가. 태어남은 한 조각 뜬 구름이 일어남이요, 죽음은 한 조각의 뜬 구름이 사라짐이다."

불교에 호감을 갖고 공주 마곡사 대원암에 가서 출가했다. 그런데 당시 마곡사가 대처승 절이어서 바로 예산 수덕사로 옮겼다. 혜정 스님이 수덕사 시절을 회고했다.

선농일치 가풍을 지키는 수덕사는 스님들이 날마다 울력을 했다. 벽초 스님은 그중에서도 거의 일만 하고 살았다. 어느 날 벽초 스님이 축대를 쌓느라고 무거운 돌을 져 나르고 있었다. 지나가던 여자 신자들이 그걸 보고 인사 삼아 한마디씩 했다.

"아유, 스님 너무 무겁겠어요."

그러자 벽초 스님이 말했다.

"아, 내가 아니라 보살님들 짐이 더 무거운 것 같소. 허공을 등에 지고 다니니…."

당시 일타 스님의 속가 아버지인 법성 스님도 수덕사에 있었다. 그분은 손재주가 무척 좋았다고 한다. 혜정 스님은 그때 법성 스님이 깎아준 죽비를 평생 가지고 다녔다. 사리각 스님 방에 걸려 있던 죽비가 바로 그거였다.

혜정 스님이 금오 스님을 스승으로 모시게 된 것도 수덕사에서다. 알려진 대로 금오 스님은 성격이 불같았지만 참선하는 제자에게는 예외였다고 한다. 누구도 빠질 수 없는 울력 때도 참선하고 있으면 "그놈 그대로 가만 두거라" 하고 감쌀 정도였다. 그런 스승이 "중노릇은 확실히 할 놈"이라며 혜정 스님 등을 두들겨주곤 했다.

고난 없이는 길도 없다

금오 스님이 '불교 정화'에 앞장서면서 그의 제자들이 일종의 '결사대' 역할을 했다. 혜정 스님은 조계사에서 단식을 했다. 그런 결의에 찬 모습이 높은 점수를 받아서 정화가 끝나자마자 종단과 사찰의 '행정'에 나서게 됐다.

경남대 종교학과, 동국대 행정대학원 등 학력을 쌓고 법주사 주지, 조계종 총무원장도 지냈다.

그렇지만 맡은 일이 끝나면 선방에 가거나 토굴에서 살았다. 월출산 도갑사 폐사지에 방 한 칸, 부엌 한 칸의 토굴을 짓고 혼자서 3년을 살았다. 부여 금지암이라는 다 쓰러진 암자에서 밥 짓고 나무하고 빨래하며 1년을 지내기도 했다.

"수도자는 대자유를 얻기 위해서 모든 걸 다 건 사람들이라구. 부처가 되기 위해 한 번의 인생을 총 투자한 거야. 그러니까 프롭니다, 프로! 그러다 실패하면 본전도 못 건지는 거지. 허허허."

'인생은 도박'이라는 말이 있기는 해도 '출가는 인생 전부를 베팅한 도박'이라는 스님 말씀이 훨씬 실감났다. 깨닫기만 하면 생사를 마음대로 하고 부처가 되는 판이니 큰 판이기는 하겠다.

혜정 스님은 수차례 말한 대로 금오 스님 제자들인 '월자 문중'의 핵심 중 한 명이었다. 섬세하면서도 카리스마가 있고 소신이 뚜렷해서 문중 안팎에서 신망이 두터웠다. 금오 스님처럼 혜정 스님도 많은 제자를 뒀다. 지명, 현각, 원공, 진성, 관명 스님 등이 조계종 중진으로 이판사판에서 중요한 일들을 맡고 있다.

"스님들은 왜 그렇게 사제 간을 중요하게 여깁니까."

"학교 선생님과 제자는 지식을 사고파는 관계잖어. 절의 사제 간은 훨씬 더 원초적인 인연이거든. 도제식으로 배우고, 부자 관계처럼 뒷받침하고, 수행하는 일까지 의지하잖어. 부처님 다음이 은사(스승)

니까 부모에게도 댈 게 아니지. 정신을 연마하는 일에 생사를 함께 거는 운명공동체라고 보면 돼."

혜정 스님은 한문 경전, 선어록뿐만 아니라 영어, 일어 원서까지 읽을 수 있을 정도로 해박했다. 불교계 안에서 개혁파로도 알려져 있었다. 법주사 주지 시절 강원에서 산스크리트어, 팔리어, 영어, 심리학, 논리학, 비교종교학 등을 교육 과정에 처음 도입했다. 총무원장 시절에 전국 사찰에서도 똑같은 교육을 실시하려고 했지만 반대하는 이들이 많아 실패했다. 지금은 조계종단에서 그런 승려 교육이 이뤄지고 있다.

"불교는 다른 종교와 비교할 때 어떤 장점이 있습니까."

"불교는 종교 중 유일하게 무신론이지. 인간의 근원, 끝 간 데, 수원지를 찾아서 마음이라는 놈을 붙잡기만 하면 누구나 인격의 최고 완성자가 되는 거야. 그렇게 다이너마이트를 콱콱 던지는 것처럼 폭발적으로 인간 의식을 바꿔준 성인이 어딨어. 그래서 부처님은 독보적인 대혁명가요, 대웅변가요, 대영웅이지."

"그렇지만 젊은이들은 옛날식 화두나 고행이 너무 어렵다고 합니다."

"우리도 옛날만은 못하지. 내가 복이 많아서 우리나라 선지식들을 거의 다 만났어요. 그분들은 중 냄새를 푹푹 풍겼어. 마음속으로 팍 엎드려지는 존경심을 느꼈다구. 시대가 가벼워지고 물질이 득세해서 부분적으로 전문가는 많아졌어도, 전체적으로 대단한 도인을 만나기 어렵지. 그렇지만 세상이 어떻게 바뀌든 간에 스스로 고난을 이겨내지 않고 편하게 갈 수 있는 길은 없어."

한 토막 봄꿈일 뿐

"요즘 정치는 어떻게 봅니까."

"휴머니즘이라는 중심 추를 딱 세우고 공명 정대를 바탕으로 해서 어떤 이상 세계를 만들겠다는 철학을 가져야 대정치인이지. 요즘 그런 정치인이 많지 않아. 태양이 세상 전체를 비추듯이, 바닷물이 모든 대양으로 고루고루 흘러가듯이 큰 꿈과 안목을 가졌으면 좋겠어."

혜정 스님은 한 인터뷰에서 "제후들이 부처님을 찾아와 '훌륭한 정치가 무엇입니까' 하고 물었을 때 '삭삭논의(數數論議)'라고 대답했다"는 말을 했다. 삭삭논의는 자주 만나 대화한다는 뜻이다. 하물며 오늘날 민주주의 체제에서는 국민과 대화하고 소통하는 일이 더 많이 필요하다는 거다.

"세상 살기가 어렵다고들 합니다. 어떻게 해야 합니까."

"사바세계는 산스크리트어에서 인토(忍土)를 뜻합니다. 참는 땅이라는 거지. 꾹 참으면 살아갈 만한 세상이란 뜻도 되고. 한 번에 올라가겠다고 점프하다가는 다리가 부러져. 몸은 고되도 마음은 편히 쉰다는 생각, 그러면서 꾸준히 간다고 목표를 길게 잡아야 해요. 이 세상 너머 다음 생까지 목표를 멀리 정해두면 살기 어렵다고 쉽게 좌절할 일이 없어요. 인간은 지옥과 극락의 딱 중간에 있는 존재이기에 노력해서 완전한 곳으로 쉬지 않고 갈 수밖에 없어. 그 생각을 하면 옳은 말과 행동, 바른 생활 태도가 저절로 붙을 거 아녀?"

"스님도 좋아하고, 미워하는 사람이 있나요?"

"있지. 미운 사람 미워하고, 좋은 사람 좋아하지. 하지만 옛말에 혼자 있어도 만좌중(萬座中)이 있는 것처럼 하라고 했잖아. 되도록 자제하고 표출하지 말아야지. 미운 것, 좋은 것 자체를 화두로 돌려서 그 뿌리를 캐보면 선과 악이, 호와 오가, 나와 남이 없다는 걸 알게 된다구."

"어떻게 가실 겁니까."

"바람같이, 구름같이, 물같이 가는 거야. 티끌만 한 흔적도 남길 게 없어. 비석을 세우고 공적을 적어 넣는 게 아무 필요 없는 거라구. 바위 일생은 엄청난데 아무 말이 없잖어. 우리 인간도 자연의 하나라. 개체(個體)도 다 파출(派出)되어 나온 거니 죽으면 또다시 전체로 들어간다구. 그러니 되도록이면 이 세상에 안 온 것처럼 가야지."

그날, 이런 긴 대화를 나누고 돌아오는 길에 노스님이 불쑥 미륵부처 얘기를 한 거였다. 그 혜정 스님이 2011년 2월 26일 괴산 각연사에서 세상 나이 78세, 출가한 지 58년 만에 입적했다.

얼마 전부터 몸이 불편해지기 시작한 스님은 열반을 한 달 앞두고 음성 가섭사, 옥천 가산사, 월악산 신륵사, 제천 자은사 등 제자들이 주지를 맡은 사찰을 다 돌았다고 한다. 기력이 쇠해 제자들의 부축을 받아 간신히 발걸음을 뗐다. 스님이 제자들의 손을 꼬옥 잡고 "헛되이 시간 보내지 말고 부지런히 공부해야 한다"고 당부하더란다.

스님의 이 말씀은 부처님이 입멸 직전 했던 말과 다름없다. 부처님은 마지막으로 제자들에게 혹시 의심나는 것이 있으면 물어보라고 했다. 제자들이 슬픔에 잠겨 아무 말도 하지 않자 "모든 현상은 변한다(諸行無常). 게으름 없이 정진하라" 하고는 고요히 눈을 감았다.

혜정 스님은 입적 열흘 전에 제자들을 각연사에 불러놓고 자신의 임종을 통보하면서 "이제 내 세연이 다 됐다. 내 부도탑은 만들지 마라"고 유언했다.

맏상좌 지명 스님(안면암 지도법사)에게 써준 열반의 게송은 이렇다.

사대육식(지수화풍과 여섯 감각 기관)은 본래 공(空)하니,
(四大六識本來空)

육근육진(육식의 모든 대상들)이 희롱하는 연극에 불과하다.
(六根六塵戲弄劇)

천 가지 기쁨 만 가지 즐거움도 한 토막의 봄꿈일 뿐,
(千喜萬樂一春夢)

헐떡임 쉬고 똑바로 보면 새로 깨달아 알게 되리.
(大休觀處見性具)

입적 하루 전 월주 스님이 무의식 상태에 빠진 스님에게 "모든 게 인연"이라고 위로하니 희미하게 고개를 끄덕였다고 한다. 다음 날 의식을 되찾은 스님은 지명 스님에게 몸을 씻겨 달라고 한 뒤 승복을 다 갖춰 입고 의자에 앉아 잠들듯이 고요히 떠났다.

영결, 다비식은 스님이 오래 머문 법주사에서 치렀다. 유언에 따라 살아서 입던 황토색 가사 한 장만 달랑 덮은 법구는 각목 틀로 짠 임시 상여에 올라 다비장까지 운구됐다. 그날따라 바람은 거세게 몰아쳤고 다비장 불길도 활활 타올랐다. 맏상좌 지명 스님은 스승 가는 길 내내 오열을 터뜨렸다.

그 노장 정말 티끌만 한 흔적도 남김없이, 그렇게 갔다. 온 산에 꽃이 져도 향기는 그대로다. 혜정 미륵보살은 언제쯤 이 땅에 다시 올까. 속환사바 광도중생!

3

귀 막고
눈 가리고
입 닥치고

수산 스님

수산(壽山) 스님_전 백양사 방장

1922년 전남 장성 출생. 1941년 백양사에서 출가. 완도 신흥사, 영광 원각사, 부안 개암사, 장성 백양사 주지. 불갑사 조실. 학교법인 정광학원 이사장. 조계종 원로의원, 대종사. 고불총림 백양사 방장. 2012년 3월 7일 입적.

밥값 내놔라, 이놈들아!

"도둑이야!"

자호 선사가 느닷없이 한 스님을 붙잡고 외쳤다.

"유나(선방 총괄 책임자)야. 도둑놈 잡았다!"

"저는 훔친 게 없는데요."

"이놈이 도둑질을 해놓고 거짓말까지 하네."

자호 선사는 "신도들이 부처님께 바친 시줏물로 먹고 살면서 아직도 깨치지 못했으니 도둑"이라고 한바탕 소동을 벌였다.

그런데 훗날 법진 스님은 "그때 자호 선사가 도둑을 제대로 잡지 못했으니 마땅히 반좌율(무고죄)을 뒤집어써야 했다"며 주장자로 선방 스님들을 모조리 때려눕혔다. 그러면서 "이 떼도둑들아! 내가 오늘 네 놈들이 훔친 물건(장물)까지 확실히 잡았다"고 고래고래 악을 썼다.

전남 장성 백암산 고불총림 백양사 방장 수산 스님이 선방 동안거 해제 법회에서 한 옛날 중국의 선승들 이야기다.
"그런데 우리 스님들은 밥도둑은 면했습니까. 이제 석 달(동안거 기간) 밥값을 받아야겠으니 다들 계산해서 이 산승에게 가져오세요."
이게 수산 스님의 마지막 법문이 됐다.
스님은 그날로부터 두 달 뒤인 2012년 3월 7일 세수 아흔한 살, 출가 73년의 삶을 뒤로하고 홀연히 입적했다.
그렇게 "밥값 좀 하라"고 간곡하게 일렀는데도 큰스님 다비장의 재가 식기도 전에 스님들끼리 싸움까지 벌였다. 수산 스님은 떠나는 길에도 밥값을 받기는커녕 손해만 막심했다.

구십 년 삶이 이 허공 꽃과 같은지라,
오늘 환(幻)을 여의고 본가로 돌아가노라.
꽃잎 떨어져 흩날리며 까치 소리하는 가운데
하하 웃고 한번 뒤집으니
공겁(空劫, 세상의 마지막으로 바뀌는 때) 밖이로다.

백양사 산 역사였던 수산 스님이 남긴 열반송이다. 지금은 "환상에 불과했던 구십 년 삶을 여의고 공겁 밖에 있는 본가로 돌아가" 속

썩이는 '밥도둑'들도 잊고 하하하 웃고 있을까.

그 수산 스님을 불갑사에서 만난 게 스님 떠나던 때와 같은 3월 달이었다. 스님이 백양사 말사인 영광 모악산 불갑사 염화실에 머물며 두 절을 수시로 오가고 있을 때였다. 남도 들녘에는 봄기운이 감돌고 보리가 파랗게 자라고 있었다. 불갑사 산문 한쪽에 늘어선 부도탑 뒤로 동백이 생핏자국처럼 붉었다.

"백양사는 역대로 위대한 선승들이 끝없이 나온 절이여. 현대로 들어와서는 만암 스님이 오늘의 백양사를 만들었고, 서옹 스님이 백양사 선풍을 높게 만들었지."

스님이 온화하고 맑은 미소로 작설차를 따랐다. 차인들은 수산 스님 차 맛을 청풍(淸風), 선향(禪香)이라고 높게 쳤다.

백양사는 백암산의 하얀 바윗덩어리인 백학봉 아래 들어앉은 1300년 고찰이다. 근현대 불교의 대선사였던 만암 스님, 임제 선사의 무위진인(無位眞人)을 현대에 맞게 해석해 '참사람' 운동을 펼쳤던 서옹 스님에 이어 수산 스님이 2004년부터 8년 동안 백양사를 이끌었다.

수산 스님의 어린 시절은 불행의 연속이었다. 큰형에 이어 아버지가 돌아가시고 탈상하자마자 어머니까지 돌아가셨다. 어머니의 삼년상을 마치는 길로 절에 들어왔다. 열아홉 살 때 백학봉 바위처럼 하얗게 머리를 깎았다.

승적 기록부에는 만암 스님 제자인 법안 스님의 제자로 등록했다. 하지만 그분은 이미 세상에 없었다(이런 일을 절집에서는 '위패상좌'라고 한다). 세상에서도 고아였는데, 절에서도 고아가 된 셈이다. 스승이 없다보니 강원 학비를 내기 위해 부전을 맡을 수밖에 없었다. 공부만 하는 스님들이 너무 부러웠다고 한다.

사실상 스승이었던 만암 스님은 일부러 모른 체했다. 어려움을 스스로 이기도록 하는 게 만암 스님의 교육 방법이란 걸 나중에 알았다. 강원을 마치자마자 만암 스님 시봉을 했다. 어느 날 만암 스님이 불렀다.

"중 승(僧) 자를 쓸 줄 아느냐?"

"사람 인(人) 변에 일찍 증(曾) 자 아닙니까?"

"중 되기 전에 먼저 사람이 돼야 한다는 뜻이다. 일찍 일어나고 부지런해야 한다는 말이다. 사람도 못된 것들이 중을 하면 세상이 시끄러운 법이다. 알겠느냐?"

수산 스님은 그 말에 한 치도 어긋남 없이 '중노릇'을 하려고 애썼다. 만암, 서옹 스님은 완도 신흥사, 부안 개암사, 태백 흥복사 등 낙후된 사찰마다 스님을 주지로 보냈다. 백양사 주지는 11년이나 했다.

"남의 공부 뒷바라지하는 일이 뭐가 좋겠어. 그런데도 어른이 시키니 뜻에 따를 수밖에. 결국 닭 벼슬만도 못한 중 벼슬 하느라고 한평생 허물어진 절간 짓고 살림을 채우는 물코막이(물막이의 사투리)만 했지."

그 어둠 속에서 스스로 걸어나오라

그래도 참선 수행에 대한 갈증을 억누를 수가 없었다. 만암 스님에게 '이 뭣고' 화두를 받은 뒤로 틈만 나면 선방으로 도망쳤다. 예산 수덕사 만공 스님, 나주 다보사 인곡 스님 등을 찾아다녔다. 떠났다가도 일이 생겼다며 큰스님이 찾으면 발 돌리는 일이 반복됐다.

1948년 다보사 선방에서 용맹정진할 때다. 갑자기 상기(上氣, 피가 뇌로 모이는 현상)가 돼서 머리가 깨질 듯 아팠다. 인곡 스님이 화두를 놓아버리라고 했지만 도무지 놓을 수가 없었다. 그런 상태로 어느 날 탁! 깨달았다고 한다.

시가 절로 나왔다.

"옷소매 속에 해와 달을 거두고(袖中日月), 손아귀에 하늘과 땅을 모아 쥐었네(掌握乾坤)."

1949년부터 만암(조실), 서옹(선원장), 수산(주지) 스님이 목포 정혜원 한자리에 모여 생활했다. 하루의 절반은 참선하고, 절반은 농사를 짓는 반농반선(半農半禪)으로 살았다. 만암 스님은 일찍부터 백양사 땅을 일궈 농사를 짓고, 양봉과 죽세공품까지 만들어 절의 자급자족을 꾀했다. 수산 스님의 평생 생활 지침인 청빈과 반농반선도 이때 자리 잡았다.

수행자로서 소득도 컸다. 1953년 만암 스님에게 "얼마나 높은지 정상이 안 보이고, 사해(四海)가 일찍이 그 틈이 없네. 생각이 다하고 말이 끊어진 곳에, 외람되이 한 수산(壽山)만 우뚝 나타났네"라는 전법게(법을 전하는 시)와 함께 '수산'이라는 법호를 받았다. 스님의 법명은 지종(知宗)이다.

"올바른 인간으로 태어났으면 올바르게 살다가 올바르게 죽어야지. 가는 길을 똑바로 봐야 해. 무엇이 옳고 선하고 바른지 모르는 사람이 어딨나. 탐(욕심), 진(성냄), 치(어리석음)의 습관만 딱 끊겠다고 마음먹어도 그 순간이 의식의 대전환점이야. 거기에 마음까지 닦아서 자성(自性, 변하지 않는 존재성)을 보겠다는 의지 하나를 더 보태면 스스로 어둠 속에서 걸어 나오는 거거든."

불교에서 탐진치 이야기만 꺼내면 "에구, 또…" 하며 지겨워하는 이들이 많다. 하지만 스님은 "천 마디 만 마디 좋은 말을 하고 이상을 말해도 다 소용없다. 많이 배우고 아는 것보다 실천하는 것이 중요하다"는 말을 여러 번 했다.

"잠들기 전에 내가 오늘 어떻게 살았나 반성해봐. 삼독(탐, 진, 치)과 삼복(진, 선, 미)을 기준에 놓고 주판알을 튕기듯이 더하기, 빼기를 하는 거지. 세상사는 사람들이 대부분 손해여. 그 적자 폭을 점점 줄여가다 보면 이게 즐겁고 마음이 좋아져서 맛들이게 돼 있어. 그게 생활 속의 선이지, 다른 게 없어."

수산 스님이 불갑사와 인연을 맺은 건 1975년이다. 불갑사는 백제에 불교를 처음 전한 인도 스님 마라난타가 배를 타고 영광 법성포로 들어와 모악산에 최초로 세운 사찰이라고 한다.

수산 스님과 제자 만당 스님이 폐사 직전의 절을 옛 모습대로 되살려냈다. 만당 스님은 사법고시를 준비하러 불갑사를 찾았다가 출가했다.

수산 스님은 차(茶)의 명인(名人)으로도 널리 알려져 있었다. 모악산 자락에 야생 차밭을 가꾸고 늘 정성으로 돌봤다. 직접 찻잎을 따고 덖어서 작설차, 떡차(전차)를 만들었다. 다른 차보다 손이 많이 가고 정성이 많이 들어간다고 했다. 곡우 무렵에는 '수산 차'를 얻으려고 차인들이 줄섰다.

"찻잎을 딸 때나 차를 만들 때, 차를 마실 때에 똑같이 평심(平心)을 유지해야 진향(眞香)을 느끼지. 차와 선이 둘이 아니라는 다선일미(茶禪一味)가 바로 그거여."

사찰 전통 음식에도 해박해 간장, 된장, 고추장과 김치, 산나물, 밑반찬 마련까지 하나하나 꼼꼼하게 챙겼다. 차와 음식, 텃밭 농사, 절의 나무와 화초를 돌보는 일이 스님 말년의 반선반농이었다. 그런데 수산 스님의 차와 장맛 비결은 누가 이었을까. 혹시 맥이 끊어진 건 아닌지 모르겠다.

젊어서는 관절염, 담석증 등 걸어다니는 종합병원이라고 할 정도로 병치레가 많았다. 그런데도 구십 넘어까지 건강하게 장수할 수 있었던 것은 부지런함과 차, 음식, 그리고 스님만의 독특한 건강 수행법 덕분이다.

스님은 9시에 자고 새벽 2시 반에 어김없이 일어났다. 스스로 만들어낸 선 체조를 한 뒤 아침 공양까지 두 시간 정도 좌선을 했다.

"욕심을 버리고 게으르지 않아야 해. 자기 몸을 천하게 여길수록 건강해져. 골고루 제때 먹어야 하고. 거기에다 수행자는 열심히 수행하는 게 건강 비법이야."

지금 있는 자리가 딱 네 자리다

염화실 한쪽에는 작은 인형 크기의 정감 가는 불상 셋이 모셔져 있었다. 손으로 눈을 가리고, 귀를 덮고, 입을 막고 있는 부처들이다.

"될수록 보지도, 듣지도, 말하지도 않는 게 수행이야. 물질만 소욕지족(小慾知足)해서 될 일이 아녀. 보는 즉시 말하고, 듣는 즉시 말하는 것도 욕심이거든. 돌멩이 하나도 다 제자리가 있어. 오래된 돌덩이는 정원에 놓으면 보기 좋잖아. 사람도 꼭 있어야 할 제자리가 있고, 꼭 해야 할 말이 있어."

수산 스님은 "누구나 지금 있는 자리가 딱 제자리"라고 했다. 돈을 더 번다고, 지위가 높아진다고 '제자리'가 바뀌는 건 아니란다.

"마음을 움직여야 자리가 바뀌는 거여. 스님이든 아니든 욕심으로 기웃 기웃대고, 말할 자리 아닌 데서 말하는 건 세상만 어지럽게 한단 말이지. 입으로는 말을 줄이고, 위장에는 밥을 줄이고, 마음에는 욕심 줄여야 해."

스님은 물질의 욕심, 말의 욕심이 개인을 망치고 세상을 망친다고 했다. 한쪽에서 많이 가져가면 다른 쪽에서 부족한 쪽이 생기고 그게 우주질서를 파괴시킨다고도 했다. 인간 욕심이 업력(業力)으로 쌓여서 사람과 자연이 자꾸 변동되기 때문에 지구온난화나 잦은 태풍 피해가 일어난다는 '특이한' 논리를 폈다.

"사람의 생각이 잘못돼서 세상이 변태(變態)되는 거여. 사회를 정화하고 개혁한다고 하는데 '나'부터 정화하고 개혁해야 해. 안 그러면 그냥 죽 떠먹은 자리여. 성주괴공(成住壞空, 우주가 생성과 파괴를 반복하는 작용)이 돌고 돌더라도 근본은 변하지 않는 자성, 딱 하나거든. 욕심을 부리려면 부처님같이 세상을 다 맑게 만들겠다는 크나큰 욕심을 부려야지. 안 그러면 흠 없이 사는 게 제일여."

수산 스님 영결, 다비식은 백양사에서 열렸다. 서옹 스님 입적했을 때 스님이 여든셋 노구에도 상주로서 끝까지 장례를 이끌었던 바로 그 자리였다. 꽃샘추위로 기온이 영하까지 떨어지고 간간이 눈까지 날렸다.

백양사 전통 다비 의식은 독특하다. 연화대 아래 땅을 파고 맑은 물(명당수)을 채운 항아리를 넣는다. 다비가 끝나면 항아리에서 사리를 수습한다. 그렇게 해서 만암 스님은 8과, 서옹 스님은 4과의 사리를 수습했다.

수산 스님은 쌀알 두 배 크기의 사리 2과가 나왔다. 그 사리가 황옥, 수정처럼 맑고 영롱했다.

사리가 아무리 영롱해도 진짜 사리는 평생 자신을 내세우지 않은 평상행(平常行), 청정, 정성의 3과 아닐까. 이제 후학들은 노스님이 마지막 법회에서 하고 싶었던 말씀 들었을까.

"밥값 내라, 이놈들아!"

4

첫걸음이 바로 목적지

묘엄 스님

묘엄(妙嚴) 스님_전 봉녕사 승가대학장

1931년 경남 진주 출생. 1945년 문경 대승사에서 출가. 1966년 동국대 불교학과 졸업. 수원 광교산 봉녕사 주지. 봉녕사 승가대학 학장. 비구니 금강율원 율원장. 전국비구니회 부회장. 조계종 비구니 전계화상, 비구니 명사(明師). 2011년 12월 2일 수원 봉녕사에서 입적.

무상無常하니까 인생이다

파란 하늘 아래 단풍색이 물감 뿌린 듯 화려한 가을날이었다. 표정이 맑고 단아한 노비구니 스님이 환한 가을볕을 쬐면서 800년 수령의 고목 향나무 주변을 천천히 거닐고 있었다.

현대 한국 불교 최초의 비구니 율사, 조계종 비구니 최고 법계인 명사, 우리나라 비구니들의 큰 스승으로 널리 알려진 묘엄 스님이다. 향하당(香霞堂) 염화실에서 노스님의 드라마 같은 삶과 수행 이야기를 들었다. 스님은 근엄한 가운데 담담하고 따뜻한 미소를 지으면서 지난날을 회상했다.

묘엄 스님은 조계종 통합 종단의 초대 총무원장과 2대 종정을 지낸 한국 불교의 대표적인 선승 청담 스님의 속가 딸이다.

청담 스님은 결혼해서 딸 하나 둔 2대 독자로 출가했다. 일찌감치 명성을 떨치던 청담 스님이 법회 참석차 고향에 가게 됐다. 그날 밤 청담 스님의 어머니가 들이닥쳤다. 노모는 대를 이을 아들 하나 만들어놓고 가지 않으면 자신이 목숨을 끊겠다며 아들을 잡아끌었다.

우선 어머니부터 살리고 볼 일이었다. 청담 스님은 어머니의 협박 반, 애원 반의 설득에 못 이겨 마지못해 단 하룻밤 파계를 한다. 그리고 그 파계를 참회하느라 10년 동안 맨발 고행을 했다.

아이를 낳아놓고 보니 노모의 소원과 달리 딸이었다. 그렇게 기구하게 태어난 딸, 인순은 열네 살이 되던 1945년 봄 생전 처음 아버지 청담 스님을 만났다. 일본군 위안부로 끌려가는 걸 피하기 위해 어머니가 문경 대승사로 보낸 거였다.

청담 스님은 평생의 도반인 성철 스님과 함께 대승사 쌍련선원에서 수행 중이었다. 청담 스님은 한마디도 하지 않았다. 대신 성철 스님이 말했다.

"내가 아는 걸 다 가르쳐줄 테니 니, 중 해라."

인순은 그 말에 따르기로 했다. 성철 스님이 계를 줬다.

"나는 법상에 오르지 않는 사람인데, 순호 스님(청담 스님의 법명) 딸이니 딱 한 번 사미니계를 주겠다. 법명은 묘할 묘(妙) 자, 장엄할 엄(嚴) 자, 묘엄이라 해라."

성철 스님의 유일한 비구니 제자가 되는 순간이었다. 법명인 묘엄은 〈화엄경〉 서론이며 총론인 '세주묘엄품'에서 따왔다. 세주묘엄품은 세상 모든 것이 서로가 서로를 빛나게 꾸며준다는 뜻이다. 세주(世主)는 묘엄 스님의 법호다. 그 후 아들을 파계시켜서라도 대를 잇고자 했던 묘엄 스님 할머니도, 어머니도 출가했다.

"출가자로서 '아버지와 딸'의 관계는 어땠습니까."

"사사로운 정이라고는 한 푼어치도 없었지요. 평생 아버지라고 불러본 적도 없어요. 언젠가 한 벌뿐인 무명 두루마기를 빨아둔 탓에 주지 스님이 빌려준 고급 옷감의 두루마기를 입고 스님을 뵌 적이 있어요. 스님께서 '네 옷이 그게 뭐냐'라고 묻기에 사정을 이야기하니까 '신랑도 주면 좋아라 하고 갖겠네'라고 혀를 차셨어요. 그때 처음 큰스님이 나를 유심히 지켜보고 있구나, 하고 느꼈어요."

묘엄 스님은 비구니로서는 드물게 1947년부터 청담, 성철, 향곡, 자운 스님이 주도한 봉암사 결사에도 참여했다. 당시 7, 8명의 비구니가 봉암사 뒤 백련암에서 봉암사를 오가며 비구승들과 똑같이 '부처님 법대로' 수행했다고 한다.

"희양산을 쩌렁쩌렁 울리던 큰스님들의 법거량과 무섭게 공부하던 모습이 늘 그립습니다. 봉암사 결사 정신인 '부처님 법대로'는 세상이 아무리 바뀌어도 출가자들의 변함없는 규범입니다. 출가자는 삶이 무상(無常)하다는 걸 철저하게 느끼고 부처님 뜻이 자신의 인생관이 되도록 살아야 해요."

봉암사 결사를 통해 예불, 참선, 울력을 제대로 보고 배웠다. 스님은 결사 후에도 20세기 한국 불교를 대표할 만한 스승들로부터 교육을 받았다. 성철 스님에게는 참선과 조사어록은 물론 지리, 역사 같은 세상 학문도 배웠다. 최고의 율사였던 자운 스님에게는 〈범망경〉, 〈비구니계율〉 등을 배웠다.

경전 해석에서 최고로 꼽히던 운허 스님을 따라 공주 동학사, 부산 금수사, 양산 통도사, 합천 해인사 등으로 옮겨 다니며 7년 넘게 경전 공부를 한 뒤 '전강(傳講)'을 받았다.

전강이란 사회에서 교수 자격을 인정하는 것처럼 불교에서 경, 율, 론 삼장(三藏)을 강의할 수 있는 자격을 인정하는 것을 말한다. 이전에도 경전을 가르치는 비구니 스님이 없지 않았지만 정식으로 인가받아 강맥을 이은 비구니는 묘엄 스님이 처음이다.

1959년 비구니 전문 강원인 동학사에서 최초의 비구니 강사로 본격적으로 교육에 나섰다.

"그 시절 비구니에게는 문자 공부도 못하게 했어요. 비구니가 강사를 한다는 것은 감히 엄두도 못 내던 때였지요. 그런데도 큰스님들이 미래를 내다보고 비구니 승단을 제대로 일으켜 세우라는 뜻으로 저에게 강사의 길을 열어줬던 겁니다."

묘엄 스님은 성철 스님은 엄격했고, 자운 스님은 올곧았고, 운허 스님은 점잖으면서도 철저했다고 회상했다. 이런 큰스님들을 모시며 공부한 스님은 동국대 불교학과에서 교학의 내공을 키운 뒤 운문사 비구니 강원에서 4년여 동안 스님들을 가르쳤다.

마음은 원자탄도 깨지 못한다

청담 스님의 핏줄, 성철 스님의 선, 자운 스님의 율, 운허 스님의 경을 이어받은 한국 불교의 '엄친딸' 묘엄 스님이 봉녕사로 옮긴 것은 1971년이다. 봉녕사는 고려 희종 때 창건된 고찰이지만 스님이 처음 왔을 때는 쓰러져가는 작은 법당 몇 채가 전부인 폐사 직전의 사찰이었다.

30여 명의 제자들과 함께 대대적인 불사와 울력을 시작했다. 처음에는 멍석을 깔고 법회를 열었다고 한다. 길을 내고, 전각을 고치고, 나무와 꽃을 심었다. 주변의 논밭을 메우고 새 전각을 지어 오늘날 국내 대표적인 비구니 사찰로 키웠다.

봉녕사는 수원시 우만동 월드컵경기장 근처 대규모 아파트 단지 뒤편 너른 분지에 있다. 절 앞 넓은 채소밭에서 스님들이 배추를 거두고 있었다. 웅장한 대적광전을 중심으로 향하당, 청운당(금강율원), 현대식 도서관인 소요삼장, 육화당 등이 늘어서 있다. 비구니 사찰답게 나무와 화초들이 아기자기하고 아름다웠다. 공원처럼 잘 가꾸어진 조경과 구름다리가 놓인 연못, 석조물들이 운치를 더했다.

묘엄 스님은 늘 "나라를 위해 여성 인재를 양성해야 하고, 이를 위해 비구니 스님들도 체계적인 공부를 해야 한다"고 강조했다고 한다. 봉녕사가 특별히 비구니 스님들의 교육에 비중을 둔 이유다.

1974년 개원한 비구니 강원은 승가학원을 거쳐 1984년 승가대학으로 승격됐다. 국내 최초일 뿐만 아니라 세계 최초의 비구니 율원인 금강율원도 열었다. 스님은 이곳에서 한국 불교의 대표적인 고승들에게 전수받은 강사의 길을 고스란히 제자들에게 전했다. 강원 치문반(초급반)부터 승가대학, 율원 스님들을 직접 지도해 800명이 넘는 제자를 키워냈다. 그래서 부처님(光)의 가르침(敎)을 주는 산이라는 뜻의 광교산은 더욱 빛났다.

노스님은 젊은 스님보다 더 부지런하고 바쁘게 지냈다고 한다. 대중 울력에 빠지지 않고 함께 밭을 매고 농사일을 했다. "흐르는 물도 아꼈다"는 청담 스님의 핏줄답게 절약에도 일인자였다. 사미니 시절 배운 솜씨대로 평생 승복을 손수 바느질해 입었다. 오랫동안 봉녕사를 일군 경험이 쌓여 나무와 꽃에 관해서는 거의 조경 전문가 수준이었다. 늘 주머니에 사탕 한 움큼씩 넣고 다니다가 봉녕사를 찾은 아이들에게 나눠줬다고 한다.

언젠가 강원에서 공부하는(학인) 스님들이 활짝 웃으면서 찍은 사진을 보여줬다. 스님은 "희로애락의 감정을 다스리지 못하면서 어떻게 중생을 교화하느냐"고 꾸중을 했다. 봉녕사 금강율원장 적연 스님은 "출가자는 몸은 여성이지만 대장부의 길을 가는 것이니까 행동과 말부터 대장부의 위의를 나타내야 한다는 뜻으로 그러신 것"이라고 말했다.

금강율원 1기 졸업생인 적연 스님과 신해 스님은 묘엄 스님이 율맥을 전한 첫 번째 제자다. 강맥을 이은 제자로는 탁연, 일연, 성학,

혜정, 대우, 일운, 본각 스님 등이 있다.

묘엄 스님은 "몸뚱이는 거짓되고 헛된 것이니(四大虛假), 조금도 애석해 할 것이 없다(非可愛惜)"는 무상계(無相戒, 임종 때의 독송문) 한 구절을 들려줬다.

"우주는 성주괴공(成住壞空, 생겨나서 유지되다가 변화하고 무너져 사라진다는 뜻)하고 중생은 생로병사합니다. 그러나 원자탄으로 우주 전체를 박살내도 마음만은 부서뜨리지 못하지요. 엉겁결에 태어나고 죽지만 마음은 그대로 있는 겁니다. 언제 다시 몸을 받을지 모르니까 몸이 있고 선악을 분별할 때 마음의 복혜(福惠)를 닦으며 잘 살아야 합니다."

크게 비워야 크게 채운다

묘엄 스님은 사람들이 당장 편하고 쉽게 사는 길만을 택하는 것이 안타깝다고 했다.

"현재를 충실하게, 바르게, 진실하게 살면 과거, 미래를 걱정할 필요가 없습니다. 어려운 이웃을 외면하면 외롭고 힘든 생이 다가온다는 것을 알아야 해요."

사람들이 물질을 탐하지만 탐심은 눈덩이처럼 끝도 없이 불어나기만 할 뿐 만족을 모르는 것이라면서 "크게 비우는 것이 가득 채우는 지름길"이라고 강조했다.

"인생은 순환도로 같은 겁니다. 출발지가 바로 목적지이지요. 출발과 도착이 따로 있지를 않아요. 첫걸음이 바로 목적지인 줄 아는 마음가짐을 가지세요."

노스님 말씀을 듣는 향하당 문밖의 고목 향(香)나무 너머로 노을(霞)이 번지고 있었다. 엷은 미소를 띤 황혼녘의 노스님에게서 향나무처럼 맑은 향기가 느껴졌다.

모든 비구니들의 표상이었던 묘엄 스님은 세수 80세, 출가한 지 67년째인 2011년 12월 2일 세연을 다했다. 웬일인지 그해에는 평소보다 한 달이나 일찍 김장을 서둘렀다고 한다. 고무장갑을 끼고 일생의 마지막 김장을 맛있게 담갔다.

입적 나흘 전까지도 강원에서 강의를 했다. 그러고는 그나마 소식하던 곡기를 끊었다. 만상좌 일운 스님(울진 불영사 주지)은 마지막 순간 스님의 표정이 아주 평온하고 평화로웠다고 전했다.

한국 불교 비구니 대강백 묘엄 스님은 제자들에게 유훈을 남겼다.

1. 마음공부는 상대적인 부처님을 뵙고 절대적인 나 자신을 찾는 것이다.
2. 자기를 단속하여 인천(人天)의 사표(師表) 되고 생사에 자재(自在)하여 중생을 제도하라.

인파가 구름같이 몰려든 영결식에서 해인사 방장 법전 스님(전 조계종 종정)은 묘엄 스님에 대해 "창천(蒼天, 맑게 갠 새파란 하늘), 창천이로다!"라고 했다. 자승 스님(총무원장)은 "이 시대의 마하파자파티 고타미(부처님의 이모이며 최초의 출가 비구니)"라고 애도했다. 명우 스님(전국비구니 회장)은 "한국 불교의 후불탱화"라고 기렸다.
　영결식장에서 다비장까지 운구하는 상여는 제자 비구니 스님 스물네 명이 맸다. 비구니 스님들이 상여를 맨 모습도 이색적이었다. 상여가 다비장으로 향하는 순간, 봉녕사 대적광전 처마 끝에 찬란한 무지개가 떴다고 전한다.
　봉녕사는 '광교산 향나무' 묘엄 큰스님이 40년을 머물렀던 향하당을 세주묘엄 박물관으로 꾸몄다.

5

일거수일투족 양명陽明하게

천운스님

천운(天雲) 스님_전 대흥사 조실

1932년 전북 고창 출생. 1946년 정읍 내장사에서 출가. 화엄사, 대흥사 주지. 1967년 향림사 창건. 정광중고등학교 이사장. 사회복지법인 향림원 원장. 조계종 원로의원, 대종사. 해남 대흥사, 광주 향림사 조실. 2010년 7월 14일 향림사에서 입적.

감정이 아니라 이치로 키워라

천운 스님은 일찌감치 도심 포교, 불교 교육, 복지 활동에 나선 '생활불교'의 선각자다. 예불 때는 한글로 된 경전을 썼고, 불교의 의식을 현대에 맞게 고쳤다. 고아, 노인, 장애인 등 어려운 이웃들을 거두고 따뜻하게 돌봤다. 군부대에 불교 포교를 처음 시작한 이도 천운 스님이다.

천운 스님은 해남 두륜산 대흥사 조실이었지만 주로 대흥사 말사인 광주 도심 사찰 향림사에서 지냈다. 다른 노장들이 절의 가장 조용한 뒤채에 머무는 것과 달리 스님 방은 정문 옆 종무소에 바짝 붙어 있었다. 누구나 쉽게 드나들 수 있게 문을 열어둔 방은 학자의 서재만큼이나 책이 많았다.

천운 스님은 '진인불교(眞人佛教)'를 지향했다. 붓다는 길에서 나서 길에서 가르침을 펴고 길에서 갔다. 산에 들어가거나, 문자에 갇혀 있거나, 참선만 제일로 치는 불교가 아니었다. 붓다의 가르침은 제자에서 제자로, 입에서 입으로 전해졌다. 부처님의 첫 번째 약속인 '중생구제(衆生救齊)'는 속세를 떠난 깨달음에 있는 것이 아니라 사람들이 살고 있는 마을에 있다는 게 스님의 소신이었다. 이렇게 마을에서 중생구제를 실천하는 게 진인불교다.

"진인불교는 바로 지금 여기 현재의 삶에서 실천하는 불교입니다. 부처님 당시 불교의 원 모습이죠. 원효 스님이 위대한 건 거지 옷을 입고 거지들과 함께 얼싸안고 춤췄기 때문입니다. 조선시대는 불교와 여성이 제일 서럽던 시대였어요. 그런데 참선을 한다고 앉지도 못하고, 글을 모르기에 경전을 읽지도 못한 그 어머니들이 불교를 살렸다는 걸 알아야 해요."

천운 스님은 "어머니들이 탁발을 할 때 쌀을 퍼 주고 어려운 이들을 보면 숟가락 하나 더 놓으며 선업(先業)을 지었다"며 "요즘 절에 와서 절만 한다고 그런 어머니들을 '치마 불교'라고 흉보는데 사실은 그게 진인불교의 모습"이라고 말했다.

천운 스님이 광주 상무대 근처 허허벌판에 천막을 치고 향림사를 세운 건 1960년대 말이다. '알고 가는 길'이라는 포교지를 만들어 길에서 나눠준 일은 당시로는 드문 경우였다. 찬불가 보급, 어린이·중고생 법회, 수련회를 시작한 것도 호남에서는 처음이었다.

천운 스님 활동에서 돋보이는 것은 오갈 데 없는 아이들을 거둔 일이다. 내남없이 생활이 어려울 때여서 버려지는 아이들이 많던 시절이었다.

"아이들을 키우는 일이 부처 키우는 일입니다. 아이들 하나하나가 부처님이고 화두라. 어린 마음이 바로 부처 마음이거든요."

스님은 아이들이 원하는 대로 죄다 상급 학교에 진학시켰다. 해야 할 일과 하지 말아야 할 일만 지키면 아무런 간섭도 하지 않았다. 말썽 피우는 아이가 있으면 행동이 달라질 때까지 스님 방에서 재우며 타일렀다.

그렇게 40년이 지나다보니 '아들딸'이 200명 가까이 된다. 지금은 대부분 어엿한 사회인으로 제 몫을 하고 있다. 자기들끼리 '향출회'라는 모임을 만들어 명절 때나 스님 생일 때 향림사를 찾곤 했다. 그 중에서 출가자가 30명 가까이 된다. 따로 스님의 포교에 감화돼 출가한 이들까지 합치면 제자가 70명이 넘는다.

언젠가 성철 스님이 말했다.

"이놈아. 네가 중 공장장이라며. 그래 네 수행은 언제 할라구."

향림사 입구 5층 건물에는 광주불교대학, 대학원, 향림출판사, 향림유치원, 향림사신용협동조합이 있다. 향림사 안에 있는 복지법인 향림원에는 고아, 장애인, 노인을 합쳐서 60명쯤 살고 있었다. 외환위기 때는 아이들만 30명이 넘었는데 그 후 많이 줄어들었단다.

"부처님 마음이었던 아이들이 자라면서 중생의 업이 자꾸 나오는 거죠. 부모가 된다는 게 아이들을 잘 키워서 자신의 업까지 줄이라고 기회를 준 거예요. 아이들에게 많은 걸 강요하거나 기대를 너무 많이 하면 정신이 바르게 자라질 못해요. 부모 자식 간에 업을 더 쌓는 일이 된단 말이지. 아이들은 감정이나 욕심으로 키우기보다 이치로 키워야 해요. 어릴 때부터 마음공부를 시키는 게 진짜 훌륭한 조기 교육이라구."

남의 단점이 내 스승이다

천운 스님은 훌륭한 스승을 세 분이나 모셨다. 학승으로 널리 알려졌던 석전 박한영 스님, '조계종단의 산파'로 불리는 지암 이종욱 스님, 그리고 백양사에서 선풍을 날린 서옹 스님이다. 스님은 이 세 분의 부도탑을 나란히 대흥사에 모셨다.

전북 고창의 유학자 집안에서 자라 열여섯 살 때 가출이 출가로 이어졌다. 완고한 할아버지가 한학을 하면 되지 신학문은 필요 없다며 중학교에 보내주지 않았다. 교복 입은 아이들이 그렇게 부러울 수가 없었다. 서울에 가서 공부를 하겠다는 생각으로 새벽에 도망쳤다. 30리를 걸어 정읍 읍내에 도착했을 때는 너무 힘들고 배고파서 주저앉고 말았다. 마침 지나가던 비구니 스님이 내장사에 가면 공부를 할 수 있다고 했다. 그래서 찾아간 내장사의 첫새벽, 도량석으로 울려

퍼지던 염불 소리가 그렇게 좋을 수가 없었다. 그날 석전 스님에게 인사를 드렸다.

선, 교, 율에 출중했던 석전 스님은 만해 한용운과 함께 불교의 혁신과 한일 합방의 부당함을 일깨운 개혁승으로 미당 서정주의 스승이기도 하다. 그때는 팔순의 노스님으로 내장사에서 만년을 보내고 있었다. 석전 스님의 시자로 때맞춰 공양을 챙기고, 측간에 모시고 가고, 목욕시켜 드리며 절집 생활을 시작했다. 노스님도 친손자처럼 아끼고 귀여워하며 아침저녁 예불과 〈초발심자경문〉을 가르쳤다.

1년 뒤 석전 스님이 입적하고 월정사 지암 스님을 스승으로 계를 받았다. 금방 한국 전쟁이 일어나면서 군에 입대했다. 당시 군 장병들의 정훈 교육으로 개신교와 가톨릭만 종교 집회를 열고 있었다.

천운 스님은 이에 대한 항의의 뜻으로 가톨릭 미사에 참석해 모두가 "아멘"을 외칠 때 합장을 하고 "사바하" 하고 소리쳤다고 한다. 그 일로 사령관 면담을 하게 됐고 정훈 교육에서 불교 모임을 허락받았다. 그게 군부대에서 한 첫 불교 법회가 됐다. 오늘날 군부대에 군승이 생기고 조계종이 군종특별교구까지 갖게 된 게 다 스님이 씨앗을 뿌린 결과다.

천운 스님은 제대 후 선암사 도솔암에서 다시 지암 스님을 만나 돌아가실 때까지 15년을 모셨다. 대처승이었던 지암 스님은 '불교정화운동'으로 불교계 핵심에서 밀려나 있었다. 지암 스님은 일제 강점기 조계종단을 만들고 조계사를 창건하는 등 한국 불교사에 큰 영향을 끼쳤다. 하지만 '불교계의 대표적인 친일파'라는 멍에가 따라다녔다.

노스님은 이 대목에서 정색을 하고 연잎차를 단숨에 후루룩 마셨다.

"당시 속사정을 모르고 하는 소리여. 김구 선생의 요청으로 친일을 위장해 비밀리에 임시 정부에 독립 자금을 보내는 식으로 독립운동을 했다는 자료가 굉장히 많아요."

천운 스님은 평생 〈금강경〉에 의지해서 살았다. 스승이 말년에 〈금강경〉 독송을 수행으로 삼은 것을 본받았다. 〈금강경〉은 대승 불교의 핵심 경전이고, 조계종의 근본 경전이다. "수지독송(항상 지니며 소리 내어 읽는다는 뜻)만 해도 부처가 된다"고 하는 이 경전에는 특별히 '자비행'에 대한 내용이 많다.

천운 스님은 지암 스님의 생애와 함께 독립운동 관련 자료를 모아 평전을 내는 등 스승의 '명예 회복'에도 힘썼다. 지금은 제자 보선 스님(전 조계종 중앙종회의장)이 천운 스님의 뜻에 따라 학술 세미나 개최 등 '지암 이종욱 독립운동 알리기'에 앞장서고 있다.

천운 스님은 화엄사 토굴과 도갑사, 대흥사, 선운사 선원 등에서 참선을 했다. 도솔암에서는 3년 넘게 말을 하지 않고 묵언 정진했다. 요즘 많은 스님들이 목에 걸고 다니는 '묵언패(黙言牌)'는 스님이 도솔암 시절 처음 창안해 보급한 것이라고 한다.

"침묵이 금이여. 묵언 수행을 깊이 하면 일념이 됐다가 마침내 무념(無念)의 세계에 들어가지요. 그러면 공부가 이뤄진 겁니다."

이런 수행을 한 끝에 서옹 스님에게 불법을 전수(전법)했다.

천운 스님이 광주에 향림사를 세울 때 주위에서 모두들 말렸다고 한다. 마을 한복판에 있는 절을 누가 찾아오겠느냐는 거였다. 하지만 스님은 도심 포교와 진인불교를 실천하기에 더없이 좋은 곳이라고 확신했다.

'길'에서 갈고닦은 내공 덕에 스님 법문은 현실적이고 정곡을 찌르는 것으로 알려졌다. 스님은 "세상에서 가장 쉬운 법문을 들려주겠다"며 이렇게 말했다.

"모든 허물의 원인은 바로 자신에게 있다는 마음만 먹으면 돼요. 화를 내지 말고, 남의 말을 잘 듣고, 험담을 하지 않으면 그게 수행이지. 나의 몸과 마음에 밴 악습을 고치려면 남의 단점을 스승 삼고, 남의 장점을 가르침 삼는 게 최곱니다. 원수를, 적을, 나를 미워하는 사람을 따라가서 부둥켜 안아보세요. 마음속에 들끓던 불화와 불안이 싹 사라지게 돼 있어요."

가진 게 없어도 베풀 것은 많다

천운 스님은 "세상은 시간적으로 전부가 무상하고 공간적으로는 전부가 허무한 것"이라며 "이 세상에 내 것이란 없다는 게 부처님 말씀의 결론"이라고 말했다.

"만유(萬有, 모든 물건), 만법(萬法, 모든 현상)이 다 공유물입니다. 그러니 당연히 공동체와 화합을 위해 써야 해요. 내가 가졌어도 내 거라고 생각하는 순간 공유물 착취가 되는 이치거든. 내가 정거장이 돼서 좋은 일에 쓰겠다고 생각하라는 말입니다. 지혜와 희사(喜捨, 기부)는 쓰고 또 써도 줄어들질 않아요."

스님은 '보시'가 재물에 그쳐서는 안 된다며 불경 〈잡보장경〉 '무재칠시(無財七施)' 얘기를 했다.

어떤 가난한 사람이 부처님을 찾아갔다.
"하는 일마다 제대로 되는 일이 없습니다. 그 까닭을 알고 싶습니다."
"네가 남에게 베풀지 않았기 때문이다."
"저는 빈털터리입니다. 남에게 줄 게 하나도 없습니다."
"그렇지 않다. 네가 줄 수 있는 게 일곱 가지나 된다."
"그게 뭡니까."
"부드러운 눈빛으로 바라보는 안시(眼施), 환하게 웃어주는 화안열색시(和顏悅色施), 좋은 말을 해주는 언사시(言辭施), 몸으로 봉사하는 신시(身施), 착하고 어진 마음을 주는 심시(心施), 자리를 양보하는 상좌시(床座施), 기꺼이 쉴 곳을 마련해주는 방사시(房舍施)가 있느니라."

천운 스님은 "가정, 사회, 종교, 국가가 잘 되려면 지도자(가장)의 일거수일투족이 양명(陽明)해야 한다"고 했다. 행동은 물론이고 생각까지도 다른 구성원들이 환히 알도록 해야 한다. 감추려고 하면 사람들이 행실에 의문을 갖게 되고, 마침내 이상한 소문이 나는 법이란다.

"절에서도 제자 눈이 무서워서 몸가짐을 조심합니다. 똑같은 이치입니다. 여기에 기성세대의 경험, 젊은이들의 머리, 기득권층의 보시(양보), 이 세 가지가 원만하면 다 잘 풀린다는 걸 모든 경전과 역사가 증명하고 있어요."

천운 스님은 진인불교의 핵심이 〈법구경〉 '통불칠게'에 요약돼 있다고 했다.

> 모든 악을 짓지 말고(諸惡莫作),
> 선을 받들어 행하며(衆善奉行),
> 스스로의 마음을 맑게 다스리면(自淨其意),
> 이것이 곧 불교다(是諸佛教).

스님은 이런 정신으로 살아서 기운이 다할 때까지 어린이와 청소년 법회를 돌보고 군법당을 돌며 법문을 했다. 장애인복지관, 노인복지관을 이끄는 일도 멈추지 않았다.

천운 스님은 세수 82세, 출가 65년이 되던 2010년 7월 14일 광주 향림사에서 고요히 입적했다. 천운 스님이 가시면서 제자들에게 남긴 유훈 또한 '통불칠게'를 앞세웠다. 열반송을 쓰지 않은 것에서도 '진인불(眞人佛)' 천운 스님의 모습을 본다.

악한 일 행하지 말고 선행을 받들어 실천해라.

그리고 마음을 늘 청정하게 수행하면 이것이 부처님 가르침이다.

문도(제자)들은 불조(佛祖)의 본분을 가슴에 새기고,

중생 속에서 정토를 성취하는 대승보살행을 실천해라.

부디 자신을 속이는 중노릇 멀리하고,

서로 화합하며 수행에 매진하기 바란다.

6

오도독 오도독
재미나게 사는 법

성수스님

성수(性壽) 스님_전 황대선원 조실

1923년 경남 울산(울주) 출생. 1944년 천성산 내원사에서 출가. 조계사, 범어사, 해인사, 회암사, 고운사 주지. 불교신문사 사장. 조계종 총무원장, 전계대화상, 원로의원, 대종사. 법수선원, 황대선원, 해동선원 조실. 2012년 4월 15일 통도사 관음암에서 입적.

이봐, 눈 뜨고 죽은 놈아

오래전 서울 태평로 삼성주식회사(삼성그룹) 사옥에 한 스님이 찾아왔다. 이병철 회장을 만나겠다며 막무가내로 버텼다. 퇴근 시간이 다 된 이 회장이 할 수 없이 문을 열어줬다.
"스님이 무슨 일로 저를 보자고 하십니까?"
"우리나라에서 돈이 제일 많은 회장님께 돈 버는 비결을 배우고 싶어서 왔소. 내가 그 비결을 좀 배워서 모든 중생을 잘살게 하려고 합니다."
"하하하하…. 그래요?"
평소 잘 웃지 않는 것으로 유명한 이 회장이 기분 좋게 웃었다.
이 회장은 스님에게 저녁 식사까지 대접했다.

나중에 스님이 말했다.

"이 회장 돈 버는 비결은 도둑놈을 사람 만들어 쓰는 재주더군."

평생 남다른 기행(奇行)과 거침없는 언행(言行), 혹독한 수행(修行)으로 살았던 성수 스님 이야기다. 스님은 "이병철 회장을 만나서 도둑놈 사람 만드는 재주나 중생을 구제하는 불교의 진리나 다를 게 하나도 없다는 걸 알게 됐다"고 했다.

성수 스님은 한때 신앙촌 박태선 장로, 통일교 문선명 목사의 집에 찾아가 함께 살기도 했다. 천주교 성당에서 신부, 수녀들과 똑같이 미사를 드리며 지낸 일도 있었다.

성수 스님에겐 우리나라 불교를 대표하는 쟁쟁한 선지식들을 찾아다니며 한바탕 육박전에 가까운 법거량을 벌인 일화가 수두룩하다.

그 성수 스님을 경남 함양 지리산 자락 황대선원에서 만났을 때다. 스님이 대뜸 고함을 쳤다. 대갈일성은 성수 스님의 주특기였다.

"그래, 주워 담을 그릇은 가지고 왔는가?"

"……."

"일일일야(一日一夜)에 만사만생(萬死萬生)이야. 하루 밤낮 사이에 일만 번 살고 일만 번 죽는단 말이다! 정신을 바짝 차리고 자신을 똑바로 볼 때는 살아 있는 것이고, 한순간이라도 정신이 어름하면 살아 있어도 죽은 거라. 이봐, 눈 뜨고 죽은 놈아!"

다짜고짜 '산송장' 취급이다. 그러고는 껄껄껄 웃었다. 팔순 넘은 고령의 노인이라고는 믿기지 않을 만큼 목소리가 우렁찼다.

성수 스님의 이력은 화려하다. 조계사, 범어사, 해인사 같은 주요 사찰 주지를 했다. 불교신문사 사장, 총무원장, 전계대화상을 지냈다. 조계종 총무원장 시절 성철 스님을 종정에 추대했고, 부처님오신날을 공휴일로 지정하는 일에도 앞장섰다.

그런데도 큰 절의 조실 자리를 마다하고 자신이 직접 세운 황대선원과 서울 법수선원, 산청 해동선원 조실로 만년을 보냈다. 주로 황대선원에서 지내며 다른 선원을 오갔다.

황대선원은 지리산의 한 봉우리인 황석산 자락 함양 안의면 황대리 농촌마을에 있다. 절집이면 있게 마련인 일주문도 전각도 현판도 당호도 없다. 일반 농가 주택과 비슷한 벽돌집과 가건물 아홉 채를 법당, 선원, 요사채로 썼다.

스님이 머무는 조실채는 대숲에 둘러싸여 있었다. 조실채 한쪽에 토굴처럼 생긴 작은 선방을 만들어놓고 거기서 날마다 홀로 참선한다고 했다. 출가 후 매일 새벽 3시 전에 일어나 예불과 참선하는 평생 일과를 한 번도 거르지 않았단다. 식사는 한 끼에 딱 다섯 숟가락. 그래도 병원이나 약을 찾은 적이 없다고 했다.

"돋보기가 무슨 소용여. 이리 훤히 보이는데. 화내고 짜증내면 주름살 생기고 피도 탁해져. 생물은 관리를 잘해야 돼. 일 초도 늦추지 말고 지금 이 순간부터 자기를 고치는 삶을 실천해야 해."

성수 스님이 팔씨름을 하자며 팔뚝을 걷어붙였다. 스님의 팔, 다리 알통이 젊은이보다 더 단단했다. 손과 얼굴을 내밀고 매끈한 피부 자랑도 했다.

"고찰(古刹)은 이제 정기가 다해서 새사람이 나질 않아. 난 새 땅에서 새로운 사자를 키우겠다고 선원을 지은 거여. 살아 있는 새끼사자를 기다리느라고 늙어도 늙은 척도 안 하고 살지."

성수 스님은 기존의 사찰이 올바른 수행 정신과는 다른 길을 가고 있다고 개탄했다. 1960년대 말 통도사 극락암 경봉 스님이 "명인(明人, 깨달은 사람이라는 뜻) 도사가 쉽지 않고 흔치도 않다. 성수 자네가 그 결과를 해놔 봐라"고 했단다. 그때부터 "사람 만드는 공장(선원)"을 세우기 시작했다고 한다.

스님이 이끌었던 황대선원과 해동선원에는 생활 원칙이 있다. 깨어 있는 동안 절대 눕지 말 것, 많이 먹지 말 것, 새벽 예불에 반드시 참여할 것, 휴지 한 장도 아낄 것, 잡기에 손대지 말 것.

겨울에 보일러도 때지 못하게 해 스님들과 참선하러 온 신자들이 냉기만 겨우 가실 정도의 선방에서 겨울을 났다. 그렇게 춥고 배고픈 데서 혹독하게 공부를 해야 '사자새끼'가 나온다는 거였다. 사자는 불교의 지혜를 상징한다.

"세상에 사자새끼가 넘쳐나야 돼. 뒤에 오는 사람이 앞질러가야 세상도 좋아지는 거여. 누군가 황석산 괴짜 중의 '보따리'를 걷어찬다면 끌어안고 한바탕 덩실덩실 춤을 추겠네. 칼 들고 목 베러 오는 놈이 있으면 얼마나 좋아."

산과 물이 다 도道, 세상 모든 게 다 선禪

젊어서는 스님 자신이 새끼사자로 살았다. 출가 동기부터 남달랐다. 어려서 동네 한학자에게 원효 대사 이야기를 듣고 "나도 원효 대사 같은 도인이 되겠다"고 마음먹었단다.

열아홉 살 때 원효 대사 같은 도인을 찾아 집을 떠났다. 일 년 동안 유랑걸식을 하다가 "부산 범어사에 도사가 있다"는 말을 듣고 찾아갔다.

"여기 도사가 있다는데 어디 한번 나와 보시오."

법당 앞에 버티고 서서 고래고래 소리를 질렀다. 깜짝 놀란 스님들이 몰려나와 청년을 끌어내려고 실랑이를 벌였다. 그때 한 노스님이 나섰다.

"무슨 연유로 도사를 찾는고?"

"내가 원효 대사 같은 도사를 찾아 전국을 돌아다녔습니다. 그런데 산 좋고 물 좋은 곳에 고대광실 지어놓고 놀고먹는 중들밖에 만나지 못했습니다. 신도들 시주로 먹고사는 스님들이 그래서야 되겠습니까. 여기서도 도사를 못 만난다면 내가 절을 다 불 싸질러 버리겠습니다."

성수 스님은 그때 이미 "산 좋고 물 좋은 곳에 고대광실 지어놓고 놀고먹는 중들"에 대한 반감이 있었던 모양이다. 노스님도 "참 기특한 생각을 하고 있네" 하면서 그의 등을 두드려줬다. 그 노스님이 동산 스님이었다.

범어사에서도 뜻을 이루지 못하고 발길을 돌렸다. '독학'으로 도인이 되리라 결심하고 천성산에 들어갔다. 내원사의 암자인 조계암에서 "일 년 동안 풀만 뜯어먹고 살았다"고 한다. 조계암의 성암 스님이 "도사가 되려면 글을 알아야 한다"고 타일러서 〈초발심자경문〉을 배우게 됐고, 출가로 이어졌다. 성수 스님에게 계를 준 이가 바로 '범어사 도인' 동산 스님이다.

성수 스님이 산청 지리산 자락의 폐교를 인수해 세운 원각사 해동선원은 불상 대신 '해동불'로 불렸던 원효상을 모셨다. 원효 대사를 존경해 '도인'의 삶을 꿈꿨던 스님이 원효상에 예배하며 원효 사상을 가르친 셈이 됐다.

"원효 대사 말씀에 올 때는 빈손으로 오고 갈 때도 빈손으로 가지만 진짜 가져가는 것은 내가 일생에 잘못한 업이라고 했어. 내(나)가 부처님보다도 소중한 존재여."

성수 스님은 토굴 생활을 많이 했다. 출가 초기 강원도 정선, 원효 대사의 수행처로 알려진 토굴에서 살았다. 3년쯤 지났을 때 심마니를 만나서 뒤늦게 해방이 됐다는 소식을 들었다.

그 길로 산에서 내려와 해인사에 갔다. 여기서도 스님 특유의 '괴짜행' 때문에 소동이 벌어졌다. 해인사는 옛날이나 지금이나 스님의 기강이 세기로 유명한 절이다. 이 '햇중'에게 당연히 공양간(부엌) 일을 시켰다. 그런데 스님은 감히 고참들이나 갈 수 있는 선방에서 참선을 하겠다고 우겼다.

결국 당시 해인사 조실인 효봉 스님이 나섰다. 기가 막혔던지 '일주일 안에 도를 깨치지 못하면 주장자로 두들겨 맞고 쫓겨나도 이의를 달지 않겠다'는 각서를 쓰게 하고 선방 입실을 허락했다. 기한을 지켜서 효봉 스님을 찾아갔다. "아직 멀었다"는 말을 듣고는 또 소리소리 질렀다.

"내 것이 도가 아니면 효봉 네 것을 내놔봐라!"

"이놈!"

효봉 스님의 고함에 탁, 떠오른 게 있었다.

"우주 만물이 선 아닌 게 없고(宇宙萬物 無非禪), 세상만사가 도 아닌 게 없다(世上萬事 無非道)."

이 선시(게송)는 훗날 '산과 물이 다 도(山水道), 세상 모든 게 선(世上禪)'이라는 말로 다듬어져 성수 스님의 대표적인 가르침이 됐다. 황대선원에는 '산수도', '세상선'이라는 붓글씨가 큼지막하게 붙어 있었다.

성수 스님은 1947년 성철 스님이 이끌었던 봉암사 결사에 참여한 마지막 세대다. 성철 스님이 "오직 일념(一念)만 하라"고 했다. 스님은 대뜸 "하고 많은 게 생각인데 어떻게 한 가지 생각만 하느냐"고 고함을 지르며 성철 스님의 멱살을 잡았다.

젊은 시절에는 한번 토굴에 들어가면 몇 년씩 초근목피로 연명하며 공부를 했다. 어느 해 토굴에서 공부하다가 산나물 캐는 아주머니를 만났다.

"조용한 산중에 공부하러 왔나보네요. 산속의 물소리 새소리는 안 시끄러운가요?"

당대 최고수들 앞에서도 전혀 꿀리지 않던 스님이 산골 아주머니의 말에 큰 충격을 받았다. 세상에 시끄럽고 조용한 데가 따로 있는 게 아니다. 마음이 문제다.

대인은 내 걱정, 소인은 남 걱정

성수 스님은 그 치열했던 젊은 날을 지나 어느덧 눈썹이 하얗게 변해 있었다. 모든 싸움을 마친 백전노장답게 인생을 달관한 연륜과 여유가 넘쳐났다.

"내가 오도독 오도독 재미나는 인생을 갈쳐주까? 매일 아침 첫 마디는 남을 상처 주는 '송곳 말' 하지 말고 좋은 말로 시작해야 하는 거여. 몸을 움직일 때는 태산처럼 무겁게 걸어야 해. 또 하루 중에 단 5분이라도 부처님 흉내를 내서 앉아 있어봐. 그래서 있는 복이라도 잘 관리를 하고 잘 쓰면 사는 재미가 나는 거지."

사람들의 말이 험하고 자세가 바르지 못하니 개인의 몸과 마음이 아프고, 사회가 병들고, 정치가 어지럽다고 했다.

성수 스님은 항상 자신의 경험에서 우러나온 독창적인 법문을 했다. 불교의 '불살생(不殺生)' 계율에 대해서도 독특하게 풀이했다.

"생명을 죽이지 마라는 뜻이 다가 아녀. 죽지 마라, 즉 생사의 윤회에서 빠져나오라는 풀이가 부처님의 말씀에 더 가깝다고. 사람들이 파리 한 마리 죽이는 것은 마음 아파 하지만 매일 제 목숨 죽는 것을 모르잖아. 제 목숨을 죽이지 마라, 그게 불상생이란 말여. 옛말에 대인(大人)은 자기 걱정에 여념이 없고 소인은 남의 일만 걱정한다 했어."

스님은 이것만은 잊어서는 안 된다며 "헛말 하지 말고, 헛일 하지 말고, 헛걸음 하지 마라. 남 탓 하지 말고, 나를 탓해라"고 여러 차례 당부했다.

스님은 '이 뭣고', '똥막대기' 같은 전통적인 화두를 내려주지 않았다. 세상 모든 것이 화두고 선이다(世上禪). 각자 자기에게 가장 절실한 것, 그리고 죽고 사는 근본적인 문제가 화두라고 했다.

"마음에 부딪치는 모든 것, 나를 괴롭히는 일들을 모두 고마운 문수보살로 만들어야 하지. 자연은 때를 아는데 인간은 그러지를 못해. 자연을 봐. 날 때 나고, 클 때 크고, 꽃필 때 꽃피고, 열매 맺을 때 열매 맺고, 마침내 익어서 결실을 보잖아. 우리 인간은 예순 살이 돼도 익을 줄 모르기 때문에 늙어 썩어지고 버림받는 거라고."

평생 '괴각승(괴짜 스님)'을 자처하며 한바탕 당당하고 멋지게 살았던 '황석산 대쪽' 성수 스님은 2012년 4월 15일 양산 통도사 관음암에서 열반의 길로 갔다. 세수 아흔 살, 출가 69년째였다.

…

시방 세계가 눈을 깜박이는 순간

다 봐도 모자라는데

무엇이 그리 바쁜가!

눈을 떠도 그것이고 눈을 감아도 그것인데

볼 때는 내 것이고 안 볼 때는 남의 것이다.

…

생전 "내면의 보석을 찾으라"고 말해온 성수 스님은 임종게에서도 "다른 것 다 버리고 보물을 찾아라"라고 했다. 세상만사에 도(道, 보물)가 널려 있어도 직접 자기 눈으로 확인해야 '내 것'이란 내용이다. 임종게 마지막엔 "물이 흘러가니 바람이 불어오네(水去風來). 미소(哂)"라고 썼다.

성수 스님은 그렇게 웃으며 떠났다. 영결식이 열리는 영축산에 봄비가 쏟아졌다. 이날 자승 스님(조계종 총무원장)은 "영축산 봄을 알리던 홍매화와 벚꽃도 하루아침에 그 꽃잎을 떨궜다"고 애도했다.

7

이 마음 인연 따라 유유자적!

정무스님

정무(正無) 스님_전 석남사 회주

1931년 전북 군산(임피) 출생. 1958년 전북대 농과대 수의학과 졸업. 1958년 군산 은적사에서 출가. 수원 용주사, 여주 신륵사, 이천 영월암 주지. 1993년 4월 1일 대구 법왕사 회주. 안성 석남사 주지, 회주. 조계종 원로의원, 대종사. 2011년 9월 29일 석남사에서 입적.

습관 바꾸면 세상에 못 고칠 병 없다

경기 안성 외곽 서운산 석남사 가던 날은 산자락마다 벚꽃, 목련, 진달래가 흐드러진 봄날이었다. 산 아래 저수지 맑은 물속에는 서운산 이름대로 상서로운(瑞) 구름(雲)이 일렁댔다.

야트막한 산인데도 깊은 산골 분위기가 나는 서운산 중턱에 석남사가 있다. 금광루, 대웅전, 영산전, 그리고 요사 두 채와 해우소가 전부인 단출한 산사였다. 정무 스님은 법당을 겸한 요사채에서 명랑하게 싱긋 웃으며 차를 권했다.

얼굴 전체에서 웃음이 쏟아져 나오는 것 같았다. 스님이 늘 "일없이 그냥 웃기만 해도 행복해진다"고 말씀했던 바로 그 웃음이었다.

정무 스님은 효도 법문, 건강 법문에서 최고로 꼽혔다. 그리고 이 모두를 "삶은 행복할 수 있는 절호의 기회"라는 한마디에 녹여내는 '행복 도인'이었다.

"자연 이치에 따라 올바로 살면 건강해. 병은 잘못된 것을 경고하는 거여. 따지고 보면 세상에 못 고칠 병은 없다구. 못 고치는 습관만 있을 뿐이지. 나쁜 습관을 바꾸는 게 건강 지름길이여. 마음이 옳아야 몸뚱이가 옳다(一心正己)는 말이 있어요. 즐거운 마음(良), 긍정적인 마음(能), 좋은 마음(善)으로 살면 돼. 몸뚱이가 아니라 마음 운동을 잘해야지. 그런 점에서 건강과 수행이 둘이 아니예요."

정무 스님은 건강 이야기로 말문을 열었다. 깡마른 체구에 꼿꼿한 허리, 목소리가 나직하면서도 경쾌했다. 수십 년 자연 건강법을 행하고 가르쳐온 스님답게 피부가 맑고 움직임이 새털만큼 가벼웠다. 스님은 개인의 몸 건강이 육체적, 영적, 사회적 건강을 닦는 일이라고 했다.

스님의 건강 비법은 일본 니시 가츠조가 창안한 자연 건강법에 스스로 만든 마음 건강법을 더했다. 니시 건강법은 불교가 그 바탕이다. 불교의 여섯 가지 수행 실천 덕목인 육바라밀(六波羅蜜)의 보시(나무침대 사용), 지계(나무베개 사용), 인욕(붕어 운동), 정진(모세혈관 자극), 선정(손바닥 발바닥 붙이기), 지혜(등배 운동)를 응용해 건강 6대 법칙을 만들었다.

또 하나가 피부(皮), 음식(食), 팔다리(肢), 마음(心)의 건강을 닦는 피식지심(皮食肢心) 수련이다. 스님이 시범을 보여 가며 실감나게 그

방법을 설명해줬다.

"아침에 일찌감치 일어나서 피부에 싼득싼득 바람이 통하게 하는 풍욕(風浴)을 해. 식사는 잡곡 종류와 상관없이 오곡밥으로 먹구. 편식하질 말아야 돼. 항상 팔다리를 자연스럽게 흔들어주면 몸 전체가 이완되고 피가 순혈된단 말이지. 무엇보다도 매사를 긍정적으로 즐겁게 생각하는 게 중요해요."

스님은 중간 중간 짝짝짝 손뼉 죽비를 치면서 말에 장단을 맞췄다. 대화할 때 스님의 습관이다. 이런 장단이 듣는 사람까지 덩달아 유쾌하게 만들었다. 건강 자체가 아니라 행복하게 잘사는 게 목적이라는 게 스님 지론이다.

"인성(戒)을 바로하고, 고요함(淨)을 잃지 않고, 지혜(慧)롭게 살면 행복이 폭포수처럼 쏟아진다니까. 만물을 다 부모님같이 공경하면 따로 계율을 외워서 지킬 필요도 없어. 낭비를 하지 않으니 재물이 모이지. 나는 건강하고, 내 인생은 술술 잘 풀리게 돼 있다고 즐거운 마음을 끝없이 내보세요. 그러면 몸과 생활이 그쪽으로 따라가게 돼 있어."

'아이, 재수없어', '왜 이렇게 힘들어' 같은 부정적인 생각을 하면 될 일도 안 된단다. 근심 걱정도 다 자신이 불러들이는 거라고 했다.

"막 살고 막 먹어서는(莫行莫食) 모래를 쪄서 밥 짓는 거여. 몸도 마음도, 인생도 막가는 거지 뭐."

서로 원망 말고 은혜만 갚아라

정무 스님은 농과대 수의학과를 졸업했다. 아주 잠깐 동안 고등학교 국어 교사를 했다. 도무지 세상살이에 재미가 없어서 불교와 원불교를 찾아다녔다고 한다. 군산 은적사에 갔다가 도인으로 소문난 전강 스님을 만난 뒤 그곳으로 자주 발걸음하게 됐다. 송담 스님(현재 인천 용화선원 주석) 등 은적사 스님들이 "이 선생도 이젠 머릴 깎지…"하면서 출가를 권했고 결국 입산을 택했다. 전강 스님을 따라 도봉산 쌍룡사, 김제 흥복사, 대구 동화사 등에서 참선 수행했다.

스님은 1960년대 말 도심 포교로 방향을 틀었다. 요즘 템플스테이로 발전한 신도 수련회는 정무 스님이 처음 시작했다. 1968년 영주 포교당에서 첫 여름 수련회를 열었고, 해마다 다양한 형태의 수련회를 가졌다. 대학생 불교 수련회를 연 것도 정무 스님이 처음이었을 정도로 포교에 탁월한 능력을 보였다.

"계율에는 소홀하면서 참선하다가 무엇을 깨달았네 하는 것은 일시적으로 나타난 삿된 마구니여. 평생 참선한다고 앉아 있어봤자 소용없어요. 인성을 바르게 해서 포교하고 봉사하면서 세상을 위해서 살아야지. 부처님도 깨닫고 나서 평생 실천했어. 수심(修心)보다 용심(用心)을 하라고 했잖어."

참된 수행은 궁극적으로 마음의 때를 벗겨 본성의 행복(광명)을 찾는 인생 공부라고 했다. 그래서 '바로 지금 이 순간', 나 자신과 이웃을 행복하게 하는 게 더 중요하다는 거였다.

석남사 당우 기둥마다 한글로 쓴 주련이 걸려 있었다. 법당 기둥에는 "우주는 한 집안, 중생은 한 가족, 서로 원망 말고, 은혜만 갚아라"라고 쓰여 있었다. 부모에 대한 효도와 이웃(만물)에 대한 보은(報恩)은 스님이 말씀하는 행복의 조건이다.

석남사 마당에 '부모은중경탑'이 있다. 〈부모은중경〉은 부모의 10가지 은혜(十種大恩)에 대한 부처님의 가르침을 담은 경전이다. 스님은 10년 넘게 화성 용주사 주지를 하면서 용주사에도 부모은중경탑을 세웠다.

용주사는 조선 정조 임금이 아버지인 사도세자를 위한 절(원찰)로 창건했다. 〈부모은중경〉을 새긴 비석을 세우고 '효행본찰(孝行本刹)'로 삼았다. 정무 스님이 이곳에서 '효도 운동'을 벌이면서 용주사는 현대의 '효행' 사찰로 거듭났다. 하지만 효도는 대체로 케케묵은 윤리관으로 치부되는 시대 아닌가.

"아녀, 아녀. 잘 들어봐! 요즘 모두들 부모님 은혜를 모르니 가정이 망가지고, 인성이 파괴되는 거여. 부모가 부모 노릇 못 하고, 자식이 자식 노릇 못 하고, 선생이 선생 노릇 못 하는 게 다 효도를 쓰레기통에 처박은 탓이라구. 〈부모은중경〉은 이 시대에도 변함없이 부모와 자식을 동시에 교육시키는 훌륭한 교과서여."

스님은 "불교의 효는 일체중생이 다 과거세의 내 부모이고 형제라는 데서 출발한다"며 "이 한 몸이 태어나기까지 얼마나 많은 인연과 은혜가 있었는지를 알아야 한다"고 말했다.

"부모를 공경하는 사람은 불쌍한 사람에게는 자비심, 부정한 것에는 정직한 마음, 어리석은 것에는 지혜가 연(緣)을 따라 자꾸 나타나게 돼 있거든."

〈부모은중경〉은 부모, 국가, 민족, 스승, 자연의 다섯 가지 은혜를 기본으로 한다. 그중에 잉태하고, 낳고, 키우고, 근심 걱정하고, 희생하는 부모님 은혜 열 가지가 있다.

스님은 용주사 주지 시절부터 〈부모은중경〉 내용을 현대에 맞게 가려 뽑아 〈마음공부〉라는 책자를 만들어서 사람들에게 나눠줬다.

"자식 노릇, 부모 노릇, 부부 노릇을 잘해야 해. 특히 부모가 거울에 반사된 게 자식이여. 아이가 배 속에 있을 때부터 보고 들은 대로 크는 거여. 또 제 자녀 사랑한다고 노부모를 나 몰라라 하면 안 돼요. 나중에 자식이 반드시 따라하게 돼 있어. 젊은 부모들은 자신의 부모에게 인턴 수업을 하는 셈이여."

스님이 만든 책자에는 행복해지기 위한 생활 수칙이 있다. 은혜를 알고 은혜를 갚는 사람이 돼라. 항상 자기를 들여다보고 실천해라. 깨끗한 공기, 햇빛, 물과 함께 생활해라. 인성을 해롭게 하는 직업을 갖지 마라. 시간과 돈은 일의 가치 순으로 써라. 매일 적당한 노동과 운동을 해라. 쓸데없는 짓 하지 마라. 남을 헐뜯지 마라….

"행복도 습관이여. 무엇보다도 환하게 웃고 사는 걸 그치지 말아야 해. 그게 효도고, 자식 사랑이고, 남을 위해 사는 거여. 은혜 갚는 일이 딴 게 아녀. 그렇게 남 존중하고 웃고 다니면 얼굴까지 미남, 미녀가 돼요."

"온 세상이 은혜 천지"라는 스님의 행복 법문은 출산, 육아, 취업, 결혼, 중년과 노년의 생활, 그리고 죽음까지 다 연결돼 있다. 이런 내용을 모아 〈행복해지는 습관〉이라는 책을 펴내기도 했다.

"죽음을 공부하는 게 불교여. 건강하게 잘 살아야 잘 죽지. 순간순간 최선을 다하고 즐겁게 살고 남에게 베풀면 삶이 단단해져요. 그래야 죽음을 편하게 받아들일 수 있어, 죽음은 여행 가는 거고 이사 가는 거거든. 죽음이 또 한 번의 찬스라구. 좋은 집을 장만하느냐 나쁜 곳으로 가느냐는 살아서 제가 정하는 거지. 잘살면 좋은 데로 이사 갈 수 있어."

스님은 죽음을 준비하고 노후는 준비하지 말라고 했다. 지금 시간과 돈을 가치 있게 쓰면서 인생을 남김없이 소진하는 것이 중요하다는 거였다. 바로 지금 이 자리에서 충실히 사는 것이 최상의 노후 대책이고 죽음 공부란다.

"사실은 사람들이 대부분 자살하는 꼴이여. 잘못 살고 잘못 죽으면 그게 스스로 목숨을 끊는 거지 뭐."

얻으려 말고 내다버려라

정무 스님은 하루를 새벽 4시 예불, 5시 참선, 6시 도량 청소, 7시 아침 공양, 오전 울력, 12시 점심 공양, 오후 울력과 서운산 산책, 6시 저녁 공양, 7시 저녁 예불로 계획표를 세워두고 그대로 살았다. 시간의 정각에 딱딱 맞춰 빈틈없이 시간표를 짜는 '정각 생활'이라고 했다.

제자들과 함께 절에 딸린 땅 1,000평을 논밭으로 일궈 직접 농사를 지었다. 연료비를 아끼기 위해 어지간한 추위에는 난방도 하지 않았다. 세탁기 없이 손수 빨래를 했다. 늘 버스와 지하철을 타고 다녔다.

"얻으려고 하기보다 버리는 것에 힘써야 해. 근심 걱정도 욕심도 화도 다 내다버려. 식물이 내다버린 산소로 동물이 살고, 동물이 내다버린 것들로 식물이 사는 거여. 모두 가지려고만 하고 내다버릴 줄 모르는 게 세상의 난제(難題)여. 버려야 얻고 베풀어야 행복해져."

노스님은 "물과 같은 마음으로 낮은 곳을 찾아 흘러가다가 막히면 돌아가고, 고이면 그저 머무를 뿐"이라고 말했다.

"세상의 더러운 것들이 버려져 물이 탁해지면 열심히 자정을 하잖어. 물처럼 맑고 깨끗하고 원대한 포용력이 본래 우리의 불성이고 마음인 거여."

스님에게 수행은 "버리고 또 버려서 물 위에 비친 달빛처럼 아무런 흔적도 남기지 않는 것"이라고 했다.

"스님은 더 공부할 게 남았습니까."

돌아 나오는 길에 불쑥 물어봤다.

곧장 대답이 돌아왔다.

"자적(自適)!"

아무런 속박 없이 마음껏 즐겁게 산다는 뜻이다.

정무 스님은 그렇게 살다가 2011년 9월 29일 석남사에서 입적했다. 세수 81세, 법랍 55년이었다. 스님은 열반송도 석남사 주련처럼 한글로 쉽고 간단하게 썼다.

내가 이 세상에 인연 따라 왔다가
바르고 정직하게 열심히 살다 간다.
도솔천 내원궁에서 우리 거기서 만나자.

용주사에서 영결식을 하고, 다비식은 석남사에서 치렀다. 스님 몸 태운 뼛속에서 크고 작은 사리 수백 과가 쏟아져 나왔다고 한다.

정무 스님, 이제 도솔천에서 유유히 '자적'하며 물소리로, 산들바람으로, 보름달로 한 말씀 하신다.

"하하하하…. 웃어, 웃으라구. 웃고 웃어서 모두들 행복해지라구!"

 **지대방 1**

성철, 숭산, 혜암, 서암, 법정 스님과 아주 오래된 '차 한 잔'

1980년대 중반의 동안거 해젯날, 해인사에 갔다. 성철 스님 인터뷰 퇴짜 맞고 해제 법어를 들었다. 미련이 남아서 스님 처소인 퇴설당 빗장 걸린 문 앞에서 서성대고 있었다. 갑자기 삿갓 쓴 성철 스님이 불쑥 문밖으로 나왔다. 스님은 일부러 그러시는 듯 장난기 가득한 얼굴로 흐흣 웃어주고는 돌아 들어가서 다시 빗장을 걸었다. 창졸간에 벌어진 일이었다. 사진기자가 후다닥 카메라를 챙겨 들었지만 닫히는 문 사이로 스님 옷자락만 찍었을 뿐이다. 그 사진조차 '단독 취재'로 쳐주던 시절이다. 살아 있는 육신으로 만났던 '우리 곁에 왔던 부처'의 그 웃음이 아직도 마음속 사진틀에 걸려 있다.

1993년 늦가을, 가야산을 가득 메운 인파 속에서 7일 장으로 치러진 성철 스님 다비식을 지켜봤다. 가랑비 속에 비닐 휘장 안에 들어가 막 수습한 사리도 친견했다.

어느 해 여름, 화계사 보화루에서 숭산 스님을 인터뷰할 때는 창밖에 비가 주룩주룩 내렸다. 스님이 '세계는 한 송이 꽃', '오직 모를 뿐!'이란 법어로 미국 포교 활동을 하다가 잠깐 귀국했을 때였다.

"미국 비는 쏟아지는데, 한국 절에서는 내려오는 거 같애."

벌써 20년도 더 지난 이야기다. 그런데도 아스팔트에 쏟아지는 비를 볼 때마다 그 풍경이 떠오른다. 산사(山寺)의 뜰에, 숲에, 계곡에 내리는 아름다운 그 비!

1999년 부처님오신날을 앞두고 당시 조계종 종정인 '해인사 대쪽' 혜암 스님을 원당암 미소굴에서 만났다. 스님은 "위인들은 모두 죽을 자리에서 살아난 경험을 등불 삼아 큰 성공을 이뤘다. 실패가 주먹만 하면 성공이 주먹만 하고, 실패가 태산만 하면 성공도 태산만 하다"고 했다.

여든에도 여전히 장좌불와(長坐不臥, 눕지 않는 참선 수행)를 했던 스님은 "얻은 것이 없으면 전에 한 것은 없는 것으로 간주하고 다시 1주일, 1주일 하다 보니 몇 십 년을 하게 됐다"고 말했다.

그날 인터뷰 기사를 전송하고 거기서 자다가 도량석 전에 잠에서 깼다. 밖에 나가 보니 스님이 '선불당' 장등 불빛 속에서 홀로 마당을 거닐고 계셨다.

"왜 안 주무시고….".

"응, 나는 잠 안 자. 내가 수마(睡魔, 잠)를 조복(調伏, 항복) 받았거든."

아직도 그 말씀 생각하면 등짝이 서늘해진다.

사진작가 육명심, 황헌만 선생과 함께 봉암사 조실채 염화실에서 늦은 밤까지 서암 스님 훈훈한 말씀을 들은 일도 있다. 1980년대 말이었으니 방장 되기 훨씬 전이다. 큰 안경 쓴 스님이 하얗게 웃던 모습만 기억난다. 봉암사 산문 통과하기가 지금보다도 훨씬 어렵던 시절이었다. 서암 스님은 2003년 "그 노장 그렇게 살다가 그렇게 갔다고 해라" 담백하게 한마디 하고는 그대로 입적했다.

'무소유'의 대명사 법정 스님은 매년 봄, 가을에 열리는 정기 법회 때 강원도 산골 오두막에서 서울 길상사로 왔다. 그날은 항상 길상사에 많은 취재진이 몰렸다. 길상사 꼭대기에 있는 '행지실(行持室)'에서 여러 차례 스님이 따라 주시는 '맑고 향기로운' 차를 마셨다.

2007년 가을 법회 때 설법 주제는 '아름다움'이었다. 스님은 "오늘날 우리는 돈에 얽매여 삶의 내밀한 영역인 아름다움을 등지고 산다. 내면의 아름다움은 샘물과 같다. 자꾸 퍼내도 끊임없이 솟아날 수 있도록 자신을 갈고닦아야 한다"고 했다.

"아름다움은 삶의 진정한 기쁨을 얻는 길이요, 행복에 이르는 길입니다. 수행자는 참선하고 기도하는 모습만이 거룩하고 아름답습니다. 텅 빈 마음을 가질 때 어떤 대상이 갖고 있는 아름다움이 저절로 드러나며, 그러한 아름다움을 발견하려면 나와 대상이 일체를 이뤄야 합니다. 그런 아름다움은 사랑의 눈으로만 인식할 수 있어요."

법정 스님이 2010년 3월 입적했을 때 모든 수식어 빼고 '비구, 법정' 단 네 글자만 쓴 것은 큰 감동이었다. 법정 스님 1주기 무렵 길상사 텅 빈 행지실에서 제자에게 들은 얘기가 재미있다.

누가 과일을 가져왔다. 스님이 말했다.

"여기 조각과 출신 있지?"

"예. 전데요."

"과일 좀 깎아봐."

제주도에 갔을 때 농장 주인이 메뚜기 때문에 농사를 망쳤다고 하소연했다.

"스님, 제주도 메뚜기 말도 못 합니다."

"응, 육지 메뚜기도 말은 못 해…."

법정 스님의 뛰어난 유머 감각을 보여주는 일화다.

이런 선승들이 있어서 한국 불교의 '마음 살림' 양식과 맛깔난 밑반찬은 떨어지지 않는다. 뛰어난 선승들의 말씀이 산사의 바람 소리, 계곡 물소리로 여태 쟁쟁하다.

 지대방 2

'한국 선불교의 못자리' 금강산에 장엄하게 떠올랐던 그 쌍무지개

2007년 여름, 내금강 관광 코스 개방에 맞춰 조계종이 마련한 금강산 성지 순례차 북한 땅 금강산에 다녀왔다.

금강산은 이 땅에서 살다 간 근현대의 선승들이 대부분 흔적을 남긴 곳이다. 근대 한국 선불교의 중흥조인 경허를 비롯해 만공, 용성, 한암, 수월, 혜월, 석두, 동산, 효봉, 전강, 경봉, 향곡, 구산, 청담, 금오, 탄허, 성철, 월하, 서옹, 일타, 자운, 석주, 혜암, 서암 등등 '억불 시대' 이후 한국 불교의 기라성들이 모두 금강산에서 치열한 구도행으로 한 자락씩의 전설을 남겼다. 그래서 금강산을 '한국 선불교의 못자리'라고 부른다.

금강산 행에 동행한 원로 스님 열다섯 분 가운데 열한 분, 그리고 이미 신계사에서 지내고 있던 혜해 스님이 이 책에 소개됐다. 당시 조계종 총무원장 지관 스님, 송광사 방장 보성 스님, 백양사 방장 수산 스님, 통도사 방장 원명 스님, 대흥사 조실 천운 스님, 석남사 회주 정무 스님, 송광사 회주 법흥 스님, 천자암 조실 활안 스님, 봉선사 회주 밀운 스님, 월정사 회주 현해 스님, 봉국사 월서 스님이다.

모두가 금강산에서 수행하며 한국 불교 '선의 황금시대'를 활짝 열었던 전설적인 고승들에게 직접 가르침을 받은 제자들이다.

금강산은 바닷가 쪽의 외금강과 내륙의 내금강으로 구분된다. 외금강의 신계사, 내금강의 장안사, 표훈사, 유점사를 합쳐 금강산 4대 명찰이라고 한다.

금강산에 도착한 노스님들은 먼저 조계종단이 복원 불사를 벌이고 있는 외금강 신계사를 찾았다. 한국 전쟁 때 모두 불에 타 없어졌던 신계사는 대웅전과 만세루, 요사채, 명부전, 삼성각, 산신각, 종각 등 11개 전각이 전쟁으로 불타기 전의 상태로 복원돼 있었다.

신계사는 효봉 스님이 '금강산 도인' 석두 스님을 은사로 출가한 사찰이다.

효봉은 일제 판사를 집어치우고 엿장수로 전국을 떠돌다가 신계사에 도착했다.

"어디서 왔느냐?"

"유점사에서 왔습니다."

"몇 걸음에 왔는가."

"이렇게 왔습니다."

효봉은 큰 방을 한 바퀴 빙 돌고 자리에 앉았다. "10년 공부한 수행자보다 낫다"는 칭찬과 함께 출가를 허락받았다.

효봉의 제자 법흥 스님은 "효봉 스님은 법기암 뒤편 토굴에서 두문불출 면벽 수행 끝에 크게 깨닫고 벽을 걷어차고 나와 포효했다"며 감회 어린 표정을 지었다.

금강산으로 신혼여행 온 세속의 아들을 끝내 외면했던 효봉은 송광사 조실, 해인사 방장 등으로 한국 선불교를 크게 일으켰다. 법흥 스님 외에 구산 스님, 법정 스님, 환속한 고은 시인(법명 일초) 등을 제자로 뒀다. 보성 스님은 구산 스님의 상좌지만 효봉을 마지막까지 가장 가까이서 시봉한 사실상 제자다. 활안 스님은 순창 순평사의 석두 스님 밑에서 행자 생활을 했다.

비구니 원로 혜해 스님은 효봉 스님이 토굴 수행할 때 하루 한 끼씩 공양을 나르던 대원 스님을 은사로 신계사 법기암에서 출가했다. 현재 생존해 있는 스님 가운데 유일하게 금강산에서 출가한 스님이다. 신계사 복원 불사 내내 신계사에 머물며 문지방 하나까지 세세히 기억해내 완벽한 복원에 힘을 보탰다.

둘째 날 아침 노스님들은 외금강(온정각)을 출발해 가파른 온정령 고개를 넘었다. 버스는 아름드리 전나무가 빽빽이 하늘을 가린 내금강 계곡 길로 접어든 뒤 표훈사에 도착했다. 내금강은 표훈사와 마하연사, 정양사, 보덕암, 삼불암, 묘길상, 불지암 등 불교 유적이 몰려 있는 곳이다.

표훈사는 한국 전쟁 때 일부 전각이 부서졌으나 능파루, 반야보전, 어실각, 영산전, 명부전, 칠성각 등의 전각과 7층 석탑이 용케 그대로 남아 있었다.

표훈사 반야보전 벽에는 수월 스님 초상화가 걸려 있었다. 당시 98세였던 화엄사 조실 도천 스님이 순례단보다 앞서 상좌인 명선 스님 등 제자들을 이끌고 3일 전 남측에서 모셔 왔다고 한다. 2011년 세상 나이 102세로 입적한 도천 스님은 수월의 제자인 묵언 스님을 은사로 금강산 마하연에서 출가했다. 독립 운동가 백용성 스님, '신여성'으로 출가한 김일엽 스님, 고암 스님도 표훈사에서 수행했다.

내금강 순례는 표훈사에서 등산로를 따라 만폭동을 보며 묘길상까지 오른 뒤 하산 길에 마하연 선원터, 관음도량인 보덕암, 서산대사비가 있는 백화암터, 삼불암, 장안사 등을 차례로 돌아보는 일정으로 진행됐다.

표훈사 동쪽 숲길을 따라 바위 두 개가 이마를 맞댄 금강문을 지나면 만폭동이다. 흑룡담, 비파담, 벽파담, 분설담, 진주담, 구담, 선담, 화룡담 등 옥빛의 '만폭팔담'이 계곡미를 뽐냈다. 고령의 원로 스님들은 젊은 사람도 오르기 힘든 내금강 코스를 오르내리면서도 피곤한 기색을 전혀 보이지 않았다.

마하연사는 근세 선승들의 사관학교 같은 곳이다. 마하연 선방 일화는 끝이 없다. 만암, 서옹의 제자 수산 스님은 "마하연 선방이 얼마나 큰지 한철을 같은 방에서 살고도 만행하다 만나면 서로 얼굴을 몰랐다는 우스갯소리가 있었다"고 전했다. 마하연은 대승(大乘)이라는 뜻이다. 원명 스님은 삼소굴의 스승 경봉 스님을 떠올리며 마하연 터를 거닐었다.

만공은 1930년대 마하연사와 유점사의 조실로 참선을 지도했다. 용성 스님도 표훈사와 마하연을 오갔다. 만공과 용성의 제자들은 훗날 각각의 문중을 형성하며 한국 불교의 양대 산맥을 이룬다.

용성은 동산, 고암, 인곡 등 뛰어난 제자를 뒀다. 동산은 범어사, 해인사를 중심으로 성철, 자운, 지효, 광덕 스님 등을 키워 '범어 문중'을 형성했다. 조계종 종정을 지낸 혜암은 인곡의 제자다. 자운의 제자가 지관 스님이다.

만공은 덕숭산 수덕사를 중심으로 보월, 전강, 고봉, 혜암, 춘성, 벽초, 금봉, 원담 등을 제자로 둔 '덕숭 문중'의 뿌리다. 원담의 제자가 설정 스님이다. 보월의 제자인 금오가 출가한 곳도 마하연이다. 금오는 혜정, 이두, 월주, 월서 스님 등 수많은 제자들을 키워내 덕숭 문중 가운데도 특별히 '금오 문중'으로 불린다.

자운 스님과 성철 스님은 1940년 마하연 선방에서 처음 만난 후 평생을 사형 사제처럼 허물없이 지냈다.

한 번은 마하연에서 수행하는 성철 스님을 만나러 노모가 찾아왔다. "여, 뭐할라 왔는교!" 하고는 단호하게 등 돌리는 서슬 퍼런 아들에게 어머니는 "니 볼라꼬 안 왔다. 금강산 구경할라꼬 왔지"라고 했다. 선방의 스님들이 "철 수좌(성철 스님)는 인정이 너무 없다. 어머니를 만나지 않으려면 선방을 떠나라"고 들고일어나 하는 수 없이 어머니를 모시고 금강산을 구경시켰다고 한다.

마하연사터는 잡초 속에 돌계단과 주춧돌, 깨어진 기왓장만 나뒹굴고 있었다. 경봉의 제자인 통도사 방장 원명 스님, 금오의 제자 월서 스님, 자운의 제자인 지관 스님 등등 범어, 덕숭 양대 문중의 제자들이 마하연 옛터에서 스승을 추모하며 가부좌를 틀고 입정했다.

분설담 절벽에 기둥 하나로 매달려 있는 암자인 보덕암을 거쳐 표훈사에서 점심 공양을 했다. 다시 서산대사비와 부도가 있는 백화암터를 지나 삼불암에서 다리를 건너니 장안사터다.

금강산 장경봉 아래 드넓은 장안사터에는 개망초꽃이 하얗게 피어 있었다. 장안사는 미군의 폭격으로 소실되기 전에는 전각만도 30여 채가 넘는 대찰이었다. 잡초 사이로 비어져 나온 주춧돌과 축대가 옛날의 영화를 말해주고 있었다.

이곳에서 한영, 석우, 한암 스님이 출가했다. 월정사 회주 현해 스님은 한암, 탄허, 만화 스님으로 내려온 월정사 법맥을 이었다.

전설과 신화가 사라진 시대다. 옛날만큼 도인이 나오지 않는다고

도 한다. 지금 우리 곁에 있는 산중의 노스님들은 근현대 도인들이 만든 '전설의 시대'를 직접 목격했다.

금강산 순례 중에 남쪽의 비무장지대와 금강산 세존봉 사이에 거대한 쌍무지개가 떴다. 온정각 하늘을 가로지르는 무지개는 극락세계의 하늘 다리를 보는 듯 장엄하고 신비했다. 노스님들은 환희에 찬 얼굴로 무지개를 바라봤다.

누군가 말했다. 한 세월을 훌쩍 넘어 스승 발자취를 찾아 금강산을 찾은 큰스님들의 도력이 찬란한 쌍무지개를 띄웠다고. 또 한 시대의 선승들이 그렇게 새로운 전설을 짓고 있다.

 **지대방 3**

'봉암사 결사'의 고향
문경 봉암사에 가다

연둣빛 신록과 계곡 물소리가 싱그러운 5월. 솔가지가 흩뿌리는 송홧가루를 밟으며 산문(山門)에 든다. 꽃피고 잎 피는 자리마다 부처님오신날의 향기 가득하다.

경북 문경시 가은읍 원북리의 천년 고찰 봉암사를 찾아갔다. 가은 들녘과 산비탈마다 사과꽃 하얗게 지고 있었다. 선유동 계곡 쪽으로 가다보면 멀리 우뚝 솟은 흰 산 뼈 하나가 눈에 들어온다. 하나의 바위 봉우리로 이루어진 희양산이다. 해발 998미터의 이 신령스런 바위산은 봉암사의 이정표가 된다.

충북과 경북의 경계로 속리산국립공원에 잇대어 있는 희양산 중턱에 봉암사가 있다. 희양산은 백두대간의 단전에 해당한다. 신라 말의 고승, 지증 대사가 전국 명산을 둘러본 뒤 이곳에 와 "스님들의 수도처가 되지 않으면 도적떼의 소굴이 될 자리"라며 창건한 사찰이다. 신라시대에는 구산선문(달마의 선법을 종지로 삼은 아홉 교파)의 일파인 희양산파의 종찰이었다.

봉암사에는 최치원의 사산비명(四山碑銘) 중 하나로 남한 최고의 금석문이라는 '지증대사적조탑비'가 남아 있다. 봉암사 경내를 지나면 낙락장송과 산죽 사이로 계곡이 흐른다. 계곡을 따라 700미터쯤 가면 금강산 만폭동과 어깨를 겨룬다는 백운대가 나타난다. 하나로 된 평평하고 너른 바위 위로 물이 흐르고 그 위에 세워진 바위 면에 마애보살좌상이 양각되어 있다. 마애상 밑 한 지점을 돌로 두드리면 신비하게도 청아한 목탁 소리가 난다.

조계종 특별 선원인 봉암사는 이 땅에서 마지막 남은 청정 수행 도량으로 꼽힌다. 산문을 굳게 닫고 일반인은 물론 불교 신자들도 출입시키지 않는다. 봉암사 길목 곳곳에 '출입 금지' 팻말이 세워져 있다. 등산객이 몰리는 주말에는 절에 사는 스님과 처사들이 순찰을 돌며 입산을 막는다. 1년에 단 한 번 산문을 여는데 그날이 바로 4월 초파일이다.

봉암사 문턱이 이렇게 높은 것은 이곳이 한국 현대 불교의 초석을 놓은 '봉암사 결사(結社)'의 성지이기 때문이다. 해방 직후인 1947년 봉암사에 30여 명의 젊은 수좌들이 모여들었다. 성철 스님을 중심으로 청담, 자운, 우봉, 향곡, 보문, 법룡, 월산, 종수, 혜암, 성수, 보경,

법전, 정천, 도우, 의현, 지관 등 뒷날 한국 불교의 동량이 될 일단의 수좌들이 해방을 맞아 봉암사로 집결한 것이었다.

조선 500년, 일제 36년간 짓밟히고 망가진 불교의 제 모습을 찾기 위해 "오직 부처님 법대로만 살아보자"고 다짐한 이들은 스스로 밥 하고 농사짓고 나무하는 '일일부작 일일불식(一日不作 一日不食, 일하지 않으면 먹지 않는다)'의 백장청규(백장 스님이 만든 스님들의 규칙)를 철저히 지켜나갔다. 법당에서 칠성단, 산신각 등을 허물어버렸으며 그동안 뒤죽박죽이 되어버린 가사, 장삼, 발우를 새로 만들어 사용했다. 오늘날 조계종은 이를 계승하고 있다.

봉암사 결사는 6·25로 중단될 때까지 3년 동안 계속됐다. 이때 함께 수행한 사람 중에서 4명의 종정, 7명의 총무원장이 나왔다. 이들의 수행 가풍은 전설로 남아 불교계에 커다란 영향을 미쳤다. 이제는 법전, 의현 스님만 생존해 있다.

전쟁 후 폐허가 되었던 선방을 고우, 법련, 법화, 지유, 법진, 영명, 정광, 무비, 적명 스님이 다시 열고 봉암사 결사 때와 마찬가지로 공동체 생활을 했다. 향곡, 서옹, 서암 스님이 조실로 이들을 지도했다.

지금도 많은 스님들이 불교 르네상스의 진원지인 봉암사를 마음의 고향으로 그리워한다. 해마다 여름과 겨울 3개월씩 용맹정진하는 안거(安居)에는 70여 명의 스님들이 선방에 들어와 화두를 잡는다. 많게는 하루 22시간씩 참선하는 봉암사 선방에는 오늘날까지도 봉암사 결사의 기강이 시퍼렇게 살아 있다.

| 감사의 글 |

참 많은 분들께 신세를 졌습니다.
먼저, 귀한 마음과 말씀을 주신 스물일곱 분 큰스님들의 은혜는 태산을 넘고 바다를 건넙니다.
큰스님들의 훌륭한 제자인 보선 스님, 지현 스님, 주경 스님, 심우 스님, 혜일 스님, 만당 스님, 현진 스님, 금성 스님, 화암 스님, 지원 스님, 청원 스님, 환희 스님, 일초 스님, 적연 스님, 제정 스님에게도 뒤늦게 감사 인사를 전합니다. 한국 불교의 현재와 미래를 떠맡은 바쁜 분들임에도 인터뷰에 동행해서 크게 도움을 줬습니다. 좋게 읽어주시길 바랄 뿐입니다.
신문 연재 당시 조계종 총무원 기획실 식구들을 참 많이 괴롭혔습니다. 기획실장 승원 스님의 밝은 미소와 따뜻한 마음은 늘 격려가 됐습니다. 내키지 않는 일이 분명한데도 두말없이 연락을 넣어서 인터뷰 섭외를 다 해준 원철 스님께 끼친 누는 또 어떻게 갚을지 모르겠습니다.

가는 곳이 다를 테니 다음 생에도 은혜 갚기는 틀렸지요. 지금 두 분 스님은 수도승(首都僧, 서울에서 생활하는 스님이라는 뜻으로 원철 스님이 재치 있게 만든 말이다) 생활을 끝내고 수도승(修道僧)으로 돌아갔습니다. 책이 나오면 한번 찾아뵐 생각입니다.

박희승, 박정규, 장혜경 님은 큰스님들뿐 아니라 한국 불교의 길 안내까지 도맡아 해줬습니다. 도와준 보람도 없이 엉터리 글이 나왔는데도 모르는 척, 격려만 해주던 참 좋은 친구들입니다. 종외사(중국 선종 사찰 순례를 함께했던 모임) 동지들과 자리 한번 마련해야지요.

경향신문 모든 선후배들도 고맙습니다. 특히 취재를 함께 다니면서 훌륭한 사진을 찍어준 권호욱, 이상훈, 박재찬 도반, 처음 이 글을 쓰도록 부추겨준 문학수, 조운찬 도반에겐 앞으로도 신세질 일이 많을 겁니다. 모쪼록 건사(健寫), 건필(健筆)하시기를.

법정 스님 생전 일상 모습을 담은 추모 사진집 〈비구, 법정〉을 낸 독실한 불자 사진가 이종승 님이 표지 사진 부탁을 두말 않고 들어줬습니다. 그 빚과 은혜를 마음에 큰 도장으로 꾹꾹 찍어놓겠습니다. 좋은 사진 보태준 권혁재 아우에게도 고맙습니다.

원고를 다듬으며 다른 이가 쓴 글을 참고했다는 걸 고백합니다. 불교계 신문사의 선후배 기자들이 전문성을 살려 쓴 기사는 큰 도움이 됐습니다. 연재 앞뒤로 나온 각종 서적, 법문집, 자료집도 살펴봤습니다. 그중에서도 〈나의 행자 시절〉(박원자), 〈할로 죽이고 방으로 살리고〉(원철), 〈산중에서 길을 물었더니〉(서화동), 〈은둔〉(조현), 〈선지식에게 길을 묻다〉(박희승), 〈산승불회〉(유철주)는 쓰는 내내 좋은 길잡이가 됐습니다. 이분들의 탁견과 문장이 부러워 죽겠습니다. 두루 고마움을 전합니다.

출판사 위즈덤하우스의 이진영, 정낙정, 박지숙 님, 참 고생 많았습니다. 누구보다도 박지숙 씨는 "불교 책이 아니라 일반 독자를 위한 글이 돼야 한다"는 감당 못할 당부와 함께 데스크 노릇을 톡톡히 했습니다. 그이의 엄한 채찍질과 원고 하나하나 챙겨주는 꼼꼼함 덕분에 그나마 삽시간에 책이 나왔습니다. 이 책 때문에 실망하는 일이 없길 바랄 뿐입니다.

부모님, 김영종 형님, 네 누이와 형수와 조카들, 백승우 여사, 그리고 이향원이 지켜봐주지 않았다면 내가 이만큼이라도 살지 못했을 겁니다. 훈종 가족, 힘내!

몸 둘 바 없는 고마움에 부끄러운 마음까지 담아서 모든 분들께 깊이깊이 고개 숙입니다.

김석종